U0683448

中国著名帝王

朱元璋传

赵晓梅◎编著

煤炭工业出版社
·北京·

图书在版编目（CIP）数据

朱元璋传 / 赵晓梅编著． -- 北京：煤炭工业出版社，2017

（中国著名帝王）

ISBN 978 - 7 - 5020 - 6228 - 6

Ⅰ.①朱…　Ⅱ.①赵…　Ⅲ.①朱元璋（1328-1398）—传记　Ⅳ.①K827 = 48

中国版本图书馆 CIP 数据核字（2017）第 264515 号

朱元璋传

编　　著	赵晓梅
责任编辑	马明仁
编　　辑	郭浩亮
封面设计	盛世博悦

出版发行　煤炭工业出版社（北京市朝阳区芍药居 35 号　100029）

电　　话　010 - 84657898（总编室）
　　　　　010 - 64018321（发行部）　010 - 84657880（读者服务部）

电子信箱　cciph612@ 126. com

网　　址　www. cciph. com. cn

印　　刷　永清县晔盛亚胶印有限公司

经　　销　全国新华书店

开　　本　710mm×1000mm$^1/_{16}$　印张　20　字数　300 千字

版　　次　2018 年 1 月第 1 版　2018 年 1 月第 1 次印刷

社内编号　9108　　　　　　　定价　39. 80 元

目录

第一章　苦难的童年

小和尚

元文宗天历元年（1328）九月十八日清晨，朱元璋出生在濠州（今安徽凤阳）盱眙县太平乡的一个破旧的小庙（二郎庙）里。他为何会在庙中出生？原来这一天他父母带着一大家人逃荒路过此地，晚上他母亲感到临产在即，便只好来到这座二郎庙，苦苦哀求庙祝，才得以让她在庙里生下了孩子。

朱元璋出生时，他已经有了三个哥哥和两个姐姐。他三个哥哥分别取名朱重四、朱重六、朱重七。于是他出生后，父母给他取名叫朱重八。

朱元璋的家庭是个充满苦难的家庭。他的远祖居住在沛县（今江苏沛县）。祖籍是句容（今江苏句容），住在朱家巷。祖父出身贫贱，甚至连名字也没有。由于元朝的黑暗而残暴的统治，朱家在原籍实在难以生存，只好背井离乡，逃到泗州盱眙（今江苏盱眙）垦荒糊口。到朱元璋的父亲朱五四这辈时，在盱眙又活不下去了，便迁到灵璧（今安徽灵璧）。在灵璧仍然难以养家糊口，又迁到虹县（今安徽泗县）。后来，又搬到了钟离东乡给人种地。没过几年，又搬到西乡的孤庄村落户。朱元璋就是在他家搬来搬去的逃难避荒的途中出生在庙里的。

朱元璋出生了，可此前他父母一点儿准备也没有，甚至连他包裹身子的布片都是他父亲在河边提水时捞的一块破烂的红绸布。

时光流逝，朱元璋在贫苦中一天天长大了。他十岁这年，全家搬到太平乡的孤庄村，给地主刘德当佃户，朱元璋也就成了地主家的小放牛郎。他从小就胆大心细，做事很有主见。

有一天，忽然饿了，时候早又不敢回家，怕地主骂。一同看牛的周德兴、汤和、徐达许多孩子也都说饿，大家越说饿，肚子里咕噜得越凶。这个说有一碗白面条吃才好，那个又说真想吃一块白切肉，又有人说肉是财主们

1

朱元璋

朱元璋 传

吃的，不知道是什么味道。说得每个人的嘴都流涎了。猛然间朱元璋大喊"有了！"大家齐声问"什么？"朱元璋笑着说："现成的肉放在面前不吃，真是呆鸟！"大家还不明白。朱元璋也不再作声，牵过一条花白小牛犊，用牛绳捆住前后腿，周德兴赶紧抄着砍柴斧子，当头就是一斧。汤和、徐达也来帮着剥皮割肉，别的孩子们捡些干柴枯树叶，就地架上几块石头，生起火来，一面烤，一面吃，个个眉飞色舞，兴高采烈。不一会儿，一条小牛犊只剩一张皮一堆骨头、一根尾巴了。这时太阳已经落山，山脚下村庄里，炊烟袅袅，是该回家的时候了。蓦地，有一个孩子省悟了：小牛吃了，如何去见地主？大家面面相觑，想不出主意，互相埋怨，乱成一团。朱元璋一想，主意是自己出的，责任也该承担起来，不能连累别人。拍胸膛说："我一个人认了，大家不要着急。"也真亏他想的好主意，把小牛犊皮骨都埋了，拿土把血迹掩盖了，把小牛尾巴插在山上石头缝里，说是小牛钻进山洞里去了，怎样拉也拉不出来了。孩子们齐声说好。当晚朱元璋挨了地主刘德一顿毒打，被赶回家。虽然吃了苦，丢了饭碗，却由此深深得到伙伴们的信任，认为他敢作敢为，有事一身当，大家心甘情愿把他当作自己的头目。

由于孩子们都佩服朱元璋，别的同年纪甚至大几岁的孩子都听他使唤。孩子们最常玩的游戏是装皇帝，你看，虽然光着脚，一身蓝布短衣裤全是窟窿补丁，破烂不堪，他却会把棕榈叶子撕成丝，扎在嘴上做胡须，找一块破水车板顶在头上算是平天冠，土堆上一坐，让孩子们一行行，一排排，毕恭毕敬，整整齐齐三跪九叩，同声喊"皇上万岁"。

元宗至正四年（1338）的上半年，淮河流域的人民遭受了严重的灾难，旱灾、蝗灾，还有瘟疫。

天灾还不算，更有人祸。

地方官府除了向老百姓勒索钱财，关老百姓坐班房，打板子追所欠的钱粮以外，却不管老百姓受不受灾。真是天灾加人祸，人们被逼上了绝路！

濠洲（今安徽凤阳）钟离县太平乡的人，接二连三地病倒。人们已经吃了好些日子草根树皮了，一得病就挺不住，开头只觉得浑身无力气，发高热，接着便上吐下泻，不过两三天就断了气。起初人们还不十分理会，到了一个村子一天死去十几个、几十个人，家家户户死人，天天死人的时候，才明白这是闹瘟病，不由得着慌起来，不管"在劫的难逃"的老话，还是逃命要紧，各村庄的人携儿带女，像蚂蚁搬家似的投奔远处亲戚朋友家去了。不上十天工夫，太平乡数得出的十几个村子，闹得人烟寥落，鸡犬声稀，显出一片凄凉惨淡的景象。

朱家一大家人，不到半个月时光，死了三口。朱五四老爹六十四岁了，四月初六故去。初九，大儿子重四也死了。到二十二那一天，五四的老伴陈二娘又死了。朱五四的二儿子重六和小儿子重八（朱元璋），眼看着大人一个个死去，请不起郎中，也抓不起药，只急得相对痛哭。尤其为难的是家里停了几口尸体，手头没有一贯钞，一钱银子，买不了棺木，老放着总不是办法，无论如何总得先找块地埋下才是。可是地呢？自己连一巴掌大的也没有。想来想去，只好去哀求地主刘德，谁知不但不答应，反而挨了一顿臭骂。正苦于毫无办法时，邻居刘大秀、娄大娘老两口找上门来。刘大秀的小儿子刘英和朱元璋常在一起玩耍，是好朋友，知道朱家的悲惨境况，回去转告了父母。刘家老两口答应为朱家死去的人提供葬地。当下朱元璋两兄弟磕头谢过了。葬地有了着落，但是，衣衾呢，棺材呢，还是没办法，再也无处去求人，只好将就，把几件破衣衫包裹了，抬到刘家地上安葬。两兄弟一面抬，一面哭，好容易抬到山坡下，突然间风雨交加，雷鸣电闪，整个天像塌下来似的，两兄弟躲在树下发抖。约有一顿饭时，雨过天晴，到山坡下一看，大吃一惊，尸首不见了，原来山坡土松，一阵山洪把坡上的土冲塌了，恰好埋了尸首，厚厚的一个土馒头，俗话叫作"天葬"。三十五年后，朱元璋写皇陵碑时，还觉得伤心："殡无棺椁，被体恶裳，浮掩三尺，奠何殽浆！"

朱元璋又吃了些日子草根树皮，邻居汪大娘娘儿俩看着他孤苦可怜，也不时招呼着吃一顿两顿，胡乱混了一阵。想想不是长久之计，只好挨村子找零活儿做，谁知大户人家都已逃荒避瘟走了，贫民小户自己都在挨饿，怎么雇得起人？一连奔波了好些天，到处碰壁。一天，从邻村找活儿回来，路过父母坟地，懒得回家了，蹲在坟边，沉思如何来打发日子，对付肚子。

这年他已经十六岁了，长得身材高大，黑黑的脸盘，高高的颧骨，大鼻子，大耳朵，粗眉毛，大眼睛，下巴比上腭长出好几分。整个脸形像一个横摆着立体形的"山"字，脑盖门上一块骨头突出，像个小山丘。样子虽不好看，却很匀称，显得威严而沉着，谁只要见他一面，再也忘不了他那个怪长相儿。

朱元璋想了又想，自己还是走父亲的老路，一辈子替地主做牛马，挨饿、受气、被撵、流浪？不行，不能再做牛马了！可是不做佃户，要自己有地啊。没地，有力气也没处使。地从哪里来？买？没有钱。给？谁给你？想到这里，他又茫然了，没有别的出路。

这时候，朱元璋的哥姐已经分别都成家了。大哥、二哥娶媳妇时，连花轿也请不起，喜酒也没一盏，娶的也是贫苦人家的女儿。三哥重七给人家招了上门女婿，得给人家种一辈子地。也好，家里省一张嘴。大哥有两个儿子，二哥也生了一个男孩。大姊嫁给王七一。二姊远了，还是在盱眙时定的亲，男人叫李贞。只有他自己没成家。要是平常年景，一家子勤勤恳恳，佃上几十亩田地，男耕女织，养猪喂鸡，砍柴、拾粪，靠着人力多，节衣缩食，苦虽苦，总还活得下去。偏又连年荒旱，二嫂、三嫂先后病死，大侄儿和二房的孩子都夭折了。王家也满门死绝。嫁给李家的二姊也死了，二姊夫带着外甥保儿逃荒，不知去向。今年又是旱灾、蝗灾加上瘟病，一家子接连死了三口，偌大一家人家，只剩下大嫂王大娘和二侄文正、二哥重六和朱元璋四口人了。

朱元璋左思右想，过去凭着人力多，只要肯卖力气，总还饿不死。如今呢？能下地的只剩下两兄弟了，地干得比石头还硬，小河小溪都干得没一滴水，下地又有什么用？

一天两顿饭，存粮一颗也没有。地里的呢，收割时怕还不够交租，哪来吃的？大嫂还有娘家，总可以有些办法。二哥呢，这些天来也闹得软绵绵的，动弹不了。自己食量又大，粗重活计虽干得，却苦于这年头空有力气无处使。小时候虽曾跟蒙馆老师上过几个月私塾，一来自己贪玩；二来农忙就得下地，哪曾好好念过一天书。纵然靠着记性好，认得几百个字，却又做不来文墨勾当，写不得书信文契。父亲搬到本村来，原是为了这一带生荒地多，人力少，日子可能好混些，没想到天下乌鸦一

元代釉瓷

般黑，地主的田地越多，心也越狠，对佃户越刻薄，饶是三节送礼，按时交租，赔笑脸，他还是掂斤播两，嫌粮食水分大，嫌分量不够。这年头能欠交一点儿租就是天大人情了，还敢开口向他借渡荒粮？官府的赈济粮呢？不敢指望。即使有了，还不是落到县官的荷包里，送进大户的仓库里去，哪儿会有穷苦人的份儿？再说本家，伯父这一房还在泗州盱眙县，听说几个哥哥侄儿先后去世，只剩一个四嫂在守寡，看光景是投奔不得的。

舅家呢？外祖父陈公那一把大白胡子，惯常戴上细竹丝箬帽，披着法衣，仰着头，那扣齿念咒的神气，还依稀记得。想起来也真怪，只知道他叫外公，连什么名字也不知道。死的那年已经九十九岁了。母亲曾经翻来覆去地说外公的故事，这话已经有五六十年了。那时外公在宋朝大将张世杰部下当亲兵，蒙古兵打进来，宋朝的地方全被占了，文丞相也打了败仗，被蒙古兵俘虏了。张世杰忠心耿耿，和陆丞相保着宋朝小皇帝逃到崖山（在海南新安会县南大海中），那年是己卯年（1279）。二月间，张世杰集合了一千多条大船，和蒙古兵决战。不料崖山海口失守，斫柴取水的后路给切断了，大军只好吃干粮，口渴得忍不住，只好喝海水，弄得全军都呕吐病困。蒙古兵乘机进攻，宋军船大，又因为怕风浪大，都连在一起，无法转动。三军望绝死战，一霎时中军被突破了，陆丞相仗剑叫妻子儿女都跳下海去，自己背着

5

六岁的小皇帝也跳海自杀，宁死不屈。张世杰带了十几条船，冲出重围，打算重立赵家子孙，恢复国土，谁知船刚到平章山洋面上，一阵飓风把船吹翻，张世杰被淹死了。外公掉在海里，侥幸被人救起，吃了许多苦头才得回家。在本地怕又被抓去当兵，迁居到盱眙里镇。他原来会巫术，就靠当巫师，画符念咒，看风水，合年庚八字生活。到老年常含着一泡眼泪说这一段伤心事，惹得听的人也听一遍哭一遍。外公只生了两个女儿，大女儿嫁给季家，小女儿就是朱元璋的母亲。外公收了季家大表兄做过继孙子。外公死后，因为隔得远，家里这么多年也没有和季家来往，料想这年头，景况也不见得会好。

朱元璋左思右想，竟是六亲俱断，天地虽宽，却无投奔之处。越想越烦闷，无精打采走回家来，蒙头便睡。

又挨过了一些日子，游魂似的晃来晃去，一点儿办法也没有。大嫂带着侄儿走娘家去了。时常一起玩的几个朋友周德兴、汤和年纪都比自己大，有气力，有见识，又都出外谋生去了，无人可以商量。从四月一直待到九月，有半个年头了，还想不出一条活路。和二哥商量，哭了半天，看来也只有远走他乡，各奔前程。兄弟舍不得分离，相抱痛哭，惊动了邻舍，隔壁汪大娘知道重六不放心小兄弟，就提起当年朱五四在皇觉寺许愿，舍重八给高彬法师当徒弟的事，如今何不当和尚去，一来还了愿；二来有碗淡饭吃，总比饿死强。二哥同意了。

原来，朱元璋小的时候多病，才生下时，三四天不会吃奶。肚子胀得圆鼓鼓的，险些夭折。朱五四着急得很，胡思乱想，做了一个梦，梦里觉得孩子不济事了，也许只有佛菩萨才救得下，索性舍给庙里吧，他立刻抱着孩子走进一个大庙。不知怎的，庙里和尚一个也不在，接不上头，只好又抱回来。忽然听到孩子哭声，梦醒了，

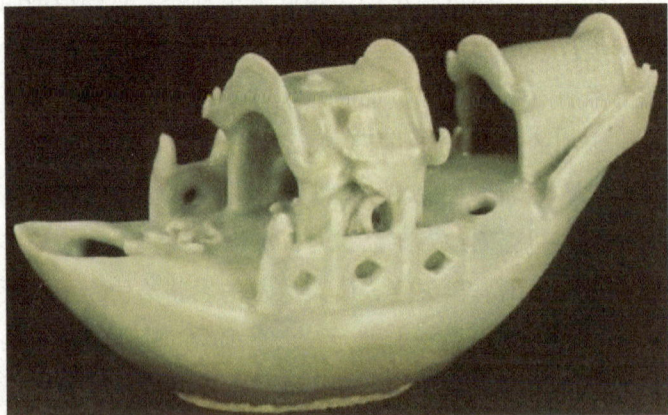

元代龙泉窑舟形砚滴

孩子真的在哭，妈妈在喂奶，居然会吃奶了。过了几天，腹胀也好了。长大后还是病总不离身。父母着了慌，想起当年的梦，真的到寺里许了愿，给朱元璋舍了身。

汪大娘替朱元璋预备了香、烛，一点儿礼物，央告了高彬法师。九月里的一天，皇觉寺多了一个小和尚。朱元璋剃成光头，披上一件师兄穿烂的破衲衣，见人合十问讯，居然是佛门弟子了。扫地，上香，打钟，击鼓，煮饭，洗衣，是日常功课。见庙里人叫师父、师兄、师娘，见俗人叫施主，连称呼也改了。早晚听着钟声、鼓声、木鱼声、念经声，想想自己，想想不久前热热闹闹的家，想想孤孤单单挨饿的二哥，想想四下里出外谋生的那一伙朋友，心中无限伤感。

游方僧

皇觉寺原来叫于皇寺，坐落在孤庄村西南角山坡上。这个寺的规模相当大，一进山门，两边排列着四大金刚，横眉立目，中间坐着大肚子弥勒佛，一脸笑容。背后韦驮菩萨拄着降魔宝杵，是个护法神。二进是大雄宝殿，坐着如来佛，两旁是十八罗汉。三进是禅堂。左边是伽蓝殿，右边是祖师殿。多年没修理，佛爷菩萨宝座的油漆已经剥落了，佛像金身也蒙着一层厚厚的灰尘，殿瓦上长满焦黄的杂草，院子里铺的石板已坎坷不平，显出一副衰落样子。一二十个和尚，平时靠常住田租米过日子，加上替本乡死人念倒头经，做佛事，得一点儿补钱。他们一不耕地；二不做买卖，日子却过得和地主们差不多。虽然吃不上大鱼大肉，却比当粗工，做佃户出力气安逸些。原来那时候出家当和尚也是一门行业，有的人很迷信，以为当了和尚真的可以成佛作祖，这类人很少；有的人做了坏事，躲进佛门修来生；有的人杀人放火，怕受官府刑法，剃了头穿了袈裟，王法就治不到了；更多的呢，是穷苦人家养不活孩子送来的。和尚吃十方，善男信女的布施吃不完，拿来开当铺，放高利贷。而且，寺院里的长老要人侍候，佛堂需经常打扫，零碎活儿也着实不少，多一个行童，强过雇长工，既省事，又得力，还不用付工钱。朱元璋年轻力壮，正是使气力的时候，高彬长老和住持德祝一商量，很划得来，便收留了他。

朱元璋从小贪玩撒野，爱出主意，支使人。又是小儿子，父母哥嫂都

宠着他。兼之有点小聪明，会思考，看事情比别人准，也来得快当，打定主意要做什么，一定要做到，也十有九次做到，伙伴们都佩服他，听他调度。可是一到皇觉寺，情形便全不相同了，不说师伯、师叔、师父、师兄有一大堆，还有师娘师弟（原来高彬长老是有家小的），个个都是长辈，是主人，就数他小而贱，他得低声下气，成天赔笑脸侍候。就连打水煮饭的长工，也还比小行童高一头，当他做二把手，支使着做这做那。这样一来，朱元璋不单是高彬长老一家的小厮，还成了全寺僧众的杂役，根本就是长工、打杂了。事情多，闲气也就多，日子长了，塞满一肚子冤枉气，时刻要发作，却使劲按住，他知道有饭吃要紧，闹决裂了没处去。

对活人发作不了，有气无处出，只好对泥菩萨发作了。有一天，扫佛殿扫累了，扫到伽蓝殿，已是满肚子的气。不留神绊着伽蓝神的石座，跌了一大跤，气愤之极，顺手就用笤帚使劲打了伽蓝神一顿。又一天，大殿上供的大红蜡烛被老鼠啃坏了，长老说了朱元璋一顿。他想伽蓝神是管殿宇的，当看家菩萨的不管老鼠，却害自己挨骂，新仇旧恨，越想越气，向师兄讨了管笔，在伽蓝神背上写"发配三千里"，罚菩萨到三千里外充军。这两件事都被长老看在眼里，因为朱元璋是不拿工钱的杂役，尽管淘气，打发走了，就缺人使唤，因此也没责罚他。

皇觉寺是靠收租子过日子的，这一年灾情太大了，收不到租米，师父、师叔成天轮班到佃户家催讨、吵架、恫吓，再不交就送到衙门坐班房，打板子，还是不中用。存的粮食眼看着吃不了多少天，嘴多耗费大，师婆出主意，先打发挂单的和尚走路，接着师伯、师叔、师兄们也都出门云游去了。朱元璋当行童才满五十天，末了一个被打发出门。无奈何，虽然不会念经，不会做佛事，也只好摆出和尚的样子，一顶破箬帽，一个木鱼，一个瓦钵，背上小包袱，拜别了师父和住持，硬着头皮，离开了家乡，成了游方僧。

说"云游""游方"是和尚们的话，也叫"化缘"。用社会上的话就是"叫花子"，也就是讨口、要饭，找大户伸手要钱要米要饭吃。大户人家多半养条恶狗看门，狗有狗德行，专咬衣衫破烂的穷人，你越怕它就越凶。游方僧为了不让狗咬，离大户家大门远远地便使劲敲木鱼，高唱佛号。大户人家的主人也和狗一样，专打穷人的算盘，可是有这么一点和狗有区别，那就是自己知道坏事做得太多，怕死后入地狱，上刀山，下油锅，就得发点"善心"，修修来世，求菩萨保佑。还盼望多生儿女，多发财，生生世世享福，不只这辈子做地主，下下辈子也做地主。要得到菩萨的保佑，就得对和尚客气一些，把从佃户身上榨取来的血汗，舍出一点儿做布施，算是对菩萨的贿赂。这样，他们只要听见木鱼响，就知道是做"好事"修来生的机会到了。一勺米、几文钱，绝不吝惜。大户人家对和尚一客气，狗也落得大方了。要是大户人家不出来，只要有耐性，把木鱼敲得更响，佛号喊得更高声一些，迟早会有人出来打发。

朱元璋虽然只住了几十天和尚庙，却成天听的是这一套，见的也是这一套，不学也会了。既然非出去要饭不可，就找人商量，向哪儿走好，听人说往南往西一带年景比较好，反正只要讨得饭吃，活得了命，不管什么地方他都去。也没有规定的日子，爱走多久就多久，走多远就多远。就一径往南，先到合肥（今安徽合肥），折向西，到固始（今河南固始），信阳（今河南信阳），又往北到汝州（今河南临汝），陈州（今河南淮阳），东经鹿邑（今河南鹿邑），亳州（今安徽亳县），到颍州（今安徽阜阳）。游来游去，只拣庄稼长得好有饭吃的地方走，穿城越村，对着大户人家敲木鱼。软化硬讨，山栖野宿，受尽了风霜之苦，走遍了淮西一带的名都大邑，熟识了这片地区的河流、山脉、地理，尤其是这地区的人情、物产、风俗。见了世面，扩大了眼界，懂得了学会了许多事情，丰富了社会知识，也锻炼了强壮的体力。这时期的情况，他在后来回忆：

众各为计，云水飘扬。我何作为，百无所长。依亲自辱，仰天茫茫。既非可倚，侣影相将，突朝烟而急进，暮投古寺以趋跄，仰穷崖崔嵬而倚碧，听猿啼夜月而凄凉。魂悠悠而觅父母无有，志落魄而侠伴。西风鹤唳，俄浙沥以飞霜，身如蓬逐风而不止，心滚滚乎沸汤。

朱元璋过了三年多，身如蓬逐风，心似滚沸汤的生活，一直到至正八年（1348），听说家乡一带很不安静，勾起了思乡的念头。于是，他像出来时一样，一顶破箬帽，一个木鱼，一个瓦钵，回到皇觉寺。

淮西在朱元璋游方的几年中，后来西系红巾军的开山祖师彭莹玉正在这一带潜伏活动，传布弥勒佛下生的教义，组织革命力量。彭莹玉也是游方和尚，朱元璋即使没有见过彭和尚，也必然和彭和尚的门徒有过接触。几年后，这地区又成为东系红巾军的根据地了，这种子是彭和尚撒下的。朱元璋

在这个地区周游了三四年，生活在下层社会，他接受了新的宗教，新的思想，新的政治教育，加入了秘密组织。

在智力和体力方面都已成熟了的行童，回到皇觉寺以后，开始交结朋友，物色有志气、有胆量、敢作敢为的好汉，还不时进濠州城里探访消息，同时也下决心要多认识一些字，多读一些书，多懂一些道理，准备将来干出一番事业来。

彭莹玉秘密传布的宗教是多元的，并且有外国来的成分。教徒主要的特征是烧香、诵偈，奉的神是弥勒佛和明王，诵读的主要经典有《弥勒下生经》《二宗三际经》《大小明王出世经》，等等。彭莹玉出家于袁州（今江西宜春），布教于淮西，可以说是南派。

另一个系统是北派，头目是赵州栾城（今河北栾城）的韩家。韩家几代以来都是白莲教的教主，烧香结众，很得乡村农民的信仰，潜势力极大，张扬开了，被地方官寻个题目，谪徙到广平府永年县（今河北永年）居住。到韩山童接手当教主以后，便使人到处宣扬天下要大乱了，弥勒佛降生，明王出世，组织力量，准备起义。这两派起兵以后，因为目标相同，都反对元朝，信仰相同，都宣传弥勒佛和明王，就混而为一了。起义的教徒都用红巾裹头，以区别于元朝的军队，当时人称之为"红军""红巾"或"红巾军""香军"；奉的是弥勒佛，也叫"弥勒教"；宣传明王出世，又叫作"明教"。

明教的来源可以上溯到唐朝。原来叫摩尼教，是波斯人摩尼（216—277）所创。这个教是个大杂烩，掺合了基督教、祆教、佛教而成为一个新宗教。主要的教义是二宗三际；他们认为世界上有两种不同的力量，叫作明暗二宗，明是光明，是善，是理；暗是黑暗，是恶，是欲。这两种力量，对立斗争，经过三个阶段，叫初际、中际、后际。初际阶段，还没有天地，便已有了明暗，明性智慧，暗性痴愚，形成对立状态。中际阶段，暗的力量发展扩大，侵占压迫了明的力量，恣情驰逐，造成"大患"，这时明玉就出世了，经过斗争，把黑暗赶走。后际阶段，明暗二宗，各复本位，明既归于大明，暗亦归于积暗。初际明暗对立，是过去；中际明暗斗争，是现在；后际明暗复位，是未来。明教的神叫明使，也叫明尊，明王。

唐武周延载元年（694），传到唐朝，又传到回鹘，回鹘政府和百姓极为尊信。明教教规不设偶像，不崇拜鬼神，吃斋，禁止杀生，教徒穿白衣服，

元代寺庙

戴白帽子，天黑了才吃饭。回鹘当时帮唐朝打仗有功，因此，回鹘人崇信的明教，唐朝也刻意保护。到9世纪中期，回鹘内乱，为唐军所败。

唐会昌五年（845），禁止佛教，明教也被禁止了，教堂被封闭，不许传播。此明教便成为秘密宗教，暗地里在民间活动，吸收了佛教和道教许多东西，又渗入许多民间的原始信仰，成为杂七杂八的混合宗教了。

因为明教认为现在阶段，虽然黑暗势力占优势，但是明王一定要出世，光明一定要战胜黑暗，鼓励革命，主张斗争，这种主张对于长期忍受地主阶级的残酷剥削，没有受教育的机会，缺乏科学知识的农民来说，是极大地鼓舞和启发，因之，明教教义深入民间，是被压迫者被剥削者的宗教，得到广大农民的信仰和支持，成为组织农民起义的力量。五代时，明教徒首先在陈州武装起义，被政府军打垮了。一部分教徒逃到福建。北宋时，福建南部是明教最重要的教区。明教的一部分经典，编入道教的道藏，安置在亳州的明道宫。又从福州传到浙江，光是温州（今浙江永嘉县和附近几个县）一地，就有明教斋堂四十多个，斋堂里的长老叫行者，执事有侍者、听者、姑婆、斋姊种种称呼。到南宋初年，已经发展到遍及淮南、两浙、江东、江西一带地方了。

教徒严格执行在密日（日曜日）吃斋，神的画像是摩尼和夷数（耶

11

元代龙泉福寿瓶

稣），这两个神都是高鼻子，洼眼睛，黄头发，乡下人看了很稀奇，以为是魔鬼，因此，这教在教外人说起来是"吃菜事魔"，吃菜指的是吃斋，事魔指的是拜魔神，又叫作魔教。明教为了深入农村，广泛吸引农民参加，提倡素食，薄葬，节省治费，同教的人互相帮助，大家凑钱来帮助新参加的和穷苦的教友。每逢初一、十五，出四十九文铜钱，给教头烧香，钱汇齐后交给教主做教里的经费。一家有事，同教的人有钱出钱，有力出力，万一有人被捉去坐牢，也是大伙儿出钱帮着打官司。做到了有组织、团结、互助和合作，又有一定的经费。贫苦的农民向来只有被官府、地主剥削、压迫，虐待、奴役的份儿，如今有了这些和自己一样的人，穿一样的衣服，说一样的话，诚心诚意来帮助自己，而且团结组织起来了，日后还大有好处，又怎么会不参加？贫苦农民入教的越来越多，明教的教区也跟着扩大，明教的力量也就日渐强大起来了。暴动、武装起义，各种反抗地主和官府的行动就越来越多了。

从北宋末年起，睦州（今浙江建德和附近几个县）、台州（今浙江临海和附近几个县）、衢州（今浙江衢县和附近几个县）、东阳（今浙江东阳），信州（今江西上饶和附近几个县）、泾垦（今安徽泾县）等地，都曾发生过明教徒的武装革命斗争。

但是，也正因为明教徒主张最后目标是明暗各复本位，互不侵扰，黑暗的力量在经过斗争后依然存在，对农民的剥削、压迫、奴役的制度也依然

存在，在领导思想上不但是折中、妥协、半途而废的，而且，流血牺牲的结果，依然是地主对农民的统治，依然是阶级对阶级的压迫，因此也就不能把革命进行到底，取得彻底的完全的胜利。历史上所有这一类型的起义，都以失败而告终。

明教又和民间流行的弥勒教、白莲教两种宗教混合。弥勒教和白莲教都出于佛教的净土宗，一个弥勒净土，一个弥陀净土。弥勒佛是佛教里的著名人物，据佛教传说，弥勒过去为国王，对百姓慈善，是一个好国王。释迦牟尼佛在世时，弥勒侍旁听法，是个好学生。

释迦牟尼佛灭度（死）后五十六亿七千万岁，弥勒下降人世而成佛。佛教诸经典都承认弥勒是遥远世代后继承释迦牟尼的佛。并且说释迦牟尼灭度后，世界变坏了，种种坏事全都出现，不但气候坏，庄稼收成坏，连人心也坏了，人们的生活苦到不能再苦。幸得释迦牟尼佛在灭度前留下了话，再过若干年，弥勒佛就出世了，这个佛一出世，世界立刻变了样子，土地又宽大，又干净，刺人的荆棘不见了，青青的山，绿绿的水，满地铺着金沙，到处是清汪汪的水池，碧森森的树林，美丽的花朵，芬芳的香草，还有各种无名的宝贝。人心也变好了，抢着做好事，好事做多了，寿命也长了，太太平平过日子。人口一天天加多，城市越来越富庶了。种的稻、麦，下一次种子就有七次的收成，用不着拔草翻土，自会成熟。自从出现这个美丽的神话故事以后，成千上万的农民都在期望这一天的到来，几十年、几百年过去了，依然在等待，在期望。一听见什么地方有弥勒佛出世的话，就抢着去参加起义。

白莲教供养的是阿弥陀佛，劝人念佛修行，多做好事，死后便可以到西方净土白莲池上过快活日子。这个团体创始于公元5世纪初年，到12世纪前期，又加进了天台宗的格言，忌葱蒜，不杀，不饮酒，衍变成白莲教。因为仪式和戒条都和明教弥勒教相近，到14世纪前期这三个秘密宗教就自然而然混合为一了。

明教和弥勒教都不满现状，都主张改变现状，都相信不久以后会有而且必然会有更好或最好的世界出现。这幻想世界的出现有一个明显的标志，就

是"明王"或"弥勒佛"出世。这样明王或弥勒佛出世就成为煽动农民参加武装革命最通俗、最简明的号召了。这一号召有力地吸引了陷于贫困绝境的朴素善良的农民，他们用竹竿锄头武装自己，进行英勇的不屈不挠的反抗暴力压迫的正义斗争。虽然每一次的起义都被具有完善组织和威力强大的政府军队所镇压，他们失败了，但是，农民是永远不会屈服的，跌倒了，揩干净血迹，再爬起来，再反抗，永远反抗下去。野火烧不尽，春风吹又生。只要封建压迫存在一天，农民的各种形式的，特别是以武装的革命反对武装的反革命的斗争，便永不中止。在广大被压迫被奴役农民的思想深处，尽管不懂得阶级压迫的道理，却都痛恨地主、官僚的无情剥削、虐待，都憧憬着美丽而又富饶的远景，相信总有一天会翻身，"明王""弥勒佛"会出世！

还在朱元璋出生前三年，元泰定二年（1325）六月，息州人赵丑厮、郭菩萨就宣传弥勒佛要来治理天下了。十二年后，陈州人棒胡（闰儿）又宣称弥勒佛已经降生了，烧香会齐教友，在汝宁府、信阳州武装起义，打下归德府、鹿邑，烧了陈州。（陈州正是四百多年前明教徒起义的根据地）这年，朱元璋已经十岁了。第二年，元顺帝至元四年戊寅（1338）弥勒教徒周子旺在袁州起义，周子旺是袁州慈化寺和尚彭莹玉（又叫彭翼，敌人叫他妖彭）的徒弟，他们劝人念弥勒佛号，每晚点着火炬，烧香礼拜，口宣佛偈，信从

元代铜火铳

的极多。教徒约定寅年寅月寅日寅时起兵，参加的人背上都写一佛字，以为有佛爷保佑，刀兵都不能伤了。年月日时都凑齐了，周子旺自称周王，改了年号，率领五千人起事。这一支没有经过训练的农民军，刚一动手，就被地方军队残酷地镇压了，周子旺被杀。彭莹玉经常用矿泉水替附近农民治病，袁州老百姓当他是活神仙，争着隐蔽他。官府搜缉得紧，家乡待不下去了，他只好逃亡到淮西，淮西地区老百姓早知道彭祖师的名声，也抢着掩护他，便索性在淮西住下，秘密传教，组织更大力量，准备再干。

朱元璋这几年内所到的地方，息州、陈州、信阳和淮西流域，前三个是弥勒教徒起义失败的场所，淮西流域则是彭莹玉秘密传教的地区。

红巾军起义

元顺帝至正十一年（1351）五月，江淮流域各地区的贫苦农民——元朝蒙汉地主阶级所特别歧视的南人，短衣草履，头包红巾，擎着鲜红的大旗，扛着竹竿锄头，长枪板斧，杀官僚，占城邑，开仓散粮食，破牢放囚犯，自立名号，敲响了元朝政府的丧钟，这就是历史上有名的红巾军起义。

红巾军的队伍到处都是，最著名的有：东系在颍州发动的，头目是杜尊道、刘福通，占领了元朝的米仓皋（镇名，属河南光州固始县），开仓散米，一下就发展到十几万人。攻下汝宁（今河南汝南）、光州、息州、信阳；芝麻李（李二）的队伍控制了徐州（今江苏铜山）和附近各县以及宿州（今安徽宿县）、五河（今安徽五河）、虹县、丰（今江苏丰县）、沛、灵璧、南边到了安丰（今安徽寿县）、濠、泗（今安徽临淮）。西系起于蕲（今湖北蕲春）、黄（今湖北黄冈），由澎莹玉和尚组织，推徐真逸（寿辉）做头目，攻下德安（今

元代红绿彩蒙恬将军梅瓶

湖北安陆)、沔阳（今湖北沔阳）、安陆（今湖北钟祥）、武昌（今湖北武昌）、江陵（今湖北江陵）、江西（今江西九江南昌一带）诸府。起于湘水汉水流域的，推布王三孟海马为头目：布王三的队伍叫北琐红巾军，占领了唐（今河南唐河）、邓（今河南邓县）、南阳（今河南南阳），嵩（今河南嵩县）、汝、河南府（今河南洛阳及附近各县）；孟海马率领南琐红巾军，占领了均（今湖北均县）、房（今湖北房县）、襄阳（今湖北襄阳）、荆门（今湖北荆门）、归峡（今湖北秭归）。这几支红巾军都打着明王出世，弥勒佛降生的旗帜，前后不过几个月工夫，东边从淮水流域，西边到汉水流域，都插满了红旗，像腰斩似的把元皇朝拦腰切作两段。

元朝政府的崩溃，是由于蒙汉官僚地主阶级对广大农民残酷的剥削和无情的压迫，农民忍无可忍，被迫拿起武器，进行长期的壮烈的阶级斗争；是由于蒙古色目贵族对汉人、南方人的残酷粗暴的民族压迫、掠夺和戕害，广大人民挺身而起，进行长期的英勇的民族斗争；是由于蒙汉统治阶级的腐化和阶级内部矛盾的尖锐化，分裂、对立、自相残杀，掘下自己的坟墓。斗争的开始是以被压迫阶级反对统治阶级的阶级斗争形式出现于历史舞台的，到后期，阶级斗争的实质因地主阶级的参加而被阉割了，突出地强调了民族斗争。

元代青花穿花凤纹兽耳罐

蒙古灭金以后，圈占广大土地作为牧场，有的竟至千顷以至十万余顷。灭宋以后，没收了宋朝的官田和一部分贵族的土地。蒙古诸王、后妃、公主和大官、将帅以及汉南人投降的文官武将，僧侣寺观，都以侵占或赏赐的方式占有大量土地，把原来耕种土地的农民抑为佃户。如诸王中晋王也孙帖木儿单是归还朝廷的地就有七千顷，没有归还的一定多于此数是没有问题的。西安王阿剌忒纳失里有平江（今江苏吴县）；赐田三百顷。郯王彻彻

16

秃有苏州赐田二百顷。没收宋朝后妃的田地归太后所有，尚设江淮财赋都总管府掌管。另一大批没收田地归皇后所有的，尚设江浙财赋府掌管。元文宗时（1328—1332），鲁国大长公主有平江等处赐田五百顷。顺帝时公主奴伦引者思有地五千顷。大臣如伯颜有河南赐田五千顷。和蓟州宝坻县稻田提举司所辖田土。脱脱有松江等等处稻田提领所的田土。应该指出，江浙地区土地肥沃，人口稠密，几百顷就是了不起的大数目了。此外，金和宋的投降官僚不但保持有原来的田土，而且还乘机兼并，有的一年收租数量竟达到二三十万石，占有佃户二三千户之多。他们和蒙古色目地主联合一起，奴役人民。由于元朝尊信宗教，寺观也往往占田几百顷、千顷，最多的如大承天护圣寺前后两次共赐田三十二万五千顷。大护国仁王寺有水陆田地十万多顷，佃户三万七千五十九户。白云宗和尚沈明仁强夺民田二万顷。江南寺院佃户多到五十万户有余。尽管上边这些土地占有情况不是同一个时候发生的，也不是这一大片土地在元朝整个历史时期都归最初占领的这一家一族所有的，但是，就凭这些材料，也可以看出元朝蒙汉地主阶级贪婪无厌地占有土地情况，大量的土地被高度集中的情况，佃户数目较过去历史时期大量增加的情况，也就是阶级斗争的日趋激烈的不可避免的情况。

蒙古诸王后妃大臣还有食邑，从几千户到几万户不等，也有从一县十几县到一路以至三路的。最多的如孛儿帖可敦有真定食邑八万户。元成宗以安西、平江、吉州三路为皇太子的食邑。食邑的地方官由领主推荐，农民要向领主缴纳五户丝和钞，还要向元朝政府缴纳赋税。

就这样，土地大量集中在少数蒙汉贵族官僚手里，广大农民和中小地主失去土地，或者被迫降为佃户，或者被迫逃亡他乡。江南的佃户按地主定下的规矩和地主对半或者四六分收成，赶上青黄不接，旱涝灾伤，不得已向地主借贷口粮，立下契约，连本带利，写上数目，候收割时验数归还。才到秋收，所收粮食，除交给地主一份以外，有的佃户把自己应得的一份全数拿来还债，还不够付清本利，被迫抵当人口，折合家具作数，甚至连锄头镰刀也给折走了，活不下去，只好逃走。佃户逃亡的越多，田荒废也就多了，生产的粮食也就少了。另一等佃户缴纳高额地租，还要承当地主家的杂泛差役，赤贫化的结果买不起农具、肥料，地里收成一少，就被地主夺佃，失去活路。即使家里人力多，侍候得地肥了些了，收成稍多，地主就要加租，交不起，还是种不成地。有些地方的佃户，生男供地主奴役，生女做地主婢妾，

甚至计口立契，随田买卖，和买卖牲口一般。北方的农民比南方的受苦也不轻，剥削的名目更多，种的桑枣禾稼经常被蒙古驻军和官僚地主的牧马作践，有的田地索性被占作牧场，靠近大都（今北京）的京畿一带地方，为了长马草，时常禁止农民秋耕。农民养的马匹耕牛一碰上有战争，就被官府抢走，有时给低价，有时不给一个钱。淮河以北一带以至河南河北的农民，千百成群地逃向南方，元世祖至元二十年（1283）一次逃亡的农民就有十五万户。元世祖二十三年（1286）以汉民就食江南者多，特派使臣尽徙北还。还专派官员在黄河、淮河、长江的关卡津渡检查，凡汉民没有通行公文的，一律不许通过。又立下法令，逃民必须押解还乡，并禁止聚众到千人，犯禁的罚杖一百。顺帝元统元年（1333）京畿大水，饥民四十多万人。第二年江浙大饥，饥民五十九万多户。地主阶级的剥削越严重，农民的日子过得越苦。地主兼并土地的速度越快，农民反抗的手段——逃亡也就越多。田地荒废的数目越大，粮食的产量就越少；闹灾荒的次数、面积越大越多，阶级矛盾就越发尖锐，达到不可调和的地步，爆发了一次接着一次的农民革命战争。

红巾军大起义的导火线是蒙汉统治阶级对汉南人的加强压迫和歧视。

元顺帝（妥懽帖睦尔）以亲王的身份从广西进京做皇帝，河南行省平章伯颜率领部下蒙古汉军护送。太师燕帖木儿杀了元顺帝的父亲明宗，顺帝做了皇帝，他心怀疑惧，溺于酒色而死。伯颜升为丞相。伯颜仗着功劳大，独擅朝权，贪污舞弊，弟侄都做了大官。他又仇恨汉人，反对蒙古人读汉人书，告诉元顺帝说："陛下有太子，休教读汉人书。又其间好生欺负人，往时，我行，有把马者久不见，问之曰往应科举未回。我不料科举都是这等人，

元世祖忽必烈

得了！"就这样，把元顺帝至元元年
（1335）礼部科举停止了。他更恨南方
人，为的是南人经常"造反"。养着一
个"西番"师婆叫畀畀，常问她来年好
歹，自己身后事如何？畀畀说当死于南
方人之手，因之越发忌恨。下令汉南方
人不得持军器，凡有马的都拘收入官。
至元三年（1337）河南棒胡起义于汝宁
信阳州，朱光卿、石昆山在广南惠州起
义，李智甫、罗天麟在漳州起义，至元
四年（1338）彭莹玉、周子旺在袁州起
义，十一月河南赵孟端起义，伯颜越发
气愤，说造反的全是汉人，汉人有在朝
做官的，要提出诛捕造反汉人的办法，
表明心迹。接着又荒唐地主张杀张、
王、刘、李、赵五姓的汉人、南方人，

元代青玉双耳活环尊

因为这五姓人数最多，汉南人杀了大半，自然造不了反了。五年四月又重申
汉人、南方人执持军器的禁令，还颁布一条法令，蒙古、色目人殴打汉、南
方人，汉人、南方人只许挨打，不许还手。伯颜又和元顺帝发生矛盾，和皇
太后计较，要把顺帝废掉。这话被伯颜的侄儿御史大夫脱脱知道了，脱脱暗
地里告诉顺帝，做了准备，趁伯颜出城打猎，收回兵权，关上城门，贬伯颜
外地安置，伯颜进退不得，只好自杀。但颜的兄弟马札儿台继为丞相，又下
令禁民间藏兵器。脱脱嫌他父亲挡住自己当权，劝他辞位，自己做了丞相。
红巾军起义消息报到大都，中书省官员把报告加标题"谋反事"，脱脱看
了，改题作"河南汉人谋反事"，把河南全部汉人都算作起义军了。伯颜、
脱脱一家人接着做首相，这一系列仇视敌视汉人、南方人的政策，反映了
蒙古统治阶级上层的脆弱和无知，这些疯狂的绝望的镇压措施，逼使汉
人、南方人进一步团结起来，组织起来，逼使汉人、南方人非用武力反
抗，非用自己的力量来解除阶级压迫、民族压迫，除此以外，没有别的出
路。在这样紧张、对立的情况下，有人登高一呼，自然全国响应了。

至正三年（1343）五月，黄河在白茅口决口。至正四年（1344）五月大

雨二十多天，黄河水暴溢，平地水深二丈，北决白茅堤，六月又北决金堤，曹、濮、济、兖诸州都遭了水灾，不但农田民居被淹，连盐场也极为危险，皇朝税收遭受很大损失。有人建议堵口，脱脱派人勘察，回来报告说河工太大，开工有困难，而且河南一带遍处都有农民起义队伍，要开工，便要集合几十万河工，万一和起义军结合起来，无法收拾。脱脱不听，决意动工，派贾鲁为工部尚书兼河防使。至正十一年（1351）四月二十二日，发汴梁大名十三路民夫十五万，庐州等地戍军二万兴工，从黄陵冈南到白茅口，西到阳青村，开河二百八十里，把黄河勒回旧道。韩山童得了消息，叫人四处散布童谣说："石人一只眼，挑动黄河天下反。"暗地凿了一个石人，脸上只有一只眼睛，偷偷埋在黄陵冈当挖处。元朝政府发的河工经费，被修河官照例贪污，河工不能按时按数拿到钱，吃不饱，正在怨恨。韩山童又打发几百个教徒去做挑河夫，宣传天下要大乱了，弥勒佛已经降生了，明王已经出世了，传来传去，几天工夫，河南、江淮一带的农民全知道了。韩山童和亲信刘福通、杜遵道商量，农民是起来了，还得念书的做官的一起来反，力量就更大。至少也要做到让念书的做官的同情反元，不站在敌人方面去。刘福通说过去许多农民起义队伍都打着赵宋的旗子，我们的祖先都是宋朝的老百姓，只要提出复宋的旗号，说得切实些，念书的做官的不会不支持。韩山童很赞成，就按照这个意思做了部署。有一天，挑河夫挖到黄陵冈的一段，果然在一棵树下挖出一只眼的石人，一大声嚷嚷，看的人越来越多，几万挑河夫挤得水泄不通，骇得目瞪口呆，再加上韩山童派的教徒的鼓动，一霎时闹翻了天，人人口中念佛，三个一堆，五个一群，纷纷议论，大家心里明白，这是一个信号，要出头了，翻身的日子到了，是动手的时候了。

韩山童聚集了三千人在白鹿庄，斩白马乌牛，祭告天地，宣称韩山童是宋徽宗的第八代孙子，当为中国主。刘福通是宋朝大将刘光世的后人，该辅佐旧主起义，恢复天下。

剔红花卉尊

大家齐心推奉韩山童为明王，克定日子起兵。四处派人通知，同时发动，以头裹红巾为记号。正在歃血立誓，分配任务，举杯庆祝，兴高采烈的时候，不料消息走漏了，永年县的县官带领马快弓手，冷不防团团围住白鹿庄，韩山童脱身不及，被擒去杀了。山童妻杨氏带着儿子林儿趁着慌乱，逃出重围，躲入武安山中，隐姓埋名，等候外边消息。刘福通苦战逃出，事已如此，等不得预定的起义日子，整顿了队伍，出敌人不意，攻占颍州、罗山、上蔡、正阳、霍山，分兵取舞阳、叶县等处。黄陵冈的挑河夫得到信号，呐喊一声，杀了监工的河官，头上包了红巾，漫山遍野一片红，一股红流和主力部队会合在一起，不到十天，红巾军已经是五六万人的大部队了。两淮、江东西的贫困农民，工匠，小商小贩，城市游民，已经等待了多少年月，这时昼夜不停地赶来入伍，到了队伍就像到了自己家里一样。红巾军声势一天比一天浩大，占领了汝宁、光、息，得到大量粮食，部队发展到几十万人。各地红巾军闻风响应，半个中国照耀着红光。分别攻城占地，开仓库，救穷人，建立政权，严守教规，不杀平民，不奸淫，不抢劫，越发得到广大人民拥护。当时民间流传着一阕醉太平小令，也不知道是谁写的，从大都一直到江面，到处唱着，词道：

堂堂大元，奸佞当权，开河变钞祸根源，惹红巾万千。官法滥，刑法重，黎民怨。人吃人，钞买钞，何曾见？贼做官，官做贼，混贤愚，哀哉可怜！

另一首流传的歌谣：

天遣魔军杀不平（不公平的人），不平人（被不公平对待的人）杀不

大元通宝蒙文

21

平人（不公平的人），不平人（被不公平对待的人）杀不平者（不公平的人），杀尽不平（不公平的人）方太平。

魔军指的是红巾军信奉明教，明教在教外被称为魔教，他的军队当然是魔军了。

朱元璋在寺里接连不断得到外边的消息，前些日子红巾军占了襄阳，元兵死了多少；另一支占了南康，元兵不战而逃；芝麻李、赵社长八个人打扮成挑河夫，一晚上占了徐州。说的人说得津津有味，听的人听得心花怒放。红巾军檄文指斥元朝罪状，最精彩最打进人心坎里的话是"贫极江南，富夸塞北"。一想也真是种庄稼的一年到头劳碌辛苦，收了粮食，却吃草根树皮！什么好东西，粮食布帛，珍宝财富，都给刮空了运到北边！种庄稼的为什么穷，为什么苦，一辈辈受熬煎呢？从他记事情起，祖父是怎么过日子的，父母和哥哥是怎样死的，以前只怪穷人命苦，这两句话却明确指出穷苦一辈子受熬煎的原因，敌人是谁，现在明白了。如要活命，就得改变这个局面，把吃人的朝廷推翻。隔几日，又听说徐寿辉已在蕲水建都，做了皇帝，国号天完，年号治平，拜邹普胜做太师，彭和尚、项奴儿带的一支军队已进了江西。元兵到处打败仗，好容易调了六千回族阿速军和几支汉军来进攻颍上红巾军，阿速军素号精悍，擅长骑射，只是纪律不好，到处抢劫。几个将军喝酒玩女人，昏头昏脑，刚和红巾军对阵，望见红巾军阵势大，吓得直发抖，主将急扬鞭勒马往后跑，嘴里连叫"阿卜！阿卜！"阿卜是走的意思，全军立刻退却，红巾军往前直冲，元兵一败涂地。淮东西人把这一仗当作笑话，无人不晓。又听说脱脱调其弟御史大夫也先帖

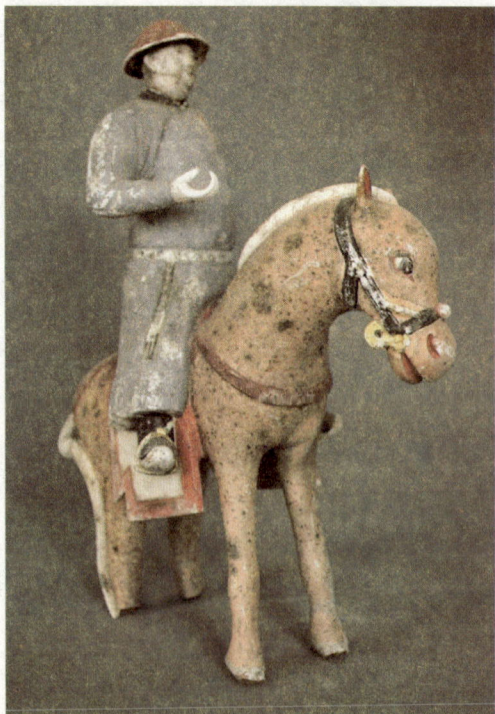

元代骑马俑

22

木儿为知枢密院事，统三十万大军收复汝宁，一支前锋部队几万人屯在汝宁沙河岸边，将军们白天黑夜沉溺酒色，都醉倒了，红巾军黑夜偷营，元军大败，大将也不见了。第二天，在死人堆里找到尸首。元兵一溃退就是几百里。也先帖木儿亲自统军，才到汝宁城下，尚未交锋，见红巾军势盛，便跃马后退，地方官急了，挽住马缰不放，也先帖木儿更急，拔刀便砍，叫道："我的不是性命！"飞马先逃，三十万大军跟着溃散，军资器械悉数丢光。也先帖木儿只剩下万把人，踉踉跄跄溜回大都，仗着哥哥是丞相，不但没有罪责，还依旧做御史大夫。蒙古兵、色目兵、汉军都不能打仗了，一上阵就垮，

元代琉璃镂空三彩龙凤纹薰炉

真正和红巾军拼得你死我活的是各地方官和大地主们募集的"义兵"和"民兵"，地方官怕被红巾军杀害，大地主要保家产，又怕农民报仇，出大价钱雇了城乡游民和盐丁，拼死顽抗，到底力量少，兵力又分散，面对着声势浩大的到处蜂起的红巾军，怎么也抗不住。"义兵""民兵"为了和红巾军作对，穿戴着朝廷规定的服装，一色的青衣青帽，也叫青军。到至正十二年（1352）二月底，又听说濠州也被红巾军占了，头目是郭子兴、孙德崖和姓俞、姓曾、姓潘的一伙人。

郭子兴是定远县（今安徽定远）有名的土豪，原是曹州（今山东曹县）人。他父亲到定远卖卦相命，有一家地主的瞎女儿，嫁不出去，他父亲娶了，得了一份财产，生下三个儿子，子兴是老二。兄弟几个都会盘算生意，贱时买进，贵时卖出，买田地，开店铺，一二十年间居然盘剥成地方上数一数二的地主了。只是有一件懊恼事，门户低微，靠不上大官府，三天两头受

第一章　苦难的童年

23

地方官作践，地方上派捐款，出民兵钱，供应粮秣，总是头一户，连马快弓手也成天上门要这要那，稍不遂意，就瞪眼睛，拍桌子，好歹得花些钱打发。实在气愤不过，便入了弥勒教，索性使钱结交宾客，接纳江湖好汉，焚香密会，以期望有朝一日，能出这口气。红巾军大起义以后，钟离、定远的农民，背上锄头镐钯，一哄就会合起万数来人，地方官平时只会要钱，这时却一点儿办法也没有了，装不知道，惹不起，也犯不着多事。二月二十七日，郭子兴带了几千人，趁黑夜，里应外合，偷入濠州，半夜里一声号炮，闯入州官衙门，杀了州官，在先有过杜遵道的号令，五个头目都称濠州节制元帅。元朝将军彻里不花隔濠州城南三十里扎营，怕红巾军厉害，不敢攻城。却派兵到各村庄骚扰，捉了壮丁，给包上红布，算是俘虏，向上官报功请赏。老百姓给元兵害苦了，村子里再也存不住身，呼亲唤旧，鱼贯入城，濠州声势越发壮大。

朱元璋盘算了又盘算，虽然相信彭莹玉的话，吃人的元朝政府一定可以推翻，穷苦人一定可以翻身，眼下就是出头的时候了，只有一条路，投奔濠州，但是，又听说，城里五个元帅自作主张，谁也不服谁，甚不和睦，跟着他们走，怕有风险，去不得。留在寺里呢，迟早给官军捆去请赏号，脑袋保不住，留不得。想了又想，委实决断不下。

一天，有人从濠州捎来一封信，是汤和写的。他带了十几个壮士投奔红巾军，已经积功做到千户，催他快来入伍。朱元璋背着人读了，更加重了心事。在大殿上踱来踱去，反复思量，把信就着长明灯烧了，还是下不了决心。又过了几天，同房的师兄偷偷告诉他，前日那信有人知道了。要向官军告发，催他赶紧逃走。朱元璋急得无法，到村子里找着刚从外乡回来的周德兴，讨一个主意。周德兴寻思了好些时候，说只有投奔红巾军才能活命，劝他向菩萨讨一个卦，是吉是凶？决定去留。朱元璋心头忐忑不定，慢慢踱回寺里，还不到山门，就嗅到一股烟焰气味，大吃一惊，飞奔进去，只见东一堆瓦石，西一堆冒烟的梁柱，大殿只剩下半边，僧房斋堂全烧光了，只剩下伽蓝殿，隔着一片空地还完整。满院子堆着马粪、破衲衣、烂家具，僧众星散，不知去向。冷清清只剩下几尊搬不动烧不烂的铜菩萨。原来元朝军队以为僧寺里供着弥勒佛，红巾军念弥勒佛号，怕和尚给红巾军做间谍，把附近的寺庙都抢光烧光了，这一天轮到皇觉寺。朱元璋待了一阵，知道寺里再也停留不得了，下定决心到红巾军队伍里去。向迦蓝神磕了头，讨了卦。二十六年后他写皇陵碑回忆这时候的心情道：

　　住（皇觉寺）方三载，而又雄者跳梁。初起汝、颍，次及凤阳之南厢。未几陷城，深高城隍，拒守不去，号令彰彰。友人寄书，云及趋降，既忧且惧，无可筹详。旁有觉者，将欲声扬。当此之际，逼迫而无已，试与知者相商，乃告之曰，果束手以待罪，亦奋臂而相戕？知者为我画计，且默祷以阴相，如其言往卜去守之何祥，神乃阴阴乎有警，其气郁郁乎洋洋，卜逃卜守则不吉，将就凶而不妨。

　　友人寄信催他参加红巾军，可见他和红巾军是早有联系的，既忧且惧的心情也是真实的，决心是下定了，卜卦只是加强了决心。但是他在皇陵碑中却把自己的决心完全归功于神佛的启示，表明他的行动是受命于天的，弄神弄鬼，故作玄虚，这一段狡狯骗人的叙述和他一生利用佛道两教的政治作用是一致的。

　　第二天，他离开皇觉寺，参加红巾军去了。

　　这一年，朱元璋二十五岁。

第二章 红巾军大帅

九夫长

元至正十二年（1352）闰三月初一，朱元璋到了濠洲城下。这时濠州仍然在元军包围中，元军虽然不敢攻城，远远地屯营对峙，城中红巾军还是不敢大意，城墙上布满了守兵，旌旗林立，城垛下堆满了擂石、石灰，守兵个个弓满弦、刀出鞘，巡逻哨探的更是川流不息。黎明时城门守兵挡住穿得极其破烂的朱元璋，盘问底细，他只说是投军来的，更无别话。守兵不由得起了疑心，以为是元军的奸细，三言两语闹翻了，把朱元璋一索子捆了，派人报告郭元帅，请令旗要杀。郭子兴听了缘由，仔细一想，甚是奇怪，若是奸细，怎能这般从容？也许真是来投顺的好汉，不要枉杀了好人。他骑一匹快马赶到城门口，远远看见二三十个士兵和老百姓围成一圈，人头攒动，指手画脚在骂着呢。连忙喝退众兵，只见一个个子高大，长得怪头怪脑的丑和尚，五花大绑，捆在拴马桩上。衣服虽然褴褛，露出的肌肉却很结实，眼睛里充满着火气，神色镇定，毫不害怕。郭子兴心里已有点喜欢，下马问明底细，知是孤庄村来的，入过教，是汤和写信叫他来的，和红巾军中好些弟兄都有来往，就喊人松了绑，收为步卒。

朱元璋入了伍，参见了队长，逐日跟弟兄们上操，练习武艺。他体格健壮，记性强，才十几天工夫已是队里顶尖的角色。几次出城哨探，他计谋多，有决断，沉着冷静，随机应变，同队的都愿听调度。每次出去，总是立了功，不损伤一兵一卒，连队长也遇事和他商量了。

不知不觉过了两个多月。一日，郭元帅带着亲兵出来巡查，经过朱元璋的营房，全队排成一字儿向主帅行礼，朱元璋身材高大，排在队头。郭子兴见了，记起那天的事，唤队长问这投效的和尚能耐如何，队长满口称赞，夸是千中选一的人才，郭子兴大喜，就吩咐升朱元璋做亲兵九夫长，调回帅府当差。

朱元璋做事小心谨慎，敢作敢为。得了命令，执行得快，办理得好。打仗时身先士卒，得到战利品，不管是金、银，还是衣服、是牲口粮食，尽数献给元帅。得了赏赐，又推说功劳是大伙儿的，公平分给同出去的战友。平时说话不多，却句句有分量。认得一些字，队伍上一有文墨的差事，元帅的命令、文告，以至战友们的家信，伙伴们都找他解说。几个月后，不但在军中有了好名声，勇敢、能干、大方、有见识、讲义气、人缘好，甚至郭元帅也当他做心腹知己，不时和他商量事情，言听计从了。

郭元帅的第二夫人张氏，抚养了一个孤女，原是郭子兴的老友马公托付的。马公是宿州人，王兴起兵时，马公回到宣州，筹划起兵响应，不料回去不多久就死了。郭子兴十分感念，对待孤女甚好。郭子兴看重朱元璋，和张夫人商量要招赘做上门女婿。张夫人也听说朱元璋才能出众，子兴脾气不好，和四个元帅都合不来，得有个细心能干的身边体己人帮着，就一力撺掇，择日替两口子成婚。朱元璋做了元帅的女婿，前程有了靠山，更何况是元帅主婚，自然满口应承。从此军中就改称朱元璋为朱公子，有了身份了，起一个官名叫朱元璋，字国瑞。

孙德崖一伙四个元帅，都是贫苦农民出身，性情直爽，有什么说什么，除了种庄稼，有力气以外，别的事情懂得少，也说不上来。军粮摊派，孙德崖一伙主张当然该多派地主，贫苦农民连饭都吃不饱，再派粮，是要他们的命。郭子兴却有另一种主张，地主要少派些，横竖地面上只有数得出的几十

元代建筑

家地主，派多了，地主吃不消，会逃跑，贫农小户虽然油水少，但是人数多，一家派一点，汇总起来就是一个大数目。两家里争来争去，郭子兴一张嘴吵不过四个人，心里很不服气。他又嫌他们一伙人粗里粗气，说话做事没个板眼，没个体统，虽然名位都在郭子兴之上，却看不上眼，相处久了，遇事就吵，越发嫌恶。两下里面和心不和，议事时孙德崖四个人一个见识，郭子兴总是摇头，拿话反驳，有时还说些带刺的话伤人，使人不好受。孙德崖四人也讨厌郭子兴闹别扭，索性遇事都先商量好了，你不依也得依。每次议事，孙德崖四人按时来。郭子兴一肚子不高兴，总是迟到。谈不拢时，郭子兴发怒走开，四人也就把事办了，郭子兴越发不耐烦。有时几天才开会一次，郭子兴一来，四个人都瞪着眼睛看他。子兴觉着不对头，心里不安，也想不出主意，索性闲住在家，不管事了。五个元帅谁也管不了谁，谁也不服谁，各自发号施令，占了濠州大半年了，除了向四乡要粮秣、牲口以外，竟不能出濠州一步。子兴知道四个元帅合在一起对付他，这个亏吃定了，得有对付的主意才好，和朱元璋商量。朱元璋劝他打起精神，照常和四帅开会，商量办事，心一齐，力就大。局面也就会好一些了。假如自己老不管事，就怪不得别人管事，凡事总得有人管啊！因为不齐心，事情搞坏了，大家都得

郭子兴

吃苦头，那时却也分不出你我了。子兴听了，第二天就出去开会，过不了三五天，又闹决裂了。两边的感情越搞越坏，都怕对方下毒手，互相猜忌提防。朱元璋劝说不动子兴，背地里向孙德崖赔小心，说好话，着意联络，以免真的闹翻了。

九月间，元丞相脱脱统"番"汉兵数十万攻徐州，招募了当地盐丁和矫勇健儿三万人，穿黄衣，戴黄帽，号为黄军，令做先锋。用巨石做炮，昼夜猛攻，城破，下令屠城，见人便杀，见屋便烧，芝麻李奋战逃出，被元兵逮住杀了。彭大、赵均用率领残兵投奔濠州，脱脱命夏贾鲁领兵追击。彭大、赵均用的兵势大，到了濠州以后，濠州五帅都受他们节制。彭大

勇悍有胆略，有智谋，敢作敢为，和郭子兴气味相投。赵均用出身社长，孙德崖一伙都向着他，两边明争暗斗，闹了好些日子。孙德崖想了个借刀杀人的法子，拿话来挑拨赵均用，说郭子兴眼皮浅，只认得彭将军，百般趋奉，对赵将军却白眼看待，瞧不起人。赵均用大怒，就派孙德崖即时率领亲兵，竟来火并，在大街上冷不防把子兴俘虏了，毒打了一顿，锁闭在冷屋里。

这时朱元璋正好出差在外，得信奔回，郭家大小正在着急忙乱，不知如何是好。朱元璋估计这桩祸事准是因为郭子兴厚彭薄赵，祸头是赵社长，要解这个结，非彭大出头不可。第二天，他陪着小张夫人和子兴二子天叙、天爵一行到彭大处央告。彭大听了，勃然大怒说："他们太胡闹了，有我在，谁敢害你家元帅！"立刻喊左右点兵，朱元璋也全身盔甲，带兵团团围住孙家，掀开屋瓦，救出子兴。只见子兴项带木枷，脚带铁铐，浑身被打得稀烂。打开枷铐，背回私宅将息。赵均用知道彭大出头，怕伤了和气，只好隐忍了事。

贾鲁进围濠州，大敌当前，红巾军的头领们才着了慌，暂时放下嫌怨，一心一意坚守城池。从这年冬天一直到第二年春天，濠州整整被围了七个月，幸得城高濠深，粮食充足，元军不明城中虚实，以为只要围得水泄不通，断绝粮道、救兵，红巾军自然困死，不用损兵折将便可取胜，因此两下相持，没有什么大战斗。一天，元将贾鲁病死，元军顿兵坚城之下，日久疲敝，军无斗志，主将一死，便解围他去。濠州方面虽然松了一口气，也折损了不少人马，吃了大亏。

朱元璋奉命领兵攻五河，取定远。在元兵合围之前，又出兵攻怀远安丰，招收壮丁。合围以后，又领奇兵突围出来，攻克含山县、灵璧县和虹县。

元兵离去，彭大、赵均用兴高采烈，彭大自称鲁淮王，赵均用自称永义王，郭子兴和孙德崖等五人仍然是节制元帅。

小军官

濠州缺粮，兵力也缺。朱元璋想法子弄了几引盐，到怀远卖了，换了几十石粮食，献给子兴。又回到钟离，竖起红巾军招兵大旗，少年伙伴和乡里徐达、周德兴、郭兴、郭英、张龙、张温、张兴、顾时、陈德、王志、唐胜

宗、吴良、吴祯、费聚、唐铎、陆仲亨、常遇春、曹震、张翼、丁德兴、孙兴祖、陈桓、孙恪、谢成、李新、何福、邵荣以及耿君用、炳文父子，李梦庚、郁新、郭景祥、胡泉、詹永亨等人，听说朱元璋做了红巾军头目，都来投效。其中徐达比朱元璋小三岁，生得长身高颧，性格刚毅勇武，和朱元璋十分契合。比朱元璋先来的汤和比朱元璋大三岁，身高七尺，倜傥有智谋，虽然已经做了军官，却对朱元璋格外尊重。邵荣打起仗来，英勇出众，和周德兴等人以后一直跟着朱元璋，冲锋陷阵，出生入死，成为朱元璋部下基本队伍。又都是淮西人，有着乡里、宗族关系，到了朱元璋的军事力量日益扩大的时候，这些淮西老将便都分别做了领兵将帅，成为军中的骨干。以后朱元璋做了皇帝，淮西诸将和幕府僚属都成了开国功臣，他们不但有汗马功劳，也有了政治地位，在明朝初年的政治局势中，淮人自然而然地形成了很突出的地位。

徐达等人投效红巾军以后，来投军的人便越发多了，不到十天工夫，招募了七百人，子兴大喜。至正十三年（1353）六月，升朱元璋做镇抚，从此，朱元璋就一跃成为带兵官了。一年以后，又以军功升作总管。

彭、赵二王的部队缺乏训练，纪律不好。朱元璋看出老是这样待在濠州，不但不能发展力量，迟早还会闹事。便把新兵交代了禀准主将，带领贴身伙伴徐达、费聚等二十四人，往南到定远略地，又招收了一些人马。听说张家堡驴牌寨有"民兵"三千人，孤军无援，又断了粮，处境很困难。决定亲自去驴牌寨，那里的主帅原是郭子兴的相识，朱元璋告诉他，你孤军缺粮，附近有一支军队要来打你，你是顶不住的。为今之计，那就跟我们走，保全力量，否则就趁早转移，别的办法是没有的。那主帅答应了，说过几天就来。朱元璋留下骑士费聚等候。不料过了三天，费聚来报，对方变卦了，他们要转移了。朱元璋立刻带了三百人又去，左说右说，不得要领。只好使计，派一个勇士去请那主帅议事，主帅一到，几百人就把他重重围住，边囔囔边走，走了十几里，再派人去传主帅的命令，说是移营了，三千人就都跟着来了。朱元璋得到那支军队，就指挥它向东袭击横涧山。

横涧山有"民兵"二万，主帅是定远人缪大亨，他纠集了一大批地主武装力量，进攻濠州没有占到便宜，元兵溃走，他率众二万退守横涧山，元朝封为义兵元帅，派军官张知院监军。朱元璋令勇将花云带了队伍，趁黑夜敌人不防，四面包围，鼓声呐喊声震天动地，张知院吓慌了，只身逃走。朱元璋部下有人和缪大亨交好，朱元璋派他劝缪大亨投降，缪大亨想想没有出路，只好答应。朱元璋得了当地七万人口，选出精壮二万，组成一支浩浩荡荡的大队伍，用朱元璋自己的话来形容，真是"赤帜蔽野而盈岗"。

朱元璋得了这支生力军，立刻重新编制，加紧训练。他最着重纪律，在检阅新军时，特别指出这一点，恳切地训诫将士说："你们原来是很大的部队，可是毫不费事就转到我这边来了，原因在哪里呢？一是将官没有纪律；二是士卒缺乏训练。现在我们必须建立严格的纪律，做到严格的训练，才能建功立业，大家都有好处。"三军听了，无不喜欢。就这样，朱元璋不但有数量众多的骁将，也有了几万人的经过训练的大部队，为此后的军事活动打下了坚强的基础。

定远人冯国用、国胜（后来改名胜，又名宗异）两兄弟，家里有几百亩田地，几十家佃户，是个中小地主。两兄弟都喜欢读书，通兵法。国用深沉有计谋，国胜骁勇多智略。红巾军兵起，他们团结地方上的地主和乡民，结寨自保。只是力量单薄，怕被别的"民兵"大队伍吃掉。缪大亨一投降，越发自危，多方打听，知道朱元璋军队纪律好，便带领部队来投诚，甚见亲信。朱元璋问以攻敌方向，国用以为建康（元集庆路，今南京）形势险要，古书上说是"龙蟠虎踞"，是历代帝王建都的地方。如今应该先取做根据地，以后逐步发展，扩充地盘。不贪子女玉帛，多做好事，取得人民的支持，建功立业不是难事。朱元璋大喜，任冯国用为幕府参谋。

在南下攻滁州（今安徽滁县）的路上，定远人李善长到军门求见。善长是地方上有名人物，读书有智谋，善于料事，治法家学问。从他的经历，年轻时便能够一意读书，不必操心生活来看，应出身于地主家庭。他和朱元璋谈得很投机。朱元璋问他四方兵起，什么时候才能太平？

徐达

31

善长劝他学汉高祖，说汉高祖也是平民出身的，为人气量大，看得远，也看得宽。善于用人，也不乱杀人，五年工夫，便平定了天下。元朝不得人心，上下不和，已到土崩瓦解地步。濠州和沐相去不远，你如能学习这位同乡的长处，天下太平也就快了。朱元璋连声叫好，留下做幕府的掌书记（秘书长），嘱咐他："如今群雄四起，天下大乱，仗要打好，最要紧的是要有好参谋人员。我看群雄中管文书和做参谋的幕僚，总爱说左右将士的坏话，文武不团结，将士施展不了才能，自然非失败不可。将士垮了，好比鸟儿去了羽翼，主帅势孤力单，也非灭亡不可。你要替我做一个桥梁，调和并帮助将士，不要学那些幕僚的坏样子。"从这时候起，朱元璋心目中时时有个老百姓出身的皇帝刘邦在做榜样，说话、办事、打仗，事事都刻意向刘邦学习。李善长也一心一意当好幕僚长，沟通将士、幕僚和主帅以及将士间的意见。建议提拔有功和有能力的，处分不称职的将吏，使得部下都能人尽其才，安心做事。但是，他也有致命的缺点，乡里观念是他很重的包袱，在战争年代，这个缺点还不很明显，到了南北统一以后，他对用人行政还是从淮西人的利害出发，朱元璋虽然倚靠淮西人的力量起家，却比李善长看得宽些、大些，他要依靠全国各个地方可以依靠的力量，因此，他们两人之间，在战争全局取得胜利之前，互相信任，利害是一致的，但在胜利以后，矛盾便逐步展开了，尽管关系很久很深，最后还是免不了彻底决裂。

滁州守军力量薄弱，朱元璋的前锋长身黑面绰号黑先锋的花云单骑冲破敌阵，在如雷的战鼓声中，全军跟着进攻，把滁州占了。朱元璋亲侄文正、姐夫李贞带着外甥保儿（后起名文忠）得到消息，奔来投靠。说起家乡情况，才知道二哥三哥都已去世了，免不得大家哭了一场。又伤心又欢喜，伤心的是偌大一家人只剩了这几口，欢喜的是处在这样乱世，还能团聚。"一时会聚如再生，牵衣诉昔以难当。"还有定远人沐英，父母都已死去，孤苦可怜。朱元璋把三

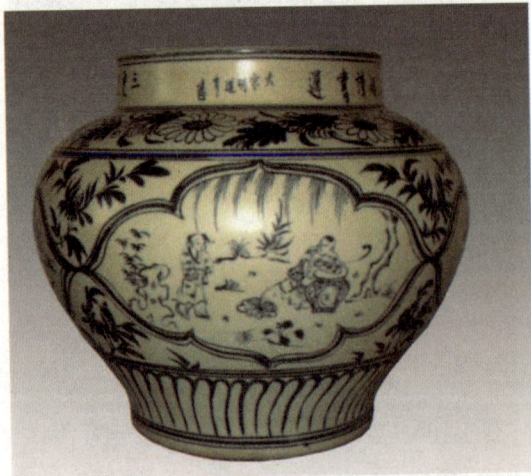

元代青花瓷器

32

个孩子都收养做义子，改姓为朱。原来收养义子是当时军队中流行的风气，带兵的将领要培养心腹人才，都喜欢收养俊秀勇猛的青年在身边，不但打仗时肯拼死命，在紧要关头，还可以用来监视诸将，起耳目心腹的作用。沐英在军中称为周舍，又叫沐舍，舍是舍人的简称（文武官员的儿子叫舍人）。朱元璋义子除朱文正、李文忠、沐英以外，还有二十几个，后来所占城池，专用义子做监军和将官同守：如得镇江用周舍，得宣州用道舍，得徽州用王驸马，得严州用保儿，得婺州用马儿，得处州用柴舍、真童，得衢州用金刚奴、也先。此外还有买驴、泼儿、老儿、朱文逊等人。柴舍即朱文刚，后来在处州死难；道舍即何文辉，马儿即徐司马，保儿即平安，朱文逊小名失传，在太平阵亡。王驸马、真童、金刚奴、也先、买驴、泼儿、老儿，复姓后的姓名也都失传了。至正十八年（1358）胡大海、李文忠占领严州后，两人意见不和，朱元璋派帐前都指挥使首领郭彦仁告诫李文忠说：“保指挥（保儿）我之亲男，胡大海我之心腹，前者曾闻二人不和。且保指挥我亲身也，胡院判（大海官衔行枢密院判官的简称）即我心腹也，身包其心，心得共安，心若定，身自然而定。汝必于我男处丁宁说知，将胡院判以真心待之，节制以守之，使我所图之易成。”李文忠代表朱元璋监视大将胡大海，并有节制之权。这一个例子说明了义子的作用，也说明了朱元璋驾驭将士的策略。

除用义子监军以外，另一办法是规定将士家眷必须留在后方居住。这法子在刚渡江时便实行了。朱元璋统兵取集庆，马夫人和诸将家属留在和州（今安徽和县）。取集庆后，定下制度：“与我取城子的总兵官，妻子俱要在京住坐，不许搬取出外。”“将官正妻留于京城居住，听于外处娶妾。”这样，将官顾虑妻子安全，自然不敢投敌以致反叛，平时征调差遣，也方便得多了。可是，也有相反的情况，后来骁将邵荣的怨望以致图谋暗杀朱元璋，正是因为常年征战，不能和家人团聚的缘故。

此外，朱元璋还提防将官和读书人勾结，规定：“所克城池，令将官守之，勿令儒者在左右议论古今，只设一吏，管办文书，有差失，罪独坐吏。”凡是元朝的官吏和儒士，都要由他自己选用，逃者处死，不许将官擅用。

朱元璋进攻滁州时，彭大、赵均用率领濠州红军主力，攻下了盱眙泗州。两人为郭子兴的事结下怨恨，竟闹决裂了。赵均用和孙德崖四帅合成一

33

伙，彭大孤立，手下得力的人也逐渐被赵均用收买过去，气闷不过，发病死了。他儿子早住接着也称鲁淮主，赵均用没把他看在眼里，倒也相安无事。郭子兴原来倚仗彭大做靠山，彭大一死，孙德崖几次找借口要害子兴，碍着朱元璋在滁州有几万部队，投鼠忌器，不好下手，便撺掇赵均用下令牌调朱元璋来守盱眙，一箭双雕，一窝子收拾掉。朱元璋知道这是陷阱，委婉推辞，说是元军要来进攻，部队移动不得。又使钱买通赵均用左右得力人员，劝赵均用不要听小人挑拨是非，自剪羽翼，万一火并了，他部下不服，也不得安稳。说话的人又劝他好好地对待子兴，让他出气力，占地方，保疆土。成天有人在旁说好话，均用不由得不信，竟放子兴带本部人马到滁州。子兴一到，朱元璋交出兵权，三万多兵强马壮的队伍，旗帜鲜明，军容整肃，子兴大喜。

至正十四年（1354）十一月，元丞相脱脱统兵大败张士诚于高邮，分兵围六合。

张士诚原名九四，淮南泰州（今江苏泰县）白驹场人。泰州在海边，居民都靠晒盐生活，苦于官役过重，度日艰难，怨恨官府。士诚从小泼皮讲义气，膂力过人，会武艺，和兄弟士义、士德、士信一家子都靠撑船贩私盐过日子，贩私盐利大，士诚轻财好赒济穷困，很得人心，私盐贩子推他做头目。当地地主捡便宜买私盐，又欺侮他们，有时赖账不给钱，也告不得状。弓兵丘义崇和私盐贩子作对，受了士诚的贿赂，还不时寻事，三天两头拦截盐船。士诚气愤不过，趁各处兵起，带着兄弟和李伯升、潘原明、吕珍等十八壮士，杀了丘义和仇家地主们，一把火烧了房子。事情闹大了，索性招兵买马，盐丁们和无业游民、贫苦农民都来跟从，攻下泰州、高邮，占了三十六盐场，自称诚王，国号大周，改年号为天祐。这是至正十四年正月间的事。

元兵围六合，六合守将派人到郭子兴处求救。六合在滁州东面，是滁州屏障，要保滁州，就非守住六合不可。郭子兴和六合守将有嫌怨，不肯出兵，朱元璋费尽唇舌才说服了。元兵号称百万，诸将不敢去，推托求神不吉。子兴派朱元璋领兵出救。元兵排山倒海似的来攻，六合城防工事全被摧毁，守兵拼死抵住，赶修了堡垒，又给打平了。眼看抵挡不住，只好把老弱妇孺掩护撤退到滁州，朱元璋在中途设下埋伏，令耿再成佯装败阵逃走，元兵追击遇伏，滁州守军鼓噪迎击，元兵大败，朱元璋得了好多马匹。因顾虑到滁州孤城无援，恐元兵增兵围困，派地方父老把马匹送还，推说全是良民，团结守护，是为了防御寇盗，情愿供给大军军需给养，请并力去打高邮，饶了这一方老百姓吧。元兵打了败仗，丢失马匹，正没主张，怕受上官责备，一见来人说好话求情，马也送回来了，正好收场，就引兵他去，滁州算是保全了。

元兵一退，郭子兴欢喜极了，打算在滁州称王。朱元璋劝他：滁州是山城，不通船只商贾，也没有险要地形可守。一称王目标大了，元兵再来怕保不住。子兴才放弃了做王爷的念头。

脱脱大军用全力攻高邮，外城已被攻破，城中支持不住，想投降又怕不肯赦罪，正在两难间，张士诚急得唉声叹气，准备突围下海。突然间元顺帝颁下诏旨，责备脱脱，说他："往年征徐州，仅复一城，不久又丢掉了。这回再当统帅，劳师费财，已经过了三个月，还无功效。可削去兵权，安置淮安路。弟御史大夫也先帖木儿安置宁夏路。如胆敢抗拒，即时处死。"宣读后全军愤恨大哭，即时四散，一部分投入红巾军，红巾军越发强大。张士诚趁机出击，不但转危为安，而且从此基础巩固，地盘日渐扩大。

脱脱交出兵权，被押解西行，鸩死于吐蕃境上。

这一变化，是蒙古统治阶级内部矛盾尖锐化的必然结果。脱脱是蒙古贵族世臣，有能力，有办法，元顺帝极为信任，付与军政大权。从徐州攻下后，元顺帝就以为天下太平了，该好好享乐一番。宠臣哈麻背着人引进了会房中运气之术的西天僧，他能使人身之气，或消或胀，或伸或缩，号"演揲儿法"，也叫秘密佛法，多修法。顺帝大喜，封西天僧为司徒，大元国师。国师又荐了十个皇亲贵族会达佛法的，叫作十倚纳，内中有个叫老的沙的是顺帝的母舅。上都穆清阁修成，一溜儿几百间房子，千门万户，朝朝宴会，夜夜笙歌，君臣都玩昏了。哈麻的母亲是元宁宗的乳母，他出身宫廷禁卫，深得元顺帝宠爱，初时依附脱脱兄弟，做到中书右丞，有地位了，和脱脱的亲信闹意见，被调官为宣政院使，位居第三。哈麻恨极，向奇皇后和皇太子爱猷识里达腊挑拨，说立皇太子后好久没有行册命和告庙之礼，都是脱脱兄弟在阻挠。又诬告脱脱师老无功。脱脱出师在外，失去宫廷的支持，被贬毒死，哈麻代为丞相。

脱脱使计谋排斥伯父伯颜，取得相位，在对汉南人的政策上，却和伯颜一致。当红巾军初起时，凡议军事，不许汉南人参与。有一天，脱脱进宫

35

报告军事，中书官（中书省的属官，机要秘书一类的官职）两人照例随后跟着，因为这两人是汉人，脱脱忙叫禁卫喝住，不许入内。又上奏本说，如今河南汉人造反，该出布告，一概剿捕汉人；诸蒙古色目犯罪贬谪在外的，都召回来，免得让汉人杀害。达榜文一出，不但河南，连河北汉人也不能不参加红巾军了，红巾军声势因之日益浩大。

脱脱死后，元顺帝越发无所忌惮了，为所欲为。这时东南产米区常州、平江、湖州（今浙江吴兴）一带都被张士诚占领，浙江沿海地区被方国珍占领，往北运河沿线被红军控制，陆运和内河运输线全被切断了。另一粮食补给区湖广（湖南、湖北）也早已失去。南方的粮食不能北运，大都过百万军民立刻缺粮，闹粮荒，加上中原地区连年闹蝗灾、旱灾、兵灾，老百姓饿极只好吃蝗虫，大都的军民则连蝗虫也吃不上，饿死的不计其数，又闹瘟疫，惨到人吃人的地步。在这样严重的境况中，元顺帝却毫不在意，在内苑造龙舟，亲自打图样，龙舟长一百二十尺，宽二十尺，驶动时龙的头眼口尾都跟着动，内有机括，龙爪自会拨水。元顺帝每登龙舟，还命盛妆彩女，两岸牵挽。他爱好机械制造，爱好建筑艺术，爱好音乐歌舞，成天搞这样，修那样，就是懒得管政事，每日游船饮宴，打仗的事也不在意了。老百姓成批饿死，更是漠不关心。有限的一点儿存粮全运到女宠家里，百官俸禄只好折支茶纸杂物。宫廷里充满了腐败淫乱的生活，表面上装点出一片繁荣升平的气氛。

滁州在战乱后，突然增加几万大军，粮食不够吃，军心不安。朱元璋建议南取和州，移兵就食。虹县人胡大海生得高个子，黑脸膛儿，聪明过人，带全家来归附，朱元璋就用他为前锋，一鼓攻克和州。至正十五年（1355）正月，子兴得到占领和

元代建筑普照寺

36

州的捷报，派朱元璋做总兵官镇守。

朱元璋在子兴诸将中，名位不高，年纪又轻，奉命总兵，怕诸将不服。寻思了半天，想出主意。他叫人撤去大厅上主将的公座，只摆一条木凳子。次日五鼓，诸将先到，当时座位高低按蒙古习俗以右首为尊，朱元璋故意迟到，一看只留下左末一席，不作声就坐下了。到谈论公事时，诸将只会冲锋陷阵，要判断敌情，决定大事，却什么也说不出来，面面相觑。朱元璋随事提出办法，合情合理，有分寸，有决断，诸将才稍稍心服。末后议定为了更好地防御敌人进攻，要分工修理城池，个人认定地段长度，限三天完工。到期会同诸将查验工程，只有朱元璋认定的一段做完了，其余的全未修好。朱元璋沉下脸，摆公座朝南坐下，拿出子兴命令，对诸将说："奉主帅令总兵，责任重大。修城要事，原先个人分别认定，就该如期完工。如今都延误了，一有敌情，这仗怎么打？军务紧急，竟这般不齐心，还有什么纪律？现在说明白，既往不咎，今后如再有不遵军令的，就要严格执行军法，可顾不得弟兄情分了！"一来确是子兴的令牌，朱元璋是和州的主将，违拗不得；二来诸将误了军机，理亏，不敢作声。大家只好谢罪求饶。尽管如此，诸将还仗着是子兴老部下，面子上认输，心里仍然不服气。只有汤和小心谨慎，最听话，也最守纪律，做出一个榜样。李善长左右沟通，尽心调护，朱元璋的主将地位才逐渐巩固下来。从此，朱元璋又从总管升成总兵官，从带领几千人的小军官成为镇守一方的大将了。

一天，朱元璋出外，有一小儿在门外啼哭，朱元璋问他为什么哭，说是等他父亲。问父在何处，说在官养马。母亲呢？说也在军营里，和父亲不敢相认，但以兄妹相呼。他不敢进去，只好在门外等着。原来子兴的部队数量发展大了，"民兵""义兵"都成批地大量地掺杂进来，这些地主的武装队伍，成分复杂，流氓、地痞，什么样的人都有，他们在攻破城池以后，就乱杀人，乱抢东西，俘虏壮丁，霸占妇女，闹得老百姓妻离子散，家破人亡。朱元璋认为形势严重，再这样胡搞下去，军队是站不住脚的。立刻召集诸将，申明约束："大军从滁州来此，人皆只身，并无妻小，入城后乱搞一起，虏人妻女，使老百姓夫妇离散。军队没有纪律，怎么能够安定地方？以后取城后，凡有所得妇人女子，唯无夫未嫁者许之，有夫的妇人不许擅有。"第二天，召集全城男子妇女在衙前集会，让男子分列门外大街两旁，所虏妇女从门内一个接一个走出，下令是夫妇即便相认，一时夫妻父子纷纷

互相叫唤，闹哄哄挤成一团，有哭的，有笑的，有先哭后笑的，也有又哭又笑的，一霎时有多少家庭团圆，也有不少孤儿寡母在啜泣。原来惨惨凄凄路上断人行，商贾罢业的景象，顿时改变了，和州城稍稍有了生气，不光是一座有驻军的城池，也是一座有人民的城池了。

孙德崖因濠州缺粮，一率领部队到和州就食。将领兵士携妻挈子，不由分说，占住和州四乡民家。德崖带了亲兵，进驻州衙。朱元璋无法阻拦，正在叫苦。郭子兴得了消息，也从滁州赶来，两个死对头挤在一处，多时积聚的怨恨集中爆发了。

子兴性情暴躁，耳根子软，容易听人闲话，开头有人说朱元璋夺取妇女，强要三军财物，已是冒火。接着，又听说孙德崖和朱元璋合伙去了，越发怒气冲天，也不预先通知，黑夜里突然来到。一进门，子兴满面怒容，好半晌不说话。朱元璋跪在面下，也不敢说话。突然子兴问你是谁，答说总兵朱元璋。子兴大喊："你知罪吗？你逃到哪里去！"朱元璋放低了声气说："儿女有罪，又逃得到哪里去。家里的事迟早好说，外面的事要紧，得有个主张。"子兴忙问是什么事，朱元璋站起来，小声说："孙德崖在此地，上回的事结了深仇，目前他的人，城里城外都挤满了，怕会出事。大人得当心，安排一下。"子兴一听，才明白朱元璋不是和孙德崖结成一伙，气就消了。

天还不亮，孙德崖派人来说："你丈人来了，我得走了。"朱元璋知道不妙，连忙告诉郭子兴。又去劝孙德崖："何必这样匆忙呢？"德崖说："和你丈人相处不了。"朱元璋看德崖的神色，似乎不打算动武，就劝说两军同处一城，要走也得让部队先走，元帅殿后好镇压，免得临时出事故，伤了和气。德崖答应了。朱元璋放心不下，亲自替孙军送行，走了十多里，正要回来，后军传过话来，说是城里两军打起来了，死了许多人。朱元璋慌了，忙喊随从壮士耿炳文、吴祯靠近，飞马奔回。孙军抽刀拦住去路，揪住马缰绳，簇拥向前，见了许多将官，都是旧友，大家七嘴八舌，以为城内两军火并，朱元璋一定知情。朱元璋矢口分辩，边说边走，趁人不提防，勒马就往回逃。孙军的军官几十人策马追赶，枪箭齐下，侥幸衣内穿了连环甲，伤不甚重，逃了一阵，马力乏了，追骑赶上，朱元璋中枪坠马，被用铁索锁住脖子。有人就要举刀砍杀，又有人劝住，说孙元帅现在城里，如此时杀了朱元璋，孙元帅也活不了。不如派人进城看明白再作道理。立时有一军官飞马进城，见孙德崖正锁着脖子，和郭子兴对面喝酒呢。郭子兴听说朱元璋被俘，也着慌了，情愿走马换将。可是两家都不肯先放，末后有人出个主意，郭子兴先派徐达到孙军做抵押，换回朱元璋，朱元璋回到城里再放孙德崖，孙德崖回去了，再放回徐达。朱元璋被孙军拘囚三天，几次险遭毒手，亏得有熟人保护，才能平安脱身回来。

元至正十五年（1355）二月，红巾军统帅刘福通派人在石易山（今江苏石易山）夹河访得韩林儿，接到亳州，立为皇帝。又号小明王，臣民称为主公。建国号为宋，年号龙凤。拆鹿邑太清宫木材，建立宫殿。小明王尊母杨氏为皇太后，以杜遵道、盛文郁为丞相，刘福通、罗文素为平章政事，福通弟刘六为知枢密院事。军旗上写着鲜明的联语：“虎贲三千，直抵幽燕之地，龙飞九五，重开大宋之天。”上联声言要统一全国，下联说明这个政权是继承赵宋的。杜遵道的出身是元朝枢密院椽史，做了丞相，得宠擅权。刘福通不服他，私下埋伏甲士，挝杀遵道，自为丞相。不久，又改做太保。红巾军军政大权全部掌握在他一人手里，韩宋刚刚建立的新政权，还没有完备、巩固，内部就发生冲突，自相残杀，削弱了自己的力量。

郭子兴恨死了孙德崖，逮住了正要杀害，出一口气，为了交换朱元璋，只好放走。心中怏怏不快，成天忧郁发闷，得了重病，三月间不治身死，葬在滁州。军中军务由子兴子天叙、妇弟张天祐和朱元璋共同掌管。正在发愁，主帅新死，万一元军来攻，孤军无援；又怕孙德崖乘机来接管兵权，无法应付。正好杜遵道派人来计较立帅，军中公推张天祐到亳都面议，不久就带回小明王命令，委任郭天叙为都元帅，张天祐为右副元帅，朱元璋为左副

窝阔台

元帅，军中文告都用龙凤年号。

大元帅

和州都元帅府三个元帅，依军中等级说，郭天叙是主帅，张天祐和朱元璋是副职，一切军务都应该由都元帅发号施令。但是，一来郭天叙年轻，没有军事经验，出不了主意；张天祐一勇之夫，逢事无决断；二来朱元璋不但有大批勇猛善战的贴身伙伴，徐达、邵荣、汤和等战将，更重要的是他有自己系统的军队，这一支军队占郭子兴军事力量的很大比重；第三，朱元璋处心积虑，要自立门户，又有李善长、冯国用等一帮弄文墨的做助手，越发施展得开。以此，朱元璋虽然在军中坐的是第三把交椅，却做得主，办得事，俨然是事实上的主帅。

虹县人邓愈，十六岁就跟父兄参加红巾军，父兄都阵亡了，邓愈带着部队，每战挺身当前，先登陷阵，军中都服其勇武。怀远人常遇春，勇猛过人，精于骑射，世乱没活路，跟人做了些时候强盗，眼看那些头目只会打家劫舍，没出息，不成气候，决心自找出路。两人都来投奔，邓愈有队伍，命为管军总管，常遇春以勇猛命做前锋。

和州东南靠长江，城子小，屯驻的军队多，元兵几次围攻之后，虽然坚决顶住，却又闹粮荒了。跨过长江，正对面是太平（今安徽当涂）。太平南邻芜湖，东北达集庆（今江苏南京），东倚丹阳湖。湖周围的丹阳镇、高淳、溧水、宣城都是产米区。部队没饭吃，却眼看着对岸有成仓成库的粮食，只是被长江隔断了，怒涛汹涌，浪花起伏，没船只如何过得去？即使有船，少了也不济事，总得上千条才行，一时又怎么打造得起来？即使有了那么多船，没有水手又怎么驶得过去？朱元璋和文武将佐昼夜商量，也没个主意。

正好巢湖水军头目李扒头（国胜）派部将俞通海来商量军事。原来从颍上红巾军起义以后，巢湖周围地区彭莹玉的门徒金花小姐、赵普胜、李扒头等人纷起响应。至正十二年（1352）李扒头据无为州，双刀赵（普胜）据含山寨，联结各地起义头目俞廷玉、通海、通源、通渊父子，廖永安、永忠兄弟，赵仲中、庸兄弟，桑世杰、张德胜等人，和元军力战。在一次大战中，金花小姐战死，李扒头、双刀赵退屯巢湖，建立水砦，有一千多条大小船只，万多人水军，因为都是彭莹玉的门徒，这水砦就称为彭祖家，也叫彭祖水寨。大伙推李扒头做大头目，双刀赵坐二把交椅。他们和庐州（今安徽合肥）头目左君弼结下冤仇，吃了好多回败仗，势孤力单，三次派人来求救兵。朱元璋大喜，亲自到巢湖联络，劝以与其死守挨打，不如两家合力，一起渡江，寻谋出路。正好三月间梅雨季节，一连下了二十几天雨，大小河流都涨满了水，毫不费事，船只鱼贯出了巢湖。双刀赵不愿和朱元璋合伙，半路上率领所部逃归彭莹玉，余下大小船只扫数到了和州。

龙凤元年（元顺帝至正十五年，1355年）六月初一，朱元璋率领徐达、邵荣、冯国用、汤和、常遇春、邓愈、耿君用、毛广、廖永安、李善长诸将分领水陆大军乘风渡江，直达采石，常遇春跳上岸，挥戈奔向元军，诸军鼓勇续进，元兵惊溃，缘江堡垒，一起归附。红巾军将士饿了多时，一见粮食牲口，欢天喜地，抢着搬运，打算搬回和州慢慢享用。朱元璋和徐达商量，退守和州，过些日子还得闹饥荒，不乘势打开局面，更待何时？决计乘胜直取太平。下令把船缆都砍断了，把船推入急流。霎时间，大小船只顺流东下，江面上空空如也，片帆不见，诸军慌乱叫苦，朱元璋使人喊话，前面就是太平府，子女玉帛，无所不有，打下了随意搬回家。军士听了，饱餐后径奔太平城下，一鼓攻克，正要大杀大抢，朱元璋事先叫李善长写了禁约："不许掳掠，违令按军法处置。"四处张贴，还派一班执法队沿街巡察。军士看了只得住手。有一小兵犯法，立时斩首。太平一路的百姓顿时安定下来，又怕军心不稳，勒令当地大财主献出些金银财帛，分赏将士，大小三军无不欢喜。

从和州渡江是巢湖水军的功劳，李扒头起了野心，打算吞并朱元璋的军队，在船上摆酒庆功，阴谋杀害。桑世杰不以为然，劝阻不住，便暗地告知朱元璋，朱元璋推病不去。隔了几天，朱元璋设宴回请，李扒头不防，被灌醉捆住手脚，丢在江里。扒头手下诸将，全部投降。朱元璋从此又有了水军。

太平地方儒士李习、陶安率领地方父老出城迎接红巾军。陶安建议："如今群雄并起，攻城夺邑，互相雄长。他们眼里只看见子女玉帛，烧杀抢掠，成不了气候。将军若能一反群雄所为，不杀人，不掳掠，不烧房子，东取集庆，据其形势，出兵以临四方，是可以平定天下的。"朱元璋很以为

然，留在元帅府做令史。下令改太平路为太平府，以李习为知府。置太平兴国翼元帅府，朱元璋做元帅，以李善长为帅府都事，潘庭坚为帅府教授，汪广洋为帅府令史。点乡下老百姓精壮的做民兵，居民运进城来，命诸将分守各门，修城浚濠，准备固守。

元兵分两路包围太平：水路以大船封锁采石，堵住红巾军的归路；陆路由"义兵"元帅陈埜先率军数万进攻，形势急迫。朱元璋亲自率领壮士拼命拒守。新讨的二夫人孙氏，劝把府库的金银抬到城上，分给有功将士，鼓舞士气。徐达亲率一军，绕到敌人背后，前后夹击，元军大败，生擒陈野先，朱元璋劝他投降，宰白马乌牛，祭告天地，结为兄弟。第二天，埜先全军归降，合军进攻集庆。

埜先的妻子被留在太平做人质，部下被张天祐领去攻集庆。他家是大地主，极恨红巾军，暗地里嘱咐部下，只装作打仗的样子，千万别认真打，三两日内自己脱了身，就回来打红巾军。七月间，红巾军进到集庆城下，元朝守将福寿力战，张天祐带的人只有小半人在打，大半人在看，吃了一个大败仗，回来好生没趣。

九月间，郭天叙、张天祐和陈埜先合军再攻集庆，把集庆团团围住，打了七天。埜先早已和元将福寿约好，城内外表里夹攻，他备宴请两个元帅吃酒，席间伏下壮士，生擒郭天叙、张天祐，送给福寿，即时杀了。元军乘机反攻，红巾军大败，死了两万多人。陈埜先一鼓作气，追击红巾军到溧阳，当地元朝"民兵"不明底细，只听说他投降了红巾军，设下埋伏，也把他杀了。部队由从兆光先接管。

郭、张二帅死后，子兴的旧部就全归朱元璋指

元代钧窑瓷器

42

挥了。他现在是名副其实的都元帅，小明王麾下的大将。子兴的三子天爵，后来小明王命为中书右丞，在朱元璋手下做官，无兵无权，不免发牢骚，和子兴一部分老部下合谋，想除掉朱元璋，自立门户，被发觉后处死。

朱元璋率领大军渡江，马夫人和将士的家眷仍留在和州。

元代银槎

和州是后方基地，得有亲人镇守，将士家眷有人照看，也可以使将士安心作战。和州和太平的交通只有水路，虽然七八个月来，陆续占领了溧水、溧阳、句容、芜湖一些城子，集庆孤立，三面被包围，可是水路却被元军截断了，消息不通，一直到龙凤二年二月，朱元璋大败元水军，尽俘其舟舰以后，两地的交通才完全畅通，军心也安定了。

三月初一，朱元璋自太平亲率水陆大军并进，三攻集庆。城外屯兵陈兆先战败投降，得兵三万六千人。集庆城破，守将福寿战死，水寨元帅康茂才和军民五十余万归降。朱元璋入城后，召集官吏军民大会，热切宣告："元朝政治腐烂，到处起兵反对它，老百姓吃够了苦头。你们因处危城，成天担心害怕，生命没有保障。我带兵到这里是为你们除乱的。大家都要各安职业，不要疑惧；贤人君子愿意跟我建功立业的，以礼任用；做官的不许横暴，作践百姓；旧制度对百姓不好的立刻改掉。"一番话安定了人心，建立了正常的秩序。老百姓高兴极了，互相庆贺。当下改集庆路为应天府，设天兴建康翼统军大元帅府，以廖永安为统军元帅，以赵忠为兴国翼元帅守太平。儒士夏煜、孙炎、杨宪等十几人晋见，先后录用。小明王得到捷报后，升朱元璋为枢密院同佥，不久，又升为江南等处行中书省平章，李善长为左

右司郎中，以下诸将都升元帅。

朱元璋得应天后，他的地盘以应天做中心，西起滁州，画一直线到芜湖。东起句容到溧阳。西边长，东线短，是一块不等边形，横摆着像个米斗，西线是斗底，东线是斗口。四面的形势是：东边元将定定扼守镇江；东南张士诚已据平江，破常州，转掠浙西；东北面青衣军张明鉴据扬州（今江苏江都）；南面元将八思尔不花驻徽州（今安徽歙县），另一军驻宁国（今安徽宣城）；西面池州（今安徽贵池）已为徐寿辉所据；东南外围则元将石抹宜孙守处州（今浙江丽水），石抹厚孙守婺州（今浙江金华），宋伯颜不花守衢州（今浙江衢县）。朱元璋局面小，兵力不强，处境四面受敌，虽然有了粮食，部队不致挨饿，军事形势却十分不利。

幸亏这时元军正用全力和小明王作战，顾不上朱元璋这地区的军事。前一年十二月，元将答失八都鲁大败刘福通于太康，进围亳州，小明王奔安丰。察罕帖木儿和红巾军转战河南，一时分不出力量来打南面。红巾军主力军的威力暂时消沉，张士诚的兵锋又活跃起来了，徐寿辉也在湘汉流域攻城略地，元军处于两线作战的危境，非常被动。龙凤二年秋天，小明王的红巾军主力经过整顿补充，决定北征战略，分兵出击：一路破武关（在今陕西商县东），陷商州，进攻关中（今陕西省）；一路攻克了山东北部，第二年刘福通分兵三路；大将关先生、破头潘、冯长舅、沙刘二、王士诚一路趋晋、冀（今山西、河北）；白不信、大刀敖、李喜喜一路攻关中，毛贵一军由山东北上；第一路军又分两路；一军出绛州（今山西新绛县），一军出沁州（今山西沁县），过太行山，破辽、潞（今山西辽县，长治县），陷冀宁（今山西太原），攻保宁（今河北保定），下完州（今河北完县），掠大同、兴和（今山西大同，内蒙古自治区张北县）塞外部落，攻下上都，转掠辽阳（今辽宁辽阳），侵入高丽，从西北折到东北，兜了一个半圆圈。第二路军陷凤翔（今陕西凤翔）、兴元（今陕西南郑），南进四川；另一支部队又陷宁夏，转掠灵武诸边地。第三路军尽占山东西北部、河南北部，北取蓟州（今河北蓟县），犯漷州（今北京通县南四十五里），略柳林（今北京通县南，故漷县西），直逼大都。福通亲自统军占山东西南和河南北部，出没河南北。龙凤四年五月，攻下汴梁（今河南开封），建做都城，接小明王来定都。红巾军所到地方，攻无不克，战无不胜，元朝地方官吏吓破了胆，一

听有红巾军来攻，便忙着逃命。当时有童谣形容道："满城都是火，府官四散躲，城里无一人，红巾军府上坐。"

二三年间，红巾军长驱深入，转战万里，来回地兜圈子，元朝主力军队用尽一切力量抵抗和进攻。军力大大地削弱了，而且大敌当前，也就顾不到这东南地区新起的红巾军小头目了。朱元璋趁元军无力南顾期间，逐步巩固根据地，扩充实力，逐步消灭元朝的分散兵力和割据群雄，开辟疆土。虽然他所处的地理位置在东南地区说是四面受敌，但是在全国范围内，和元朝主力军对峙的形势上说，恰好中间隔着三个割据政权，东面是张士诚，北面是小明王，西面是徐寿辉，东西两面虽是敌国，免不了打仗，却起了隔绝元朝主力军进攻的作用，北面是红巾军主力，更不用说，这三个大卫星保护着朱元璋，给他以发展壮大的机会。等到小明王的军事力量已被元消灭以后，元朝的军事力量也已经耗殆尽了。相反，在这段期间，朱元璋取得向南面和东南外围，处在被隔绝、孤立、分散的元军主动进攻的军事成果，拥有广土众民，财力充足，他的军队已成为从战斗中锻炼出来的有组织有训练的最强大的军事力量，可以和元军打硬仗，比高下，一决雌雄了。

在这一斗形地区所处的军事形势，东边镇江如落在张士诚手里，便可以直捣应天；南边宁国如给徐寿辉占了，就像背上插一把尖刀，关系十分重大。要确保应天的安全，就非取得这两个据点不可。朱元璋在应天才安顿停当，便派徐达统兵攻下镇江，分兵占领金坛、丹阳等县，向东线伸出一个触须。到六月，又派邓愈攻下广德路，把住后门。在出兵时，为了整顿军队纪律，和徐达商量好了，故意找出徐达错处，绑了请王命牌要处死刑，李善长和一群幕僚再三求情，说好说歹，才放了绑。当面吩咐，这次出兵，攻下城子，不烧房子，不抢财物，不杀百姓，才准将功折罪。徐达破镇江时，号令严肃，百姓安安静静，照常过日子做买卖，像不曾打过仗似的。别的城子听说朱元璋的军队不杀人，军纪好，都放了心。这名气传遍了，朱元璋军事上的成功和巩固便有了保障，把元军和一些地主军都孤立起来了，此后，便一个胜利接着一个胜利，地盘随着一天天扩大，经济力量和军事力量也随着日益强大了。接着分遣诸将攻克长兴、常州，亲自攻下宁国，又先后占领江阴、常熟、池州、徽州、扬州等地，在龙凤三年这一年中，把应天周围的战略地据点全数拿下，作为向外发展的前哨基地。在战略上，东起江阴，沿太

45

湖南到长兴，画一条直线，构成防线，堵住张士诚西犯的门路；在宁国、徽州屯驻大军，安排进入浙东的步骤；西线和天完（徐寿辉的国号）接境，采取以守为攻的战略；北面是友军，只放少数军务镇压地方就可以了。朱元璋看清楚了周围情况，集中力量，攻其弱点，先伸出南面的拳头，消灭和本部完全隔绝、孤立无援的浙东元军，形势已和一年前大大不同了。

朱元璋懂得读书的好处，因为祖先的许多成功、失败的经验都写在上面，不读书便没有办法得这些经验，也苦于自己读书不多，许多道理还不大说得明白，以此，他很尊敬有学问的读书人，也懂得读书人能替人出主意，办事。这些儒士，谁对他们尊重，给面子，给好处，养得好，吃得饱，就替谁出力做事，这种办法叫作"养士"，是自古以来就已行之有效的老办法。他要想建立好自己的基业，管好占领的地方，就非养士不可。而且，假如不养，儒士跑到敌人方面去或者纠集地主武装抵抗，结果只能是削弱自己，壮大敌人，是十分有害的。并且儒士掌握着知识，在地方上有声望，老百姓怕官府，有了什么事都得找儒士出主意；在经济上儒士处于中小地主地位，有许多佃户，佃户是不敢不听田主的话的，儒士和老百姓之间有着多方面的联系，把他们养了，老百姓也就好管了。因之，每逢占领一个新地方，必定访求这地方的儒士，软的硬的方法都用，总之是非来不可，罗致在幕府里做秘书、顾问，参谋一类的工作，表现忠心的就派作地方的长官。在打下徽州时，老儒朱升告诉朱元璋三句话："高筑墙，广积粮，缓称王。"意思是要他第一巩固后方，第二发展生产，第三缩小目

李善长

标，长远打算，对朱元璋后来事业极有影响。

　　渡江以后不久，又遭遇到粮食不足的困难。这是因为几年来到处战乱，农村壮丁大部分从军去了，土地上的劳动力大感缺乏；加之，因为战争的破坏，堤坝失修，耕牛被屠杀，粮食产量下降。朱元璋军队驻在各处的给养，只好采取强征办法，到处张大榜，招安乡村百姓缴纳粮草，叫作寨粮。农民收的粮食被征发得多了，生产的积极性也就低了，懒得深耕细作，粮食产量因之更加减少，军队越发吃不饱了。这情况是具有普遍性的，扬州的青衣军甚至拿人做粮食。朱元璋的军队在行军的时候，出征军士概不支粮，按朱元璋军令：凡入敌境，听从捎粮。若攻城而彼抗拒，任将士检括，据为已物。若降，即令安民，一无所取。如此，则人人奋力向前，攻无不克，战无不胜。捎粮也就是寨粮。"检括"这一词的来源，出于同时的苗军，苗军打仗，靠检括供给。检括的意思就是抄掠，不过还要重一些，重到搜括干净不留一点儿的地步。胡大海和常遇春先后提出意见，以为寨粮这办法行不通：占领地区政权的巩固主要依靠老百姓的支持，要粮要税都出在老百姓身上，捎粮没个数目，老是捎粮，老百姓受不了，不是长久之计。朱元璋想了又想，和幕僚们研究出一个老办法，要"广积粮"，除了老百姓出一点，还得部队自己动手搞生产。古书上有过屯田的例子，是条好经验。几年来兵荒马乱，农田圩围堤坝都破坏了，老百姓修不起。龙凤四年二月，以元帅康茂才为都水营田使，要他专责兴修水利，分巡各处，做到高地不怕旱，洼地不怕涝，务使用水蓄泄得宜，恢复农业生产，供给军需；又分派诸将在各处开垦荒地，立下章程，用生产量的多少来决定赏罚，且耕且战，除了供给本部军饷以外，还要做到有存粮。一年后，康茂才的屯区得谷一万五千石，余粮七千石。朱元璋下令褒奖，指出要解决粮食不足的困难，减轻农民负担，强兵足食，必须做好屯田工作。几年工夫，到处兴屯，仓库都满了，军食够了。龙凤六年王月，才明令禁止各州县征收寨粮，农民很高兴。水利修多了，粮食产量也相应增加了。在设置营田使的同一年，又立管领民兵万户府，抽点民间壮丁，编作民兵，农时则耕，闲时练习战阵，作为维持地方安宁的力量，这样便可以抽出正规军专门打仗，一方面把作战力量和生产力量合而为一；另一方面又把保卫地方武装力量和进攻作战军队分开，不但加强了生产力，也同时加强了战斗力。这一番作为说明了为什么当时群雄都先后

失败，唯独后起的朱元璋之所以成功的原因。

外围的军事威胁已经解除，内部的粮食生产也有了办法，朱元璋的进攻矛头立刻指向土地肥沃盛产粮食丝绸的浙东、西谷仓。先取皖南诸县，从宁国经过徽州时，听说当地儒士唐仲实很有学问，就找他谈话，问以汉高祖、光武帝、唐太宗、宋太祖、元世祖都充一了全国，是什么道理？唐仲实说："这几个皇帝都不喜欢乱杀人，所以能做到统一。现在你攻取城池，军队纪律好，民心安定，这是大好事。但是，老百姓虽然安心了，可是生产还没有信心，负担还重。"朱元璋说："你的话很对，我的蓄积少，费用多，只好多拿百姓一点，这是没有办法的事。也经常想到让老百姓能够松一口气，与民休息，这事我要牢牢记住。"由徽州进取建德路，改为严州府。先头部队东达浦江，构成侧面包围婺州的形势，龙凤四年十二月，朱元璋亲自统率十万大军，军旗上挂着金牌，刻着"奉天都统中华"字样。围城后，同乡儒士王宗显来说，城中守将各自为心，第二天守将就开城迎降了。朱元璋就在婺州置中书浙东行省，于省门建二大黄旗，上面写着："山河奄有中华地，日月重开大宋天。"两傍立两个木牌，写着："九天日月开黄道，宋国江山复宝图。"一入城就下令禁止军士剽掠，有亲随知印黄某抢了百姓财物立刻斩首号令。隔了几天，又召集诸将大会，申明军纪说："要平定天下必须讲仁义，光靠军事威力是不能取得人民支持的。打仗占城子要用兵，安定民心要用仁。前时进集庆，做到秋毫无犯，百姓很喜欢。这回新占婺州，百姓安堵，要用心忧恤，使人民乐于归附，这样，其他郡县就会闻风归附了。我每回听到诸将下一城，得一郡，不乱杀人，就喜欢得不得了。百姓是喜欢宽厚的政治的，做将帅的能够做到不乱杀人，于国于己都有好处。能够做到这一条，也就可以建功立业，平定天下了。"

婺州是两百多年来的理学中心，出了很多著名学者，号为小邹鲁。经过多年战乱，学校关门，儒生四散，没有人讲究学问了。朱元璋聘请当地著名学者十三人替他讲解经书、历史。建立郡学，请学者当学正、训导。任命金华人叶仪、宋濂为五经师，范祖斡为谘议，宋濂是当时有名的文人。他开始和儒学接触了，受宋儒的思想影响了。这种思想学说是为封建统治阶级的利益服务的，朱元璋觉得很有用，认真学习。

龙凤五年五月，小明王升朱元璋为仪同三司江南等处行中书省左丞相。

八月，元将察罕帖木儿攻陷汴梁，刘福通奉小明王退保安丰。朱元璋的浙东驻军先后占领诸暨、衢州和处州，东南一带被孤立的元军据点，次第消灭。他的领土遂成为东面北面邻张士诚，西邻陈友谅，东南邻方国珍，南邻陈友定的局面。四邻的敌国，比较起来。张士诚最富，陈友谅最强，方国珍陈友定志在保土割据，并无远大企图。因之，朱元璋的军事计划，适应新的军事形势，又改变了重点，采取对东南取守势，东北和西线取攻势的战略。以张士诚和陈友谅相比，士诚出身私盐贩子，遇事斤斤计较，顾虑多，疑心重。友谅是打鱼出身的，惯在风浪里过日子，野心大，欲望高，一个保守持重，一个冒险进取，以此，对东北面和西线的攻势又分清先后缓急，对士诚以守为攻，用精兵扼住江阴、常州、长兴几个据点，使士诚不能向西进一步；对友谅则以攻为守，使友谅不能不分散兵力，驻守可能被攻击的要塞，不能集中运用兵力。朱元璋区别不同的敌人，运用不同的战术，在军事上取得了主动有利的优势。

浙东虽已大部平定，地方上有名望的豪族叶琛、章溢、刘基等人还躲在山里不肯出来，朱元璋派人礼请，他们都是反对红巾军的地主，虽然手里有武装力量，可是军力少、弱，抵抗不了；替红巾军做事，当然不干，因此，只一味说好话推托。叶琛是丽水人，在元将石抹宜孙幕府，官行省元帅；章溢，龙泉人，是理学大师许谦的再传弟子，组织"乡兵"和蕲、黄红巾军作战，累官浙东都元师府金事。朱元璋平处州，叶琛、章溢避走福建。刘基是青田大族，元朝至顺年间考中了进士，做过高安丞、江浙儒学副提举等官。方国珍起兵后，行省荐刘基为元帅府都事，和元将石抹宜孙守处州。刘基主张用兵力平定方国珍，方国珍贿赂京中权要，元朝决定用官爵招安，刘基被夺去兵权。回到青田。地主们怕被方国珍扰害，都来投靠，刘基组织了"民兵"，方军不敢进犯。他是死心塌地忠于元朝的，但元朝不用他，牢骚满腹，写了许多诗，如《次韵和孟伯真感兴》四首的一首：

平时盗贼起成云，
厚禄能无愧庶民。
樽俎自高廊庙策，
经纶不用草茅人。

次韵张德平见寄：

> 贾谊奏书哀自哭，
> 屈原心事苦谁论？

感兴三首：

> 乾坤处处旌旗满，
> 肉食何人问采薇？

以贾谊、屈原自比，怨元朝政府不用草茅，不问采薇，自艾自叹。对红巾军则辱骂为盗贼、群盗，对元朝军队的军纪也极为不满，如忧怀：

> 群盗纵横半九州，
> 干戈满目几时休？
> 官曹各有营生计，
> 将帅何曾为国谋？
> 猛虎封狼安荐食，
> 农夫田父困诛求。
> 抑强扶弱须天讨，
> 可惭无人借箸筹！

如次韵和石抹公春晴诗：

> 赤眉青犊终何在，
> 白马黄巾莫漫狂。
> 将帅如林须发踪，
> 太平功业望萧张。

对朱元璋的起义，直斥为盗贼，如次韵和孟伯真感兴：

> 五载江淮百战场，
> 乾坤举目总堪伤。
> 已闻盗贼多于蚁，
> 无奈官军暴似狼。

江淮、淮甸，都提的是朱元璋，圣朝当然是元朝，刘基的立场、思想、感情是很坚定、很清楚的。但是朱元璋也很坚定，要确保浙东的地方秩序安定，首先得把这些人物收为己用，处州总制孙炎奉命再三邀聘，刘基还是不肯出来，孙炎便写了一封几千字的长信，反复说明利害，概括为一句，就是"不出来不行"。陶安和宋濂也写信劝他们应聘，实在没办法了，三人才勉强于三月间到应天。刘基离开青田时，有人劝他带着部队去，他不听，把部队交给亲兄弟刘陛和得力家人统率，要他们善守境土，提防方国珍进攻。到了应天以后，朱元璋大喜，特别盖了一所礼贤馆，作为贤士的住处。这几个人都是地主，都做过元朝的官，都是地方上的豪绅巨室，并且还是军事首领，在思想上继承宋儒的传统，坚决维护旧制度、旧秩序，仇视红巾军，骂红巾军是"妖寇""红寇""红贼"。在行动上组织地主军队，建立"乡兵""义"兵，修筑堡砦，保卫身家产业，帮助元朝政府抗

元代青铜爵

拒红巾军。一直到元朝在浙东的军事力量完全被消灭，失去了依靠，怕红巾军不能相容，才不得已逃避山谷。经过朱元璋多次派人礼聘，讲清楚不算旧账，只要肯出来，不但可以保全身家，还可以做官办事，共治天下，他们弄清楚了这个新政权并不是和地主作对的，相反，是和自己的阶级利益完全一致的，心上的一块石头落了地，再加上朱元璋对他们的重视和优厚的待遇，倾听他们的意见，才死心塌地做朱元璋的官。不久，李文忠也举荐儒士许元、王天锡、王祎，同处礼贤馆。他们指望依靠朱元璋的强大军力，建立统一的国家，享受和平安定的生活；指望通过新政权，继续维持一千多年来的封建秩序和文化、习惯，保持和发展地主阶级的利益。过去他们为了这些要求，坚决和元朝政府合作反抗红巾军，现在也正因为朱元璋看来可以实现这些要求，反过来和朱元璋合作，进行推翻元朝的民族斗争了。

在朱元璋这方面，由于得到一部分旧地主阶级的合作和支持，元朝的抵抗力量就日益减少了；由于刘基等地主头目的归附，地方的秩序安定也有了保证了。就这样，随着军事胜利和占领地区的日益扩大，地主阶级知识分子参加的就越来越多，朱元璋的军事力量也就愈加壮大，取得了更多更大的胜利。同时，朱元璋部下诸将，虽然大部分是明教徒，对旧地主阶级有着强烈的仇恨，但是随着军事胜利所取得的政治地位，庄田、奴隶和其他财富，诸将本身也已经从农民阶级转化为新兴的地主阶级了，阶级成分改变了。一部分旧地主阶级的合作和新地主阶级的成长，从根本上逐步改变了朱元璋政权的性质，这个政权现在已经不是原来的农民阶级政权，而是日渐向地主阶级的政权转化了。这个政权，从李善长、陶安、李习参加的时候，就开始变质，到了刘基、宋濂、叶琛、章溢等地主大量参加以后，变质的过程就更加迅速了。政权的本质逐渐改变了，斗争的目标自然也非跟着转变不可。就这样，阶级斗争的内容被取消了，新政权要从地主阶级本身的利益来考虑一切问题，农民阶级的利益要服从地主阶级的利益。另一方面，民族斗争的口号被放在突出的主要的地位，通过反元来争取和团结具有民族意识的地主，农民知识分子，从而加速全面胜利的取得。朱元璋决心争取地主阶级的合作，封建统治阶级的孔孟儒术理论的支持，来加强和建立自己的基业。他在小明王的军事力量还相当强大，在北线还可以起掩护自己和牵制元军作用的时候，对宋是君臣关系，发命令办事都是有"皇帝圣旨"。但是到了小明王的军事主力被元军消灭以后，他的态度就突然改变了，他完全站在地主阶级立场上，在文字上口头上公开斥责红巾军为"妖寇""妖贼"了。他谈孔说孟，自命为恢复封建旧秩序，保存封建旧文化的卫道者了。从此以后，他更进一步接受这些旧封建地主阶级知识分子的深刻影响。思想作风和"大宋"日益对立，和为封建统治阶级利益服务的儒家日益接近。

第三章　从吴国公到吴王

力挫陈友谅

　　弥勒教首领彭莹玉从元顺帝至元四年（1338）袁州起义失败以后，逃避在淮西一带地方，依靠当地人的掩护，秘密传布教义，组织武装力量，准备更大规模的起义。彭莹玉信仰坚定，有魄力，有口才，善于组织、宣传鼓动工作，他在和农民共同生活中，经常和农民谈话，说出老百姓的苦处，指出元朝政府一定会被组织起来的人民所推翻，给受苦难的人民以希望和信心。尽管他使用的是宗教的语言，渗杂着大量的迷信、落后的内容，但是，要起来革命，只有革命才有出路，这一点却是明确的，是能够为广大人民所理解和支持的。他辛辛苦苦在地下工作了十四年，成千成万的穷苦人民团结在他的周围。至正十一年（1351），他和铁工麻城邹普胜、渔人黄陂倪文俊组织西系红巾军，举起了革命的旗帜。邹普胜膂力出众，讲义气，结交江湖朋友，很有威信，倪文俊是水上英雄，打鱼的人也和贫苦农民一样，要交鱼税，交船税，成天这样税，那样税，被剥削得实在受不了，倪文俊出头带领渔夫抗税抗捐，官兵来追捕，他率众抗拒，大败官兵，就成了黄陂一带的起义领袖。

　　徐寿辉是罗田的布贩，又名真逸，真一。布贩子经常来往城市和农村，他人缘好，结交了不少朋友。又长得魁梧奇伟，相貌出众，入了教，彭莹玉推为首领，说他是弥勒佛下生，当为人世之主。这年八月间，一切都准备好了，就焚香誓众，起兵反元。九月，占领蕲水和黄州路，以蕲水为都城，取意于西方净土莲台，号为莲台省。立寿辉为皇帝国号天完，年号治平分兵两路，一路由邹普胜、倪文俊率领，占领汉阳、武昌、安陆、江陵、沔阳、岳州等地；一路由彭莹玉、项甲（又名项奴儿、项普、项普略）率领，攻克江州（今江西九江）饶州（今江西鄱阳）、信州（今江西上饶）、袁州、徽州。至正十二年（1352）七月，由饶、徽集中兵力，入昱岭关，取杭州路。

元代建筑正脊鸱吻

天完疆域扩充到今湖北、湖南、江西、安徽南部和浙江西北部。这支军队纪律好，不杀百姓，不奸淫掳掠，口念弥勒佛号。每攻克城池，便登记归附的人民姓名，各令安业，只运走官府府库里的金帛，作为军费，很得人民拥护。彭祖师的威名，吓得元朝地方官吏胆战心惊。

彭莹玉连下徽、杭，分兵取浙西、浙东州县，正在兵力分散时候，突然遭到元军的意外袭击。这支元军主力在攻陷安丰后，正要进攻濠州，中途奉紧急军令回援江南，趁彭莹玉在杭州还没有站稳脚跟，军力孤单，出其不意，乘虚进攻，红巾军大败，彭莹玉、项甲战死，杭州、徽州又为元军所占。

彭莹玉失败的原因，主要的是弥勒教的未来天国是幻想，是神话，是迷信，它吸引了组织了大量的贫苦农民、小手工业者、小商小贩来参加反元斗争，对当时的封建统治阶级起了打击作用。但是，它认为封建统治皇朝一经推翻，不必再努力劳动，也不必再进行革命斗争，就会出现所期盼的"地上乐园"了。在这种束手等待好日子到来的懒汉思想指导下，攻占城邑以后，只是发放库粮给穷人，搬运金帛回老家，吸引更多的贫苦农民和游民来壮大自己的队伍，再去攻占新的城邑，拿不出积极的具体的方针政策，这样，也就不可能巩固和发展所得到的胜利果实，更不可能解决当时社会上存在的阶

级矛盾，建立的社会。其次，各地红巾军的力量虽然很大，但从来没有统一的指挥和通盘的军事调度，"各有其众，各战其地"。宋和天完的军队都是单独作战，尽管在个别战役上，都起了削弱元朝军力的作用，但在全面战局上，却不能互相支持、互相配合，取得决定性的胜利，甚至有时还发生内部冲突，以致抵消、削弱自己的力量。因之，在反抗腐朽的元朝统治的斗争中，当红巾军力量集中的时候，很容易取得胜利相反。当红巾军军力分散的时候也极容易遭到失败，胜利得快，失败得也快，占地方虽多，却守不住，巩固不了。再次是江浙一带土地特别集中，大地主人数多，军力强，顽强地抵抗红巾军，这股力量和元军主力结合，就造成红巾军局部的军事劣势，一遭意外袭击，便非失败不可了。

彭莹玉虽然牺牲了，但他的威名和事迹仍然为淮西和蕲、黄一带的农民所传诵歌唱，记录红巾军起义的史学家也片面地叙述了他的活动。

徐寿辉是以人缘好、相貌好被推做皇帝的，庸庸碌碌，没才干，也没见识。彭莹玉一死，失去依靠，越发手足无措。他嫌蕲水不够繁华，迁都到汉阳。丞相倪蛮子（文俊）掌握兵权，寿辉为其所制，毫无实权。治平七年（元至正十七年，1357年），寿辉和左右图谋，想去掉倪文俊，倪文俊也设计谋杀寿辉，被人告发，率兵出奔黄州。文俊部将沔阳人陈友谅，家世打鱼为生，力气大，有一身好武艺。在县里当贴书，和上官不合，屡被责罚，发怒投奔红巾军，立了战功，做领兵元帅，文俊逃到黄州，正是他的防区，用计袭杀文俊，夺过军队，自称平章。向东侵占安庆、池州、南昌诸地，和朱元璋接境。两军对峙，打仗互有胜负。龙凤六年五月，陈友谅挟徐寿辉统大军攻下太平，朱元璋守将花荣战死。陈友谅进驻采石，志得意满，自为以可以克日占领应天了，使人杀了寿辉，等不得择日子，挑地方，就以采石五通庙为行殿，在暴风雨里，即皇帝位，国号汉，改年号为大义，尽有江西、湖广之地。

群雄中陈友谅的军力最强，疆土最广，野心也最大。朱元璋在应天，陈友谅顺流而下，看朱元璋是笼中的鸡，手到擒来。派遣使者和张士诚相约，东西夹攻，瓜分朱元璋的领地。陈友谅水军大舰名为混江龙，塞断江，撞倒山，江海鳌等共一百多艘，战舸几百条，真是"投戈断江，舳舻千里"。应天的文官武将都吓慌了，有人主张投降；有人主张放弃应天，保存军力，再作计较；有人主张主动出击太平，牵制陈友谅兵力。七嘴八舌，乱成一团。

胆子小的竟背地里收拾细软，盘算城破后的去处了。

刘基到了应天之后，朱元璋征求他对军事形势的意见，刘基分析东西两面情况说："张士诚龌龊无大志，只想保住他那块地方，不会有什么作为，暂时不必管他。主要的危险的敌人是陈友谅，他拥有精兵大舰，而且据我上游，野心勃勃。面对这样形势，军事上就必需争取主动，针对主要的敌人，集中力量先除陈友谅，上游无事，张士诚便势孤了，一举可定。然后再北取中原，可成王业。"朱元璋听了，极为称赞。

陈友谅东下的警报传来以后，朱元璋和刘基两人在卧室内密议：投降不是办法，逃走更不是办法，目前的出路只有坚决抵抗。抵抗有两种打法：一种是两线同时作战，东西兼顾，兵力一分，拿自己的一半兵力去对付陈友谅的全部军力，必败无疑；另一种打法是迅速集中主要兵力，看准敌人弱点，做致命的一击，取得胜利后，再回师来对付另一线，这也还是两线作战，不同的是以自己的全部兵力集中打击敌人的全部兵力，先打垮一个，再打另一个。关键只在于争取军事上的主动。两人仔细研究两线形势，断定主要的敌人是陈友谅，论兵力陈强张弱，论士气陈旺张馁，论水军陈多张少，那么，就很明白只要先集中力量打败陈友谅，张军势孤，连进攻都不可能了。

要先打击陈军，最好使他先来进攻，造成有利战机。朱元璋部将康茂才和陈友谅是老朋友，茂才的老门房也侍候过陈友谅。茂才受命使老门房偷跑到陈友谅军中，带了茂才的亲笔降书，还告诉了许多假军事情报，原以自己一军和陈友谅里应外合，并劝陈友谅分兵三路直取应天。陈友谅喜极，问康将军现在何处，说现守江东桥，问是石桥还是木桥，答是木桥。约好陈友谅亲自进军江东桥，以喊"老康"做信号。

陈友谅的进军路线和军力分配都弄清楚了，朱元璋一面调胡大海军进取广信（今江西上饶），捣陈友谅的后路，一面按陈友谅进军路线，投下重兵埋伏。连夜把江东木桥改为石桥，一切准备停当，只等陈友谅自投罗网。

朱元璋亲自在卢龙山顶这个制高点指挥，规定信号，发现敌人举红旗，伏兵出击举黄旗。陈友谅兴匆匆带领主力军赶到江东桥，一看是大石桥，知道被骗大吃一惊，锐气便挫了一半，连喊老康，又无人答应，越发胆战心惊。正在犹疑间，山上黄旗招展，四周伏兵高声呐喊，奋勇出击，把陈友谅这支精兵团团围住，战鼓雷鸣，山上，平地，水里一起打，这一

仗把陈友谅的主力全军歼灭，杀死淹死不计其数，俘虏了两万多人。陈友谅水军正值潮退搁浅，动弹不得，全被俘获。朱元璋乘胜收复太平，下安庆，取信州、袁州。

陈友谅吃了大败仗，张士诚也不敢出兵了。

龙凤七年正月，小明王封朱元璋为吴国公。

陈友谅不服输，七月间又遣将攻下安庆。朱元璋大怒，召开军事会议，决定溯江西伐。龙骧巨舰上建立大旗，上面写着"吊民伐罪，纳顺招降"八个大字。

陈友谅为人忌能护短，从杀徐寿辉后，寿辉的将帅不服，又怕陈友谅杀害，纷纷投降朱元璋。部下骁将双刀赵（普胜）屡次攻陷朱元璋西线军事重镇，是朱元璋死敌，被朱元璋使反间计，陈友谅一怒把他杀了。双刀赵的将领心怀怨恨，也就不肯出力死战。朱元璋趁陈友谅将帅不和，士气低落，大举进攻。亲自统军一鼓攻下安庆、江州，陈友谅守将丁普郎、傅友德全军归附，陈友谅逃奔武昌。江西州县和湖北东南角，就此全归朱元璋版图。朱元璋的领土日益扩大，陈友谅的却日益缩小，几年来的军事局面，在这一战役后完全倒转过来，朱元璋的军事实力已经可以和陈友谅一决雌雄了。

当江南朱陈两军血战正酣的时候，江北的军事局面也起了极大的变化。红巾军接连失败，形势很危急。元朝大将察罕帖木儿收复关、陇，趁着山东红巾军内部分裂，自相残杀，招降红巾军丞相花马王田丰，平定山东，军威复振。

几年来，山东在小明王大将毛贵的治下扩大疆土，建立制度，局面日渐稳定。毛贵有政治才能，有策略，有办法，他招降了元"义兵"万户田丰、俞宝、王信，壮大了军力；立宾兴院，选用元朝官吏分守诸路。于莱州立屯田三百六十，每屯相去三十里，造大车百辆，往来运粮。定制元论官田民田，收成十分止取二分。冬则陆运，夏则水运，供给前方军需。原来在濠州的赵均用、彭早住，驻军淮泗一带，早住病死，均用被元军攻击，抵挡不住，便北上和毛贵合伙。均用最恨元朝官吏，毛贵不但选用元朝官吏做地方官，还先后招降从黄军出来的红巾军死对头田丰一伙大地主武装力量，均用十分气愤，龙凤五年四月冷不防袭杀毛贵。七月间，毛贵部将续继祖从辽阳回到益都（今山东益都），杀了赵均用。田丰又和扫地王王士诚两军自相仇杀，山东大乱，察罕帖木儿乘机进兵，攻下宋都汴梁，小明王退保安丰。

（元军撤离后，安丰又回到红巾军手里）龙凤七年六月，察罕帖木儿统兵进攻山东，遣使招降田丰、俞宝、王士诚，进围益都。

　　北边的军事形势发生急转直下的变化，山东失去后，不但小明王的都城安丰保不住，连朱元璋的根据地应天也随着暴露在敌人面前，岌岌可危了。朱元璋所占领地区几年来的安定形势和军事发展，全靠小明王的红巾军主力在北边掩护，如今局势突变，万一安丰失守，就得直接面对元军的主力进攻，估计彼我实力，相差太远，硬打硬守是有困难的。远交近攻，要想尽一切办法，避开和元军主力决战的危机。朱元璋在这样形势之下，决心向察罕帖木儿求和，派了两次使臣去见察罕帖木儿，送上重礼和亲笔信，要求通好，实质上也就是表示投降。使臣回来，知道益都红巾军正在奋死拒守，一时还不致失陷，察罕帖木儿在取下这个重要据点之前，是没有余力进攻安丰的。朱元璋正确估计了北边军事局势，放了心，才敢抓住这一间隙，西攻陈友谅。

　　察罕帖木儿的使臣元户部尚书张昶带了御酒，八宝顶帽，和任命朱元璋为荣禄大夫江西等处行中书省平章政事的宣命诏书航海到了浙东，在方国珍处等候了一年，方国珍两次派人告诉朱元璋以元朝使臣到达的情况，朱元璋为了等候北边的军事变化，置之不理。一直到龙凤八年十二月，张昶一行才从江西到达应天。这时察罕帖木儿已被田丰、王士诚刺杀，他的养子扩廓帖木儿（察罕帖木儿的外甥，原名王保保）继为统帅。不久，又得到情报，扩廓贴木儿和另一大将孛罗贴木儿正在争夺地盘，打得十分激烈，眼见得元军不会南向了这才放下心，改变主意，准备下一步军事发展的计划。

　　当张昶带着元朝的官诰到应天招降的时候，宁海人叶兑写信给朱元璋，劝他不要受元朝官职，自创局面，立基业。并且指出战略步骤说：

胡大海

愚闻取天下者必有一定之规模，韩信初见高祖，画楚、汉成败，孔明卧草庐，与先主论三分形势是也。今之规模，宜北绝李察罕，南并张九四（士诚），抚温、台，取闽、越，定都建康，拓地江、汉，进则越两淮以北征，退则画长江而自守。夫金陵古称龙蟠虎踞，帝王之都，借其兵力资财，以攻则克，以守则固，百察罕能如吾何哉！江之所备，莫急上流，今义师已克江州，足蔽全吴，况自滁、和至广陵（今江苏扬州市）皆吾所有，匪直守江，兼可守淮也。张氏倾覆，可坐而待，淮东诸郡，亦将来归，北略中原，李氏可并也。今闻察罕妄自尊大，致书明公，如曹操之招孙权，窃以元运将终，人心不属，而察罕欲效操所为，事势不侔，宜如鲁肃计，定鼎江东，以观天下大衅，此其大纲也。

至其目有三：张九四之地，南包杭、绍，北跨通、泰，而以平江为巢穴。今欲攻之，莫若声言掩取杭、绍、湖、秀，而大兵直捣平江。城固难以骤拔，则以销城法困之，于城外矢石不到之地，别筑长围，分命将卒，四面立营，屯田固守，断其出入之路；分兵略定属邑，收其税粮以赡军中。彼坐守空地，安得不困！平江即下，巢穴已倾，杭、越必归，余郡解体，此上计也。张氏重镇在绍兴，绍兴悬隔江海，所以数攻而不克者，以彼粮道在三斗江门也。若一军攻平江，断其粮道，一军攻杭州，断其援兵，绍兴必拔。所以在苏、杭，所取在绍兴，所谓多方以误之者也，绍兴既拔，杭城势孤，湖、秀风靡，然后进攻平江，犁其心腹，江北余孽，随而瓦解，此次计也。

方国珍狼子野心，不可驯狎。往年大兵取婺州，彼即奉书纳款。后遣夏煜、陈显道招谕，彼复狐疑不从。顾遣使从海报元，谓江东委之纳款，诱令张昶赍诏而来，且遣韩叔义为说客，欲说明公奉诏。彼既降我而反欲招我降元，其反复狡狯如是，宜兴师问罪。然彼以水为命，一闻兵至，挈家航海，中原步骑，无伦如何。夫上兵攻心，彼言宁越（婺州）既平，即当纳士，不过欲款我师耳。攻之之术，宜限以日期，责之归顺。彼自方国璋之没，自知兵不可用。又叔义还称义师之盛，气已先挫，今因陈显道以自通，正可胁之而从也，事宜速，不宜缓。宣谕之后，更置官吏，拘其舟舰，潜收其兵权，消未然之变，三郡可不劳而定。

福建本浙江一道，兵脆城陋，两浙既平，必图归附，下之一辩士力耳。如复稽迟，则大兵自温、处入，奇兵自海道入，福州必克。福州下，旁郡迎刃解矣。声威既震，然后进取两广，犹反掌也。

叶兑并不知道朱元璋两次遣使通好察罕帖木儿的事，也不知道张昶之来，是朱元璋遣使的结果，更不知道朱元璋因察罕帖木儿之死和扩廓贴木儿与孛罗帖木儿的内战，已经改变了降元的主意。不过他所计划的攻取战略，却是经过深思熟虑，确有见解。后几年朱元璋平定东南和两广的策略和步骤，果然和他所建议的相差不多。叶兑反对降元的举动，正也代表了当时的一部分反对元朝、要求统一，要求享受和平生活的地主阶级知识分子的看法。同时，也说明了当时一部分地主阶级知识分子突然改变了那么坚定地反对红巾军的立场，转而支持朱元璋的原因。

张昶做了元朝多年大臣，懂得朝章典故，名物制度。朱元璋告诉刘基、宋濂说："元朝送一大贤人与我，尔等可与之议论。"任命为行中书省都事。同来的副使都被处死。

小明王从称帝以后，军政大权完全由刘福通掌握。福通彪悍果决，善于冲锋陷阵，却不会做军事上的通盘调度，统一指挥；性情刚直，不善于调和诸将；占领了很多城池，却不会定立有效的制度管理；领兵在外的大将，原来都是福通的同伴兄弟，不都坚决服从指挥；军队数量虽多，却号令不一；打了胜仗，得不到主力部队的支援，继续扩大战果；派出的三路大军，全都孤军深入，远离后方，兵力分散，被敌人各个击破；打了败仗，到处乱窜，到处被包围；占的地方虽多，没有连成一片，也不巩固，不久又个别被元军攻下；有的大将打了败仗，怕受处分，索性投降敌人，反过来打红巾军。龙凤七年五月，李武、崔德叛降于李思齐。破头潘、关先生一军侵入高丽，遭遇高丽军民坚决抵抗，沙刘二、关先生被杀，逃出的一部分还攻上都，被孛罗帖木儿击败投降。李喜喜的一支，东西转战，喜喜死，全军也垮了。其余的零星队伍也被察罕帖木儿和孛罗帖木儿两支元军打垮了。只剩下山东一部分军力，做安丰的掩护。到益都被扩廓帖木儿大军包围以后，形势危急，刘福通亲自统兵援救，大败逃回。益都陷落，安丰孤立。龙凤九年二月，张士诚部下大将吕珍乘机围攻，安丰粮尽援绝，军民饥困。实在支持不下去了，刘福通只好派人到朱元璋处征兵解围。

在朱元璋出兵之前，刘基极力阻止，以为大兵不当轻出，万一陈友谅乘虚来攻，便进退无路；而且如救得小明王出来，当发放何处？是继续让他

当皇帝？还是关起来？杀掉？要是后者，救他作甚！要是前者，岂不自讨没趣，平白找个顶头上司管制自己，丧失自由、主动之权。朱元璋则以为安丰如失守，应天就失去屏蔽，救安丰即是保应天。遂亲自统兵出救，不料军队还没有到，吕珍已击杀刘福通，朱元璋率军力战，吕珍不支逃走。朱元璋摆设銮驾，迎小明王到滁州居住，建造宫殿，供养极厚，把宫中左右宦侍都换上自己的人。形式上是尊崇，实际上是把皇帝关起来了。

三月十四日，小明王内降制书，封赠朱元璋三代：曾祖九四资德大夫江西等处行中书省右丞上护军司空吴国公，曾祖母侯氏吴国夫人，祖初一光禄大夫江南等处行中书省平章政事上柱国司徒吴国公，祖母王氏吴国夫人，父五四开府仪同三司上柱国军国重事中书右丞相太尉吴国公，母陈氏吴国夫人。从封赠朱元璋父亲官爵来看，朱元璋这时的官位是宋的中书右丞相了。

当朱元璋出兵援救安丰的时候，陈友谅果然乘虚进攻，以大兵围困洪都（今江西南昌），占领了吉安、临江、无为州。这一次倒真正是东西两线夹攻了，虽然张士诚并不知道。汉军进攻规模比上一次更大，陈友谅看着疆土日渐缩小，气愤不过，特造大舰数百艘，高数丈，一色丹漆，上下三层，层层都有走马棚，下层设板房，有橹几十支，橹箱用铁裹。上下层住的人相互听不见说话。大的容三千人，小的容二千人。自以为必胜，载着家小百官，空国而来，号称六十万。洪都城原来紧挨着赣江，上次陈友谅攻城，趁着水涨船高，汉军从船上攀附登城，以致失守。洪都收复后，朱元璋立刻下令把城墙改筑退后，改建为去江岸三十步。这次汉军又大举进攻，大舰就靠不拢城墙了，只好登岸围攻。洪都守将朱文正坚决死守，汉军用尽攻城的方法，文正也用尽防御的方法。八十五天的攻守战，城墙被攻破了多次，敌兵涌进，都被火铳击退，文正连夜赶修工事，用木栅掩护筑城，敌兵夺栅，守军且战且筑，攻城和守城的人都踩着尸首作战，战斗激烈，双方的死亡都十分惨重。尽管洪都孤城无援，却像一座大山似的挡住汉军，不许前进一步。一直打到七月，朱元璋亲统二十万大军来救，汉军才不得已解围，调过头来到鄱阳湖迎战。

这一次水战，两军主力苦战三十六天之久，是一次决定生死存亡的大会战。

在决战开始前四天，朱元璋派出伏兵，封锁鄱阳湖到长江的出口，堵住敌人的归路，关起大门来打。两军的形势，汉军号称六十万，朱元璋是二十万；水军船舰，汉军的又高又大，朕舟布阵，一连串十几里，朱元璋的都是小船，要仰着头才能望见敌人，论人力和装备，朱元璋都处于劣势。但是，朱元璋也占有优势：就士气说，汉军在洪都城下苦战了三个月，不能前进寸步，闹得死伤惨重，精疲力竭，动摇了必胜的信心；朱元璋方面则是千里救危城，生死存亡决于一战，士气高涨；就船舰说，汉军几十条大舰用铁索联在一起，虽然不怕风浪，缺点是转动不便，既不快也不灵活，朱元璋方面虽是小船，载的人数少，却操纵灵活，进退自如，体积方面虽居劣势，运动方面却占优势。就作战指挥说，陈友谅性情暴躁多疑，将士不敢陈说意见，上下隔绝，彼此猜忌，内部是不团结的。朱元璋恰好相反，他虚心谨慎，有经验丰富的谋臣和作战勇敢的将帅，上下一心，谋定后战，更重要的是军队给养的补充，汉军的后路被切断了，粮尽兵疲，朱元璋军队数量少，有洪都和后方的源源接济，将士吃得饱，自然仗也打得好。

朱元璋军的主要战术是火攻，用大量火器焚烧敌方的大舰，火器有火炮、火铳、火箭、火蒺藜、大小火枪，大小将军筒、大小铁炮、神机箭，都充分利用了火药，燃烧力很大；还有一种叫"没奈何"，用芦席做圈，周围五尺，长七尺，糊以布纸，缠以丝麻，贝宁火药捻子及诸火器，用杆挑于头桅之下，和敌船相遇，便点燃火线，割断悬索，使"没奈何"落于敌船，同时朱元璋水军火器齐放，敌船不及扑灭，焚毁无救；另外还用火药和芦苇装满几条船，敢死队驶着冲进敌阵，点起火来和敌舰同归于尽。朱元璋军指挥的信号是，白天用旗帜，黑夜用灯笼，远的用信炮，近的用金鼓，全军动作一致。接战时分水军为十一队，每队都配备火铳、长弓、大弩，分作几层，先发火铳，再射弓弩，最后是白刃战，短兵相接，喊杀声震天地，箭如雨下，炮如雷轰，刀光飞舞，波浪掀天，杀得连湖水都红了。两军战士从这船跳到那船，头顶上火箭炮石齐飞，眼面前一片刀光剑影，耳朵里只听见斫击喊杀的声音，胸膛里怀着拼个你死我活的决心，湖面上漂流着战死的将士和挣扎呼号的伤兵。汉军船红色，朱元璋船白色，一会儿几十条白船包围着红船，一会儿又是红船追赶着白船，一会红船白船混杂在一起，打得难解难分；有几天白船像是占了上风，有几天又是红船占了优势。朱元璋激厉将士坚持战斗，多少次身边的卫士都死了，坐舰被炮石打碎，换了船又搁浅动弹不得，险些被俘。两军相持，尽力苦战，互有胜负，死伤都很大，却谁也不肯后退一步。一直打到最后几天，汉军已经绝粮，在军事会议上，陈友谅的

右金吾将军主张烧掉船，全军登陆，直走湖南，左金吾将军主张继续打下去。陈友谅同意走陆路的办法，左金吾将军怕被处分，领军来降，右金吾将军看清这仗实在打不下去了，也跟着来投降。陈友谅军力越发削弱，决定退兵，打算冲出湖口，不料迎面的又全是白船，前后受敌。在激战中，陈友谅要亲自看明情况，决定战术，刚把头伸出船舱外，就被飞箭射死，全军溃败。部将载陈友谅尸首和太子陈理连夜逃回武昌。

饶州府城图

朱元璋虽然最后取得决战的完全胜利，但是也付出了极大的代价，单是七月二十一这一天的战况，红船损失六万人，白船也损失七千多人，骁将宋贵、陈兆先、张志雄、韩成、丁普郎等战死。陈友谅战死的第二天，朱元璋焚香拜天，慰劳将士，答应将来天下一家，和巴都儿们共享富贵，做大官。后来又对刘基说：

我真不该到安丰去！假如陈友谅趁我远出时，应天空虚，顺流而下，直捣应天，我便进无所成，退无所守了。幸而他不直攻应天，反而去围洪都，洪都坚守了三个月，给了我充分的时间来集中兵力，陈友谅出此下计，不亡何待。可是这一仗虽然打胜，也是够险的啊！

后来在一次军事会议上，诸将以为自古水战，必得天时地利乃可取胜，如周瑜之破曹操，因风水之便。这一仗却相反，陈友谅兵据鄱阳，先处上流而待我，他得了地利；而且，我千里赴援，我劳而他佚，结果反而我得胜利，是什么道理呢？他们不懂得天时不如地利，地利不如人和的道理，归根结底，打仗的是人。陈友谅虽然兵强势众，但是内部不团结，人各一心，上下猜疑。并且，用兵连年，老是打败仗，不会蓄积力量，抓住有利时机，一会儿在东边打，一会在西边打，劳而无功，军心失望。必须懂得，用兵要得时，时则威，威则胜。我军得了时，将士一心，像鸷鸟搏击，巢卵俱覆，得了人和，此其所以成功。

第一，是全军将士团结；第二，是捕捉有利战机，他这个分析、总结是科学的，正确的，诸将都叹服。

陈友谅战死，汉军残部指日可以肃清。张士诚局促自守，不能为害。北边的扩廓帖木儿和孛罗帖木儿两军为了争夺防区，正在打得不可开交。朱元璋疆土日广，政事日益繁多，吴国公的名号已经和当前的政治局面不相适应了，寻思也得称王才好，问题是称什么王。张士诚在九月间已经自立为吴王了，应天正是历史上孙权吴国的都城，而且，几年前就有童谣："富汉莫起楼，贫汉莫起屋，但看羊儿年，便是吴家国。"非得称吴王不可。龙凤十年正月，朱元璋自立为吴王，设置百官，建中书省，以李善长为右相国，徐达为左相国，常遇春、俞通海为平章政事，汪广洋为右司郎中，张昶为左司都事。立长子标为世子。发布命令，用"皇帝圣旨，吴王令旨"的名义。同时有两个吴王，民间叫张士诚为东吴王，朱元璋为西吴王。军队服装原先只是用红巾做记号，穿的却五颜六色，也给整齐划一了。规定将士战袄战裙和战旗都用红色，头戴阔檐红色壮帽，插"猛烈"二字小旗。攻城系拖地棉裙，取其虚胖，箭不能入。箭头原来是用铜做的，现在疆土扩大，有了铁矿，改成铁制。并且制造大批铁甲、火药、火铳、石炮、武器更犀利耐用。

二月，朱元璋亲率水陆大军征武昌，陈理请降，立湖广行中书省。到年底，陈友谅原来的疆土，从汉水以南，赣州以西，韶州（今广东曲江）以北，辰州（今湖南沅陵）以东这一广大地区，都为朱元璋所有。

陈友谅虽然失败了，但他毕竟是反对元朝蒙汉地主阶级统治的英雄人物，在历史上起过作用，当时人民对他是同情的，怀念的，他的坟墓到今天还在新建的长江大桥下被保存着，供来往游人悼念。

平定张士诚

陈友谅兵强地广，雄踞长江上流，两次亲统大军要吞并西吴，结果反被消灭，西线的强敌解决了，朱元璋的军力更加壮大了，第二个进攻目标，便是东吴张士诚了。

朱元璋和谋士们分析当时的军事形势，他指出："天下用兵，河北有孛罗帖木儿，河南有扩廓帖木儿，关中有李思齐、张良弼。河北军队数量多而没有纪律，河南的稍有纪律而军力不强，关中的一部分道途不通，粮饷接济不上。江南只有我和张士诚，士诚多奸谋，会用间谍，可是部队全不讲纪律。我有几十万大军，固地疆土，修明军政，建立严格军事纪律，委任将帅，捕捉有利战机，逐个消灭，统一天下是有把握的。便一心一意整顿军队，加强纪律教育，练习攻城本领，准备下一个战役的攻坚战。"

元末南方群雄，分作两个系统，一是红巾军系，一是非红巾军系。红巾军系分东西两支，东支以淮水流域为中心，小明王是东支的共主，郭子兴是滁、和一带的头目，子兴死，朱元璋代起，日渐强大。西支以汉水流域为中心，从徐寿辉到陈友谅以及寿辉部将割据四川的明玉珍。非红巾军系如东吴张士诚，浙东方国珍。红巾军的主要成分是广大的贫苦农民和小手工业者以及一部分城乡游民，他们深受元朝蒙汉地主阶级的残酷剥削、压迫，怀着深刻的阶级仇恨，提出鲜明的政治目标，一定要推翻蒙汉地主阶级，取得自己的解放。他们和蒙汉地主阶级是势不两立的，绝不妥协的，坚决斗争到底的。非红巾军系便不同了，领导人物和基本队伍主要是私盐贩子，盐丁，中小地主和摇摆不定的中农，和一部分贫雇农，尽管他们也是被剥削、被压迫，被欺侮的对象，反元起义的动机也是因为遭受元朝官吏、地主的凌辱、作践，奋起反抗。但是领导集团却没有明确的政治目标，更没有反抗阶级压迫的宣传鼓动工作。割据地方以后，便以为事业成功了，贪图生活享受，日渐腐化。他们在元朝兵力暂时不能到达的时候，自立名号，和元朝政府对抗。但是一遭受到统治阶级的强大军事压力，形势不利的时候，就变成软骨头了，妥协了，投降了。元朝政府从一开始便对他们采取招抚的政策，只要投降，就给官做，他们做了元朝的官以后，一看到元朝政府军事上的失利，便再次闹独立，另立名号。每反复一次，个人的名位就高了一等，地盘也扩大了一些，向元朝政府讨价还价的资本也就越大。另一方面，他们对红巾军的态度却正好相反，绝不投降，斗争到底，立场是十分坚定的。张士诚对小明王和朱元璋从一开始便处在敌对状态，十年来连兵不解；方国珍地小兵弱，虽然没有力量进攻红巾军，但也不肯真心讲和修好，表面上有时个表示低头，实质上却要顽抗到底。

张士诚对元朝政府的关系是不稳定的，反反复复，时而对抗，时而投降。至正十三年（1353）元朝政府招降，授予官职，要他出兵进攻濠、泗红巾军，士诚怕吃亏，不肯去。知道泰州守军虚弱，袭取泰州，破兴化，据高邮。至正十四年（1354）自称诚王，国号大周，改元天祐。这年十一月，元丞相脱脱统大军围高邮，大败周军，士诚坚守无援，高邮将被攻破，突然脱脱被解去兵权，元军奔散，周军乘隙反击，声势复振，取昆山、嘉定、崇明、常熟、平江、常州、湖州、淮安等地。至正十六年（1356）三月建都于平江，改为隆平郡。改历法为明时。开弘文馆，招礼儒士。以阴阳术人李行素为丞相，弟士德为平章，提调各郡兵马。以蒋辉为右丞，居内省理庶务，潘原明为左丞，镇吴兴，史文炳为枢密院同知，镇松江。郡州县正官，郡称太守，州称通守，县曰尹，同知称府丞，知事称从事。

从至正十六年起，张士诚便和朱元璋兵戎相见，大小数百战，互有胜负。这年六月，朱元璋的部将，原来是地主军的降将陈保二执詹李二将降于张士诚。

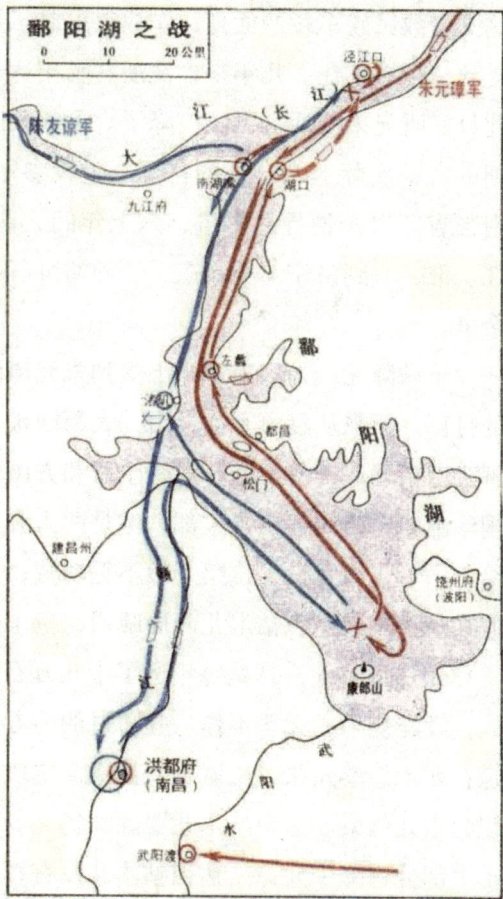

鄱阳湖之战地图

这时朱元璋的主要力量放在西线，为了避免两线同时作战，派遣使者和张士诚通好，要求"睦邻守国，保境息民"士诚置之不理。七月，士诚以水军进攻镇江，和朱元璋军队发生激战，大败于龙潭。徐达乘胜进围常州，士诚派士德驰救，为徐达所擒。士德有勇有谋，礼贤下士，帮助士诚创基立业，被俘后坚决不降，还秘密带话给士诚，劝他投降元朝，为朱元璋所杀。

至正十七年（1357）二月，朱元璋部将耿炳文取长兴，三月取常州，五月取泰兴，六月赵继祖吴良取江阴。长兴和江阴都是重要军事据点，长兴踞太湖口，从陆路可通广德诸郡，江阴枕大江，扼平江通州济渡之处，朱元璋得了长兴，派耿炳文镇守，士诚的步骑不敢出广德，窥宣、歙；得了江阴，派吴良镇守，士诚的水军不能泝大江，上金、焦、士诚的军事局势，从此便急转直下，处于劣势了。加上东面的嘉兴，驻有苗军杨完者的部队，这支少数民族军猛冲猛打，作战很勇敢，几次打败张士诚的进攻，士诚两面受敌，抵挡不住。几年来，江浙右丞相达识帖木儿千方百计劝士诚投降，到此只好听兄弟的话，再次投降了。元朝政府以士诚为太尉。士诚表面上做元朝的官，实际上有自己的打算，他设参军府和枢密院，分辖地为江浙、淮南二省。以李伯昇总军事，六七年间，南侵江浙，占了杭州、绍兴、北逾江、淮，直到济宁（今山东），西略汝、颍、濠、泗，东面到海，有地两千余里。

士诚降元，是因为军事上受到朱元璋的威胁，元朝招降士诚，也有他们的打算。原来从红巾军起义后，大都缺粮，支持不下去了。达识帖木儿为了解决南粮北运，便不能不对张士诚和方国珍采招抚政策，他安排士诚出粮，国珍出船，由海运接济大都。但是两人心里都怀着鬼胎，张士诚怕把粮食交给方国珍，被吞没了，赔了粮不见功劳；方国珍却怕他的船出海被扣，张士诚乘虚进攻，达识帖木儿两面疏通，费了多少事，从至正二十年到二十三年（1360—1363），算是每年运了十几万石。杨完者的部队纪律极坏，抢钱抢人，奸淫烧杀，无恶不作。驻防过的地方比经过战争还惨，民间有民谣形容道：死不怨泰州张（士诚），生不谢宝庆杨（完者）。仗着有实力，不听达识帖木儿约束。达识帖木儿要除掉杨完者，和士诚定计，攻杀完者，苗军将士大部分逃降朱元璋。达识帖木儿没有军队的支持，政权也随之失去了，事事受士诚挟制，不久便被拘禁。士诚乘虚进驻苗国防区。至正二十三年九月，又自立为吴王，达识帖木儿自杀，从此元朝征粮，再也不肯答应了。

士诚所占地方盛产粮食，又有鱼盐桑麻之利，人口众多，最为富庶。他生性迟重，不多说话，待人宽大，但没有一定主见，只想守住这块基业，怕冒险吃亏出差错。大将大臣们都是当年走私的江湖兄弟，如今成了局面了，有福同享，做错事以至打了大败仗，士诚也不忍责备，赏罚不明。将军大臣们修府第，建园池，养女优，玩古董，和诗人文士们宴会、歌舞，上下都腐化了。甚至大将出兵，也带着妓女清客解闷。损兵失地，回来照样带兵做官。张士德（九六）重待文学之士，当时有名的诗人陈基、饶介、王逢、高启、杨基、张羽、杨维桢等人都和他来往，有的在他幕府做事。浙西地区的开辟和国事的决策，士德很起作用。士德被擒死，士信（九七）做丞相，贪污无能，疏远旧将，上下隔绝。士诚也养尊处优，懒得管事。朱元璋着人打听了这情形，对人说："我诸事无不经心，法不轻恕，尚且有人瞒我。张九四（士诚）终岁不出门，不理政事，岂不着人瞒！"士信任用姓黄、蔡、叶的三个人做参谋，弄权舞弊，东吴有一民谣："丞相做事业，专凭黄蔡叶，一朝西风起，干瘪！"

士诚从元至正十六年（1356）起和朱元璋接境，便互相攻伐，至正十八年十月徐达、邵荣攻克宜兴，廖永安率水军深入太湖，后军不继，为吕珍所俘，不肯投降，被囚到死。次年正月胡大海攻克士诚的重镇诸暨，杭州受到威胁，士诚倾全力要夺回诸暨，六月，士诚绍兴守将吕珍攻诸暨，决水堰灌城，胡大海夺堰反灌，吕珍退去。至正二十年（1360）九月第二次攻诸暨，至正二十二年（1362）三月乘朱元璋金化、处州苗军叛变机会，以张士信统万余人三围诸暨，守将谢再兴苦战二十几日，设伏诚外，大败士信军。士信发急，增兵再攻，再兴求援于李文忠，李文忠命胡德济驰援，扬言徐达、邵荣已从严州领大军增援，士信军心动摇，计划退兵，德济和再兴于夜半率壮士出击，士信军大乱溃退。至正二十三年（1363）九月李伯昇又领大军围诸暨，诸暨城守坚固，不克退去。至正二十五年（1365）二月张士信又统兵二十万来攻，为李文忠所大败。这五次争夺战，消耗了东吴大量军力。

在第三次诸暨争夺战之后，发生了谢再兴叛降张士诚的意外挫折。

谢再兴是淮旧将，朱元璋亲侄朱文正的妻父。士诚绍兴守将吕珍在诸暨筑堰，每年水发，动辄淙城，再兴不时遣人偷决，力战功多。部下有两个

将领派人带违禁物品去扬州贩卖，朱元璋发觉了，怕泄露了军机，杀了这两个人，把头挂在再兴厅上，再兴已经受不住了。朱元璋又做主把他的次女嫁给徐达。召再兴到应天计议军事，返防后另派参军李梦庚节制诸暨兵马，再兴成为副将。再兴大愤，说："女嫁不令我知，有同给配。又着我听人节制！"竟执李梦庚向绍兴吕珍投降，朱元璋气极，说："谢再兴是我亲家，反背我降张氏，情不可恕。"从此种下了他对部下将领的猜疑心理，对他们的监视越发严密了。

西吴和东吴另一据点的争夺战是长兴，至正二十一年（1361）十一月，东吴司徒李伯昇率十余万众，水陆并进，包围长兴，城中守兵只有七千人，苦战月余，常遇春、邵荣先后驰救，伯昇败去。至正二十四年（1364）十月张士信又攻长兴，为耿炳文、汤和所击败。

此外，至正十九年（1359）二月邵荣攻湖州，十二月常遇春攻杭州，胡大海攻绍兴，虽然都打了胜仗，却都不能攻克城池，取得决定性的战果。

在和东吴作战的长期战役中，朱元璋部下骁将邵荣、赵继祖立了不少功劳。邵荣、赵继祖也是朱元璋初起时的战友，邵荣于至正十八年（1358）和徐达攻克宜兴，至正十九年大破张士诚军于余杭，攻湖州大败李伯昇，至

明代升平楼

正二十一年三月以战功从枢密院同知升为中书平章政事，地位在大将常遇春之上。至正二十二年（1362）处州苗军叛变，命邵荣统兵平定。凯旋回应天后，和参政赵继祖密谋暗杀朱元璋，为检校宋国兴所告发，朱元璋命廖永忠安排酒宴，席间擒了二人，锁了脖子，朱元璋和他们喝酒，问："我与尔等同起濠梁，望事业成，共享富贵，为一代之君臣，你如何要谋害我？"荣答曰："我等连年出外，取讨城池，多受劳苦，不能与妻子相守同乐，所以举此谋。"不肯喝酒，对赵继祖说："若早为之，不见今日，猎狗在床下死，事已如此，泣何益！"两人都缢死。这件事给朱元璋的影象是深刻的，内部发生了裂痕，非加强控制不可。不久又发生谢再兴投敌的事件，越发使他认识到必须牢牢掌握军权，建立一套必要的制度，使将不能专兵，军队不能由任何将领掌握，后来军卫法的制定和杀戮功臣，都和这两件事有密切关系。

朱元璋和张士诚相持了十年，打来打去，双方都占不到便宜。直到朱元璋从武昌凯旋以后，集中军力，进攻东吴，局面才发生剧烈的变化。

朱元璋对东吴的攻势，分作三个步骤：

第一步攻势起于至正二十五年（1365）十月，攻击目标是东吴北境淮水流域，到至正二十六年（1366）四月间，尽取通州、兴化、盐城、泰州、高邮、淮安、徐州、宿州、安丰诸州县，孙德崖早已死去，濠州四面受敌，也投降了。半年工夫，完成预定任务，使东吴军力局促于长江之南。

第二步攻势起于至正二十六年八月，分兵两路，进取湖州、杭州、切断东吴的左右两臂，到十一月间，湖、杭守军投降，造成北西南三面包围平江的形势。

第三步攻势是平江的攻围战，从至正二十六年十二月到吴元年九月，前后一共十个月，才攻下平江，俘执士诚，结束了十年来的拉锯战。

朱元璋已经公开宣告和红巾军决裂，小明王的存在就没有意义了。至正二十六年（龙凤十二年）十二月，朱元璋派大将廖永忠迎接小明王，于瓜州渡江，中流把船凿沉，永忠径回应天复命。小明王死，宋亡。此后，朱元璋不再提龙凤的事，连当年镇江西城打败东吴的纪功碑，因为有龙凤年号，也捶毁灭迹。文书上有关的龙凤史料，更是消毁得干干净净。朱元璋死后所编的明太祖实录，不提朱元璋和龙凤臣属关系一字，这一段历史被湮灭，被歪曲了几百年。

朱元璋对东吴的第二步攻势，动员了二十万大军，以大将军徐达，副将军常遇春为统帅。在出兵前商讨战略，常遇春坚决主张直取平江，以为巢穴既破，其余诸郡可以不攻而下。朱元璋却决定用叶兑的次策，以为士诚出身盐枭，和湖、杭诸郡守将都有憨不畏死之徒，同甘共苦。如先攻平江，湖、杭守军必然齐心并力，来救老家，援兵四合，不易取胜。不如想法分散他的兵力，先取湖、杭，士诚无法援救，我军可以集中兵力，个别击破，枝叶一去，根本动摇，使士诚疲于奔命，然后移兵直取平江，必然可以成功。遂分兵攻围杭州，湖州。朱元璋亲自誓师，叮咛嘱咐，要将帅和睦，不许左右欺凌军士，进城时不要烧杀掳掠，不要挖掘坟墓，尤其平江城外张士诚母亲的坟，千万不可侵毁，以免刺激东吴人民，增加抗拒心理。说了又写成戒约，印发给军士。

第三步攻势，湖、杭既下之后，应用叶兑的销城法，进围平江，徐达军葑门，常遇春军虎丘，郭兴军娄门，华云龙军胥门，汤和军阊门，王弼军盘门，张温军西门，康茂才军北门，耿炳文军城东北，仇成军城西南，何文辉军城西北，四面筑长围困之。又驾木塔三层，下瞰城中，名曰敌楼，每层施弓弩火铳于上。又设襄阳炮日夜轰击。士诚死守，外无援兵，内无粮草，突围又失败了。朱元璋一再派人劝降，士诚坚决拒绝。城破时亲自率兵巷战，看到实在不行了，一把火烧死了家属，他也上吊自杀，被部下解救，西吴兵已到府中，俘送应天。在船上闭眼不说话，也不进饮食。朱元璋问话不理，李善长问话，挨了一顿骂。朱元璋气极，一顿乱棍把他打死，连尸首都烧成灰，这年士诚四十七岁，东吴亡。

朱元璋后来和群臣总结战胜汉、吴两大敌人的经验说："元末群雄中，张士诚、陈友谅最强大，士诚地方富庶，陈友谅军力雄厚，我都不如，只靠不乱杀老百姓，说话算话，刻苦做事，和大家同心协力，才能成功。开头夹处在汉、吴两大之间，士诚尤其逼近，有人主张先向东吴进攻。我的看法是，陈友谅志骄，士诚器小，志骄的好生事，器小的没长远打算，所以决定先攻陈友谅，鄱阳湖这一场决战，士诚果然不能出平江一步。假如先攻士诚，陈友谅一定空国而来，我便被迫两线作战，腹背受敌，胜负便很难说了。"

李伯昇是士诚的十八兄弟之一，同时起事，父亲李行素做丞相，他官为司徒，守湖州，兵败出降。平江固守，使说客招降的是他，把士诚交给常遇春的也是他。平江人记住这段历史，凡是出卖朋友的就叫作"李司徒"。

张士诚从起兵到败死，前后十四年。城破前他把征收赋税的鱼鳞图籍全部烧毁，平江固守十月，朱元璋恨当地人为士诚坚决拒守，取沈万三家租簿定额，格外加赋，每亩完粮七斗五升。六百年来，苏州人每年于七月三十日烧九四香，托名为

宋濂

烧地藏香，九四是士诚小名，七月三十日是士诚生日。从这两件事看来，士诚得到当地地主的坚决支持，他的政权也是变了质的，是属于地主阶级的政权。

朱元璋大军凯旋后，论功行赏，第二天诸将来谢，朱元璋问有没有摆酒席庆贺，都说吃了酒席，高兴得很。朱元璋说："我也何尝不想和诸军欢宴一天，但中原尚未平定，还不是晏安的时候。你们应该记取张士诚的教训，他经常和他的将相们宴会、醋歌、逸乐，今天怎么样了，要引以为戒才是。"又对东吴降将讲话："你们都是张士诚旧部，做将官带部队，计穷势屈，才不得已投降。我厚待你们，还让你们作将校。但是要给你们讲清一条道理，我所用诸将，多是濠、泗、汝、颍、寿春、定远诸州的人，勤苦俭约，不知奢移。不比江浙地方富庶，耽于逸乐。你们也不是富贵人家出身的，一朝做了将军带了兵，就胡乱取人子女玉帛，什么坏事全做了。如今既然在我这里，就得改去老毛病，像我的濠、泗诸将那样，才能保住爵位。人人都想富贵，但是取富贵不难，长保富贵却是难事。你们真能尽心

73

尽力，和大军一起除暴平乱，早日统一天下，不但你们能享富贵，连子孙也可以享福。假如只图一时快意，不向前看，虽然暂时快乐，却保不住日后丧败。这是你们亲见的事，不可不戒。"

攻讨方国珍

平江合围后，吴元年九月朱元璋又遣将攻讨浙东方国珍。令参政朱亮祖率浙江、衢州、金华等卫马步舟师攻台州，征南将军汤和、副将军吴祯率常州、长兴、宜兴、江阴诸军攻庆元（今浙江宁波）。又命征南副将军廖永忠率水军从海路进攻，与汤和军相会合，切断国珍逃入海中的退路。

方国珍从至正八年聚众海上起事，吴元年十二月降西吴，在群雄中最先起事，称雄浙东二十年。

台州黄岩靠近海边，人多地少，无地少地的农民只好靠海吃饭，打鱼晒盐，漂洋过海，在海上的过日子比陆地上的多。国珍和兄弟国璋、国瑛、国珉一家子，世代贩盐浮海为业。国珍是地方上有名的土豪，生得身体高大，黑紫脸膛，体力强壮，快步如飞。至正初年海盗劫掠商民，抢了运皇粮漕船，杀了督运使臣，地方官千方百计追捕，国珍的仇家向官府告发国珍私通海盗，坐地分赃，国珍杀了仇家，带领全家和邻里怕事的逃入海中，集结了几千人，四处抢劫。元朝发兵围杀，国珍打败官军，连将官也俘虏地。受招安做定海尉。不久又反，俘获元朝大将，又受招安做了大官。如此时降时叛，每反复一次，便升一次官。到至正十七年（1357），一直做到元浙东行省参知政事海道运粮万户。他以庆元为根据地，兼领温州、台州、占有浙东沿海一带地方，拥有水军千艘，控制着丰富的渔盐资源，兄弟子侄全做大官，心满意足，只想保住这份好基业。

朱元璋攻取婺州后，和国珍邻境相望。国珍兵力弱小，北有张士诚，南有陈友定，他和这两家都不大和洽，见朱元璋兵势甚盛，怕被吞并就派使臣向朱元璋送金银绸缎，接受龙凤官诰，口头还说愿意献出三郡，只是不肯奉龙凤年号。朱元璋多次派使臣督责，国珍推说："当初献三郡，为保百姓，请上位（当时人称君主为上位）多发军马来守，交还城池。若遽奉正朔，张士诚，陈友定来攻，援兵万一赶不到，就危险了。不如姑以至正为名，他们便找不出罪名来攻。若真要我奉龙凤年号，必须多发军马，军马一到，便以三郡交还。情愿领弟侄到应天听命，止求一身不作官，以报元之恩德。"朱元璋听说，笑了一声："也好，且摆在那里。等我取下平江，那时他要奉正朔也晚了。"国珍一面向西吴进贡，一面又替元朝运粮，脚踏两只船，左右摇摆。到朱元璋取了杭州以后，国珍越发害怕，使人北通扩廓帖木儿，南联陈友定，打算结成掎角之势，抵抗西吴进攻。还盘算万一两头的支援都靠不住，敌不过，好在他有千数条海船，到时载满金银财宝，合家逃奔大海，也还够一辈子享用。主意打定，日夜搜集珍宝，修治船只，准备随时下海。

吴元年九月，朱亮祖军进占台州、温州，汤和大军长驱直取庆元，国珍逃入海中，又为廖永忠水军所败。走投无路，只好哀辞求降。西吴军从进攻到凯旋，前后不过三个月。

这一年，韩林儿已死，龙凤年号不能再用了，更不能用元至正年号。按甲子这年是丁未年，未属羊，童谣说"但看羊儿年，便是吴家国"，东吴已在包围中了，为了再一次应童谣，朱元璋下令叫这年为吴元年。

南征北伐并进

朱元璋在出兵征服方国珍的同时，决定了南征北伐的大计。

吴元年九月间，朱元璋统治的疆土，大体上据有现在的湖北、湖南、河南东南部和江西、安徽、浙江，包括汉水下游和长江下游，是全中国土地最肥沃，物产最丰富，人口密度最高，最繁荣富庶的地区。

中国南部除朱元璋所占地区以外，分裂成几个军事割据地区：以四川为中心的夏国明升，云南有元宗室梁王镇守，两广也是元朝的势力，福建陈友定虽然跋扈，仍然对元朝效忠。

朱元璋见夏国主幼兵弱，不会有所作为；云南太远，暂时可以不问。决定首先进军目标是福建和两广。

中国北部是表面上属于元朝政府统治，但情况十分复杂：山东是黄军（地主军）王宣的防地；河南属扩廓帖木儿；关内陇右则有李思齐、张良弼诸军；孛罗帖木儿一军镇大同。扩廓帖木儿和李、张二将不和，孛罗帖木儿又和扩廓帖木儿对立。当朱元璋进兵江浙的时候，元朝几个将军正在争军

权，抢地盘，一心一意打内战，拼个死活，谁也不管整个战局，和军事领袖内部冲突的同时，元朝统治阶级最上层宫廷的内部矛盾，也日益深化激化了，宫廷的阴谋政变和军事领袖的公开内战相结合，并且互相利用，元朝统治阶级分裂成为两个互相倾轧、残杀的集团，双方都要夺取政权，都有贵族官僚支持，都有武装力量，势均力敌，争得热闹，杀得热闹，造成"鹬蚌相争，渔翁得利"的局面。朱元璋趁着元朝内部打得火热的有利形势，乘机东征南伐，扩大地盘，充实军力。等到朱元璋北伐大军兵临城下，元朝的军事领袖们才着了慌，停止互相残杀，却又不肯也不甘心和别人合作，听别人指挥，仍然是各保地方，人自为战，为朱元璋造成集中强大军力进行个别歼灭的良好战机，元朝政府分散的国事力量一股接着一股被消灭的结果，长期进行阶级压迫和民族压迫的蒙汉地主联合政权，也随之被消灭了。

元朝军事领袖内部斗争的历史可以追溯到几年以前。

红巾军起义后，元朝正规军队抵抗不住，四处打败仗。坚决顽强地和红巾军作战的是"义军"，这是由地主土豪所组织的保卫私家生命财产的地方"民兵"，也叫作"乡军"。红巾军要推翻地主阶级的统治，地主们却要保住自己的统治，这是你死我活的阶级斗争，旗帜十分鲜明，斗争自然也十分激烈。"义军"中最强大的有两支：一支是起自沈丘（今河南沈丘）的察罕帖木儿和李思齐，察罕帖木儿的祖先是元初征战河南的蒙古军人，子孙在沈丘落户，至正十二年（1352）和罗山地主李思齐率领乡里子弟袭破红巾军所占领的罗山，元朝政府授官汝宁府达鲁花赤，各地的地主武装闻风先后参加，组成万人的一支地主军，几年来连败红巾军，重占河北、关陕、陷汴梁，取河南，号令达江浙，屯重兵于太行山。正准备大举进攻山东时，和另一支"义军"发生了内战。一支是元朝世将答失八都鲁所招募的襄阳官吏和流亡土豪的两万"义丁"，和刘福通作战有功，重占襄阳、亳州。答失八都鲁死，子孛罗帖木儿代之掌兵，移镇大同。山西晋冀之地原本是察罕帖木儿的部队进占的，察罕帖木儿大军东出，孛罗帖木儿就进军晋冀，强占察罕帖木儿的防地，察罕帖木儿自然不甘心，两军就大打特打，交战几年，元朝政府无力制止，屡次派人调停讲和。察罕帖木儿被刺死后，孛罗帖木儿又领兵来争晋冀，内战又起。

和军事领袖公开内战的发展同时进行的是元朝宫廷的阴谋政变，脱脱丞相贬死后，哈麻代为丞相。哈麻阴谋废元顺帝而立皇太子，事泄被杀。皇太子生母高丽奇皇后和皇太子仍旧阴谋废立，使宦官朴不花和丞相太平商量，太平不肯，太子愤恨，把太平害死了，宫廷里分作两派，丞相搠思监和朴不花帮太子，贵臣老的沙帮皇帝。太子派靠扩廓帖木儿做外援，皇帝派就拉拢孛罗帖木儿来对抗。

老的沙得罪于皇太子，逃入孛罗帖木儿军中，皇太子怨恨孛罗帖木儿收容他的仇人，搠思监、朴不花就诬陷孛罗帖木儿图谋不轨，至正二十四年（1364）四月元朝政府下诏数孛罗帖木儿罪状，解其兵权，削其官爵。孛罗帖木儿也不客气，竟自带领大军进向大都，元顺帝慌了，缚送搠思监、朴不花谢罪，孛罗帖木儿才回师大同。太子失败了，不甘心，逃出大都，再征扩廓帖木儿出兵打孛罗帖木儿，孛罗帖木儿又举兵进攻大都，太子战败，逃到太原。孛罗帖木儿入都，做中书左丞相。至正二十五年（1365）太子调扩廓帖木儿和诸路兵进攻，孛罗帖木儿战败，被刺死于宫中，扩廓帖木儿入都代为丞相。

太子奔太原时，要仿效唐肃宗灵武故事，自立为皇帝，扩廓帖木儿不赞成。扩廓帖木儿入都时，奇皇后又要他带重兵拥太子进宫，逼顺帝让位，扩廓帖木儿又不肯，离京三里就命大军驻下，只带数骑入朝。以此，奇皇后和太子深恨扩廓帖木儿，元顺帝也猜忌他兵权太重，朝中大臣嫌他不是根脚官人（世代贵族），另眼相看。扩廓帖木儿在军中日子久了，不习惯于尔虞我诈的宫廷阴谋斗争，兼之上下都对他嫌忌，自己知道站不住脚，就请求出外带兵，元顺帝便封他为河南王，统率全国军马，代皇太子出征。

至正二十六年（1366）二月，扩廓帖木儿回到河南军中，调度各处军马，用檄文调关中四将军会师。李思齐得调兵劄勃然大怒，骂道："乳臭小儿，黄发还没有退，敢来调我！我跟你父亲同乡里，同起义兵，你父亲进酒，还三拜才喝，你在我面前连站脚处都没有，居然称总兵，敢来调我！"下命各部，一戈一甲不许出武关，王保保来见，则整兵杀之。张良弼、孔兴、脱列伯三军也不受节制。扩廓帖木儿军令不行，只好把南征一事暂且放下，派一部分军队屯驻济南，防御南方进攻，亲自带领大军入关攻李思齐。李思齐等四将军也会兵长安，盟于含元殿旧基，合力抵抗。两军军力相差不多，整整打了一年，大小几百战，分不出胜负。元顺帝再三命令扩廓帖木儿

77

停战，一意南征，扩廓帖木儿不听。至正二十七年（1367）七月扩廓帖木儿抽调部下最精锐的貊高一军，渡河从背后直捣凤翔，貊高部将中有一部分是孛罗帖木儿的旧将，半路上计议："朝廷调我们打妖贼，如今却去打李思齐，李思齐是官军，官军杀官军，为什么来？"逼貊高倒戈声讨扩廓帖木儿。元顺帝本来猜忌扩廓帖木儿，又恨他不听命令，正在想法夺去扩廓帖木儿兵权。貊高的报告一到，他十分高兴，升貊高为知枢密院兼平章，总河北军马；并下诏书解除扩廓帖木儿统帅权，只领本部兵马，肃清江淮；李思齐等部分兵进取。特设大抚军院以皇太子总制天下兵马，专防扩廓帖木儿。

西吴侦探得上面所说的一切情况，朱元璋决心利用元军忙于内战，主要军力自相抵消的有利时机，南征北伐同时并进。吴元年十月，以徐达为征虏大将军，常遇春为副将军，率甲士二十五万，由淮入河，北取中原。中书省平章胡廷瑞为征南将，江西行省左丞何文辉为副将军，由江西取福建。湖广行省平章杨璟、左丞周德兴率湖广诸卫军取广西。

取福建兵分三路：胡廷瑞、何文辉率步骑从江西度杉关为正兵，汤和、廖永忠由明州以舟师取福州为奇兵，李文忠由浦城攻建宁（今福建建瓯）为疑兵。陈友定的根据地延平（今福建南平）和福州掎角，建宁则为延平外线据点，驻有重兵。朱元璋三路大军分头进攻，正兵使敌人以主力应战，奇兵使敌人不测所以，疑兵分散敌人兵力。

陈友定福建福清人。出身雇农，做富农的上门女婿，做买卖总是赔钱，投充驿卒，至正十二年（1352）红巾军进攻福建，友定投效做了"民兵"，立了战功，升为小军官，占领很多城池，积官到福建行省平章，镇守闽中八郡。在地方虽然跋扈专行，对元朝政府却极为恭顺，年年运粮到大都。朱元璋占婺州后，和友定接境。至正二十五年（1365）二月，友定进攻处州，为西吴大将胡深所败，深乘胜追击，朱元璋调发江西驻军南下，准备两路会师，一举攻下延平。不料胡深部队进展太快，孤军深入，中伏被俘，为友定所杀，平闽计划受了挫折，暂时搁起。

到方国珍投降后，西吴水师乘胜南下。友定辖境和元朝本部隔绝，孤立无援。福州、建宁先后失去，延平被围。洪武元年正月城破，友定和僚属诀别，服毒药自杀不死，被俘到应天。朱元璋责备他攻处州，杀胡深的罪状，友定厉声回答："国破家亡，死就算了，何必多说！"父子同时被杀。

西吴从出兵到克服延平，费时四月，从克服延平到平定全闽，又费了八个月工夫。

平定两广的部署，也是分兵三路：第一路杨璟、周德兴由湖南取广西；第二路陆仲亨由韶州（今广东曲江）捣德庆；第三路是平闽的水师，由海道取广州。第一路军于吴元年十月出发，第二、三路军于洪武元年（1368）二月出发，所遇抵抗以第一路军为最大。从衡州推进到广西，第一座名城永州（今湖南零陵），第二全州（今广西全县），都是经过激烈血战才占领的，进围靖江（今广西桂林）。第二路军用三个月时间平定北江和西江三角地带，切断广州和靖江的交通线。第三路廖永忠遣使向元朝江西福建行中书省左丞何真劝降，大军到潮州，何真送上印章图籍户口，奉表归降。广州和附近州县，不战而下。廖永忠以所部沿西江入广西，北上会合第一路军功围靖江。洪武元年六月，靖江城破，七月广西平定，两广全归朱元璋版图。

福建、两广平定后，南部除了四川、云南以外，都连成一片了，大后方的人力、财力，供给北伐军以无限的支持。

北伐军在出发前，经过朱元璋和刘基仔细商定了作战计划，再和诸将在军事会议上讨论决定。常遇春提出的方案是攻坚战术，直捣大都，以为南方都已平定，兵力有余，以我百战的精兵消灭元朝疲惫的兵力，必胜无疑。把首都攻下后，以破竹之势分兵扫荡，其余城池可以不战而下。朱元璋的计划正好相反，他指出直攻大都的危险性，以为这是元朝经营了上百年的都城，防御工事一定很坚固。假使我孤军深入，一时攻打不下，顿兵于坚城之下，后边的粮饷接济不上，元朝的援兵从四面八方赶到，我军进退不得，岂不坏事？不如用斫树的法子，先去枝叶，再挖老根，先取山东，撤掉大都的屏风；回师下河南，剪断它

元代掐丝珐琅缠枝莲纹藏草瓶

平番得胜图

的羽翼；进踞潼关，占领他的门户，东南西三方面的军事要点都在我军手里了，再进围大都，那时元朝政府势孤援绝，自然不战可取了。大都既下，鼓行而西，云中、九原以及关陇，都可席卷而下。朱元璋的战术是稳打稳扎，逐步为营，步步推进，逐渐扩大，占领地和后方联结在一起，人力和粮饷的补给控制在自己的手里，而且以自己的全力集中打击敌人分散的兵力，从积极方面说可以稳操胜券，从消极方面说，也是立于不败之地。这种军事思想是十分高明的，十多年的战斗生活的实践，培养朱元璋成为既细心、又胆大，既看到局部，又看到全局，能够指挥百万大军的统帅了。诸将听了，都同声说好。

北伐军的统帅部的组织，也经过慎重研究，选择最优秀的大将组成。在平陈友谅以前，诸将直接由朱元璋亲自指挥，彼此不相统率。有一次打了大胜仗，常遇春把汉的降兵全部杀死，徐达阻止不住，才派定徐达做大将军，节制诸将。这次北伐大军，关系更重大，徐达用兵持重，不打无把握之仗，行军有纪律，尤其重要的是他小心谨慎，让他做什么就做什么，靠得住，放得下心，任为征虏大将军，统率全军。常遇春当百万之众，勇敢先登，摧锋陷阵，所向披靡，任为副将军。朱元璋担心他健斗轻敌，特别约束告试，如大敌当前，以遇春做先锋，和参将冯胜分左右翼，将精锐进击。右丞薛显、参将傅友德勇冠诸军，各领一军，使当一面。大将军专主中军，责任是运筹决胜，策励诸将，不可轻动。

朱元璋又再三申明纪律，告谕将士以北伐意义：这次北伐的目的不仅仅

80

是攻城略地，重要的是平定中原，削平祸乱，推翻这个坏政府，解除人民痛苦，安定人民生活。见敌人就打，所经地方和打下的城子，不可乱杀人；不可抢财物；不可毁坏居民；不可破坏农具；不可杀耕牛；不可掠人子女。如有收留下遗弃的孤儿幼女，父母亲戚来讨，一定要交还，这是件好事，大家都要这样做。

要使北方人民明白大军北伐的道理，要解除北方官僚地主对红巾军恐惧疑忌的心理，和瓦解元军的军心士气，还必须着实做好宣传工作。宋濂奉命写的告北方官吏、人民的檄文说：

自古帝王临御天下，皆中国居内以制"夷狄"，"夷狄"居外以奉中国，未闻以"夷狄"居中国治天下者也。自宋祚顷移，元以"北狄"入主中国，四海以内，罔不臣服，此岂人力，实乃天授。彼此君明臣良，足以纲维天下，然达人志士，尚有冠履倒置之叹。自是以后，元之臣子，不遵祖训，废坏纲常，有如大德废长立幼，泰定以臣弑君，天历以弟酖兄，至于弟收兄妻，子烝父妾，上下相习，恬不为怪，其于父子君臣夫妇长幼之伦，凌乱甚矣。夫人君者斯民之宗主，朝廷者天下之根本，礼义者御世之大防，其所为如彼，岂可为训于天下后世哉！

及其后嗣沈荒，失君臣之道，又加以宰相专权，宪台报怨，有司毒虐，于是人心离叛，天下兵起，使我中国之民，死者肝脑涂地，生者骨肉不相保，虽因人事所致，实天厌其德而弃之之时也。古云"胡虏无百年之运"，验之今日，信乎不谬。

当此之时，天运循环，中原气盛，亿兆之中，当降生圣人，驱逐"胡虏"恢复中华，立纲陈纪，求济斯民。今一起于兹，未闻有治世安民者，徒使尔等战战兢兢，处于朝秦暮楚之地，诚可矜闵。

方今河、洛、关、陕，虽有数雄：忘中国祖宗之姓，反就"胡虏"禽兽之名，以为美称，假元号以济私，恃有从以要君，凭陵跋扈，遥制朝权，此河洛之徒也；或众少力微，阻兵据险，贿诱名爵，志在养力，以俟衅，此关陕之人也。二者其始皆以捕妖为名，乃得兵权。及妖人已灭，兵权已得，志骄气盈，无复尊主庇民之意，互相吞噬，反为生民之巨害，皆非华夏之主也。

予本淮右布衣，因天下大乱，为众所推，率师渡江，居金陵形势之地，得长江天堑之险，今十有三年。西抵巴蜀，东连沧海，南控闽越，湖、湘、汉、沔、两淮、徐、邳、皆入版图，奄及南方，尽为我有。民稍安，食稍足，兵稍精，控弦执矢，目视我中原之民，久无所主，深用疚心。予恭承天命，罔敢自安，方欲遣兵北逐"胡虏"拯生民于涂炭，复汉官之威仪。虑民人未知，反为我仇，携家北走，陷溺尤深。故先谕告：兵至，民人勿避。予号令严肃，无秋毫之犯，归我者永安于中华，背我者自窜于塞外。盖我中国之民，天必命我国之人以安之，"夷狄"何得而治哉！予恐中土久污膻腥，生民忧忧，故率群雄奋力扩清，志在逐"胡虏"，除暴乱，使民皆得其所，雪中国之耻，尔民其体之。

如蒙古，色目，虽非华夏族类，然同生天地之间，有能知礼义，愿为臣民者，与中夏之人抚养无异。故兹告谕，想宜知悉。

这是朱元璋幕僚中儒生系统的代表作品，突出了汉族地主阶级知识分子的大汉族主义思想，突出了儒家的天命论，突出了维护封建秩序的理谕。

前一年讨张士诚的檄文，还只是消极地斥责弥勒教，空洞地骂元朝政府。到这时候，才鲜明的具体的积极的提出民族革命，复兴封建道统，和统一安定的号召，这是朱元璋进一步的思想转变，政治转变，也是朱元璋幕府里代表地主阶级利益的儒生们的再一次的胜利。

这一宣传文告发生了巨大的作用，北伐军所到之处，山东河南州县纷纷降附，名城如济南、益都、汴梁、河南府都不战而降。连蒙古、色目人也望风降附了，扩廓帖木儿的舅父老保投降了，外祖父梁王阿鲁温也投降了，汴梁守将过去守庐州的左君弼也不战而降。有的元朝守将知道抵挡不住，弃城逃走。北伐军因之得以顺利进军，在很短的时间内，取得巨大的胜利。

北伐军徐达一军由淮入河是主力，征戍将军邓愈由襄阳北略南阳以北州郡是偏师，目的在分散元军兵力。

从军事进展情形来讲，徐达正确地执行了预订的计划。这个计划如上文所说，是剪其枝叶，步步推进。一步从出师这天起，到洪武元年（1368）正月，前后三个多月，平定山东。

第二步由山东取河南，分兵两路：一路取归德（今河南商丘）、许州

（今河南许昌），和邓愈军会师，抄汴梁的后路；一路由郓城渡黄河直达陈桥，两路兵力像两个钳子夹住，汴梁不战而降。进败元军于洛水，河南（今河南洛阳）降，河南全境平定。别将冯胜也攻克潼关，李思齐、张良弼遁走。这是洪武元年三四月间的事。

鲁、豫既定，潼关一军堵住元关中军的出路，三面包围元大都的军事局势已经造成。五月，朱元璋亲自到汴梁，大会诸将，重新研究战局和决定下一步骤的战略。

当北伐军以雷霆万钧之势，席卷中原，元朝各地方守将告急的羽书，雪片似飞向大都的时候，元军正忙于内战，打得难解难分，政局反复和军权转移，千变万化。扩廓帖木儿被解除统帅权后，退兵据泽州（今山西晋城），部将关保投向元朝政府。元顺帝见扩廓帖木儿势孤，下诏李思齐等军东出关，和貌高合军围攻扩廓帖木儿，令关保以所部戍守太原。扩廓帖木儿愤极，径自出兵据太原，尽杀元朝政府所置官吏，元顺帝也下诏书尽削扩廓帖木儿官爵，令诸军四面讨伐。朱元璋北伐大军就趁这大好时机，下山东、取汴梁，元将望风降附，无一人抵抗，无一军堵截，小城降，大城也降，汉官汉将弃城逃走，蒙古、色目官吏将军也弃城逃走，真是"土崩瓦解""势如破竹"。

到了潼关失守，貌高，关保又为扩廓帖木儿所擒杀，元顺帝这才着了慌，面对着两个敌人自己却赤手空拳，一筹莫展。想来想去，只好和扩廓帖木儿和解，让他来替自己挡一阵，但又苦于前头事情做得太决绝了，不好转圜，便把一切过错都算在皇太子名下，下诏书撤销抚军院，尽复扩廓帖木儿官爵，令他和李思齐分道南征。扩廓帖木儿和李思齐看到局势严重，也着了慌，正准备调遣军队整装出发，可是这时北伐军已经向大都推进，挽救不及了。

第三步攻击的目标才是大都。洪武元年（1368）闰七月，徐达大会诸将于临清，布置进军方略，马步舟师沿运河北上，连下德州、通州。元军连吃败仗，毫无斗志，元顺帝知道援军已被隔绝，孤城难守，怕被俘虏，蹈宋微、钦二帝和瀛国公的复辙，二十八日夜三鼓，率后妃太子逃奔上都去了。八月初二日北伐军进入大都，元朝蒙汉地主阶级的联合统治，这一天正式被推翻了，广大的各族被压迫被剥削人民的愿望实现了！但是，他们没有想

到，代替这蒙汉地主阶级联合统治的，却是汉族旧、新地主阶级的统治，推倒了一座压在头上的大山，换来的仍旧是一座大山，依然被压得喘不得气。

元大都虽下，元顺帝在上都，仍然保有完整的政府机构，元军的主力仍然完整强大，问题并没有最后解决。徐达、常遇春移兵进取山西、陕西，从洪武元年（1368）八月到第二年八月，整整打了一年，才取得解放西北的胜利，完成了北伐战役第四步的任务。在这一年中，元军不但坚决抵抗，而且还有力量组织几次大规模的反攻，在整个北伐战役中，这一年打得最激烈，也最艰苦。

西征军从河北进入山西南部，扩廓帖木儿遣将以兵来争泽州，大败西征军。又乘北平（朱元璋改大都为北平府）空虚，亲出雁门关偷袭北平。徐达得到情报，也不会救北平，径率大军直捣扩廓帖木儿的根据地太原。扩廓帖木儿进军才到半路，闻报回军援救，半夜里被徐达军偷营袭击，不知所措，以十八骑北走，山西平。

洪武二年（1369）三月，西征军入奉元路（今陕西西安），李思齐逃奔凤翔，又奔临洮，大军进逼，他势穷力竭，只好投降。元军又乘虚攻通州，北平无重兵，常遇春、李文忠率步骑九万还救，直捣元上都，元顺帝北逃沙漠，北平转危为安，遇春暴卒，李文忠领兵会合大军并力西征，大败围攻大同的元军，生擒脱列伯，杀孔兴。元顺帝组织了几次反攻，都失败了，损失惨重，没有力量再南下了，叹一口气，打消了重回大都的念头。洪武三年（1370）死去，皇太子爱猷识里达腊继立。徐达大军继续西进，张良弼逃奔宁夏，为扩廓帖木儿所执。其弟张良臣以庆阳降，不久又叛，城破被杀，陕西平定。

李思齐、孔兴、脱列伯、张良弼兄弟，降的降，死的死，蒙古大将只剩扩廓帖木儿还拥大军驻屯宁夏，不时出兵攻略，边境守将昼夜提防，十分紧张。刘基警告朱元璋说："不可轻视扩廓帖木儿，此人真是将才。"洪武三年朱元璋又命徐达领大军北攻沙漠，扩廓帖木儿方围兰州，解围还救，大败奔和林（今蒙古人民共和国乌兰巴托西南）。洪武五年（1372）又遣大将率大军分道进攻，到岭北为扩廓帖木儿所大败。二十五年后，朱元璋想起这次大败仗，还非常伤心，写信告诉他的儿子朱橚、朱棣说："吾用兵一世，指挥诸将，未尝败北，致伤军士。正欲养锐，以观'胡'变。夫何诸将日请深入沙漠，不免疲兵于和林，此盖轻信无谋，以致伤生数万。"据当时人记载，连同过去几次败仗，合计死亡有四十多万人。

扩廓帖木儿逃回和林以后，家属被俘，朱元璋使人送信劝他投降，娶他妹子为第二子秦王妃。最后派李思齐去做说客，见面时扩廓帖木儿以礼款待，辞回时还派骑士送到交界地方，正欲分别，骑士说："奉总兵令，请留一点儿东西作纪念。"思齐说："我为公差远来，无以相赠。"骑士直说："我要你的一只手臂。"思齐知不可免，只好砍下一只手臂，回来后不久就死了。朱元璋说："如今天下一家了，尚有三事未了，挂在心头。一件少传国玺，一件王保保未擒，一件元太子无音问。"到洪武八年（1375），扩廓帖木儿死。洪武十一年（1378）爱猷识里达腊死，子脱古思帖木儿继立，仍然拥有重兵，不时进攻明朝边境。

朱元璋事后总结北伐战役的战略方针说："陈友谅、张士诚既灭，举兵北伐，先取山东，次下河洛，止住潼关西进之师，不急攻秦陇，这是因为扩廓帖木儿、李思齐、张良弼都是百战之余，绝不肯轻易屈服。而且，大军西攻，正好促成他们联合起来，全力抗拒。不如出其不意，直取大都，根本既除，然后西进，张、李势穷望绝，不战而克。可是扩廓帖木儿还是顽抗到底，费了多少事！当时假如不取北平，就和关中军决战，又会是两线作战形势，我以一敌二，丧失主动权，胜利就没有把握了。"他又指出临敌必须持重，不可骄傲大意，告诫诸将说："士不可以恃广，人不可以恃众，我从起兵以来，与诸豪杰相角逐，每临小敌，亦如大敌，所以能够制胜。"

北方平安，洪武四年（1371）正月，出兵攻夏。以汤和为征西将军，周德

汤和

常遇春

兴、廖永忠为副将军，率舟师由瞿塘攻重庆；傅友德为征虏前将军，顾时为副将军，率步骑由秦、陇取成都。

明玉珍随州（今湖北随县）人。世代务农，有上百亩田地产业，是个中小地主。他身长八尺，目有重瞳，性情刚直，乡里间有口舌纠纷，都找他排解，在地方上很有威信。徐寿辉起兵，玉珍招集乡豪，修械筑防，以保乡里，被推作屯长。徐寿辉使人招降，不得已加入红军，积战功作到统兵征虏大元帅，奉命率所部入川攻取城池。寿辉死后，自立为陇蜀王，以兵守瞿塘，和陈友谅断绝来往，至正二十二年（1362）即皇帝位于重庆，建国为夏，年号天统。保境安民，礼聘名士，专务节俭，开进士科，求雅乐，赋税十分取一。下令去释道二教，止奉弥勒，各地都建立弥勒佛堂。休兵息民，百姓安居乐业。在位五年，死时才三十六岁。子明昇十岁时继位，诸将争权，互相残杀，国势日渐衰弱。

夏国见大军压境，倚仗瞿塘天险，以铁索横断关口，凿两岸石壁，引绳作飞桥，以木板平铺放上炮石木杆铁铳，两岸置炮，层层布防，以为敌人舟师决不能通过，汤和水军果然被阻，三个月不能前进一步。

夏人把重兵都配置在东钱，北边防务空虚，傅友德乘隙南下，连克名城，将攻克城池日子写了木牌，投在长江里。廖永忠得到消息，从间道绕到夏军背后，两面夹攻，断飞桥，烧铁索，水陆并进，夏兵抵挡不住，明昇乞降。傅友德进军成都，成都守将知重庆已失，也投降了。十月，汤和等全定川蜀郡县，夏亡。

第四章　得到良将英才

收得大将军涂达

朱元璋取得一连串的胜利，步步走向辉煌，最主要的一个原因是选贤任能，在这一点上，他颇似汉高祖刘邦。

朱元璋濠州投军后，从一个九夫长干起，一直当到红巾军大元帅。他打仗有勇有谋，凭着自己的一份天赋和一班铁杆弟兄，地盘越打越大。

元至正十三年（1353），朱元璋回他家乡濠州设招兵馆，招纳四方豪杰。

有一天，两个陌生人走进招兵馆。两人叩头便拜。其中一人高声说："俺是定远人，姓丁名德兴；这一位姓赵，名德胜，是濠州人。我们早就听说朱大帅智勇过人，又听说您回家乡招聘文武人才，我们两人便双双来投，愿归麾下。"

朱元璋细看那丁德兴：面如黑枣，眼若铜铃。身穿一件皂罗袍，使一条生铁棍，整个人看上去就像一座黑铁塔。

朱元璋不禁大喜，随口诌了两句词："哈，真是黑夜叉来人间布令，铁哥哥到世上追魂。你就给我当个先锋吧。"

这丁德兴便因此得出个外号叫作黑丁。

那个赵德胜也是魁梧出众，在枣红马上使一条花槊，呼呼生风，奋勇当先。朱元璋也当即任命他为前锋。

丁德兴又对朱元璋说："俺再给您推荐个人，俺们定远有一个人，叫作李善长，此人足智多谋，博古通今。他还有两个把兄弟，一个叫冯国用，一个叫冯国胜，他俩一母所生，艺高强。朱大帅好贤礼士，我丁德兴可以去把他招来，定能助您一臂之力。"

朱元璋听了直拍手，说："我老早就听说了那位李公的大名了，正苦没门路可去通个信息，有劳你去走一遭，冯家兄弟同来更好。"

87

丁德兴领命而去。

没过几天，丁德兴果然把他们三个人领到招兵馆中，来见朱元璋。

朱元璋闻报，急忙下阶迎接。听那李善长说话之间，果然句句奇拔。冯家兄弟，也是英武不凡。于是命李善长为参谋，冯家兄弟冯国用、冯国胜也都托付了心腹之任。

正说话间，只见外甥李文忠、侄儿朱文正，领着三个人进来。朱元璋便指他三人问道："文忠，你带来的这三位是谁？"

李文忠报告道："我率部队正在路上行进的时候，不意撞着他父子二人。父亲叫耿再成，令郎唤作耿炳文，都是臂力过人。两人想见主公却苦于无人引见，就请我等把他们带来。这位姓孙名炎，字伯容，金陵句容人。一个脚虽然有点跛，但却无书不读，善于诗歌，一向有文学之名，他也愿在府中做个幕僚。"

朱元璋大笑道："今天真是个好日子啊，这叫叔、侄、甥、舅、友大聚会，文学、干戈集一堂，真是一件快事！拿酒上菜，我要与众兄弟痛饮一杯。"

吃酒间，朱元璋问李善长说："我想立一员大将军，让他统领军校，操练三军，不知何人可当此任，请李参谋为我推荐一人？"

李善长沉吟半晌才道："当年，汉高祖问萧何说：'谁人可做我的大将？'萧何回答道：'凡为大将者，仁、智、信、勇、严，缺一不可。国君好贤，贤才必至。'汉高祖因此大出英雄榜，广招天下豪杰，不上二月，韩信弃楚投汉，遂设坛拜他为天下掌兵都元帅，后来果然帮助刘邦打下江山。今主公想求这样一员大将，也许有一个人，可担当此任。"

朱元璋问："是谁呀？"

李善长道："濠州城外永丰县，有一人姓徐名达，字国显，祖籍是凤阳人。精通韬略，名震乡关。如今也约有二十余岁了。徐寿辉、刘福通、张士诚，常遣人去请他，他不去：这些人不是可辅之人，决意待时而出。他常对我说，帝星自在本郡，我岂远适他人！若得此人，大事可成。"

朱元璋说："那就烦劳李公为我招他，怎么样？"

李善长说："这样不好。古代汤聘伊尹，文王访吕尚，汉得张良，光武求子陵，蜀主三顾诸葛，蔡坚任王猛，此乃礼贤之效，还是明公自己去迎他才是。"

第二天，朱元璋同李善长别了滁阳王郭子兴，策马飞奔，很快到了永丰县。朱元璋传令三军，不许惊扰百姓。两人竟下马步入村中，探到徐达门首。

李善长上前叩门，过了好大一会儿，才见徐达亲自来开门。朱元璋仔细看这徐达，果然仪表非常；又温良，又轩朗，又谨密，又奇伟。

徐达让客，三人共入草堂，叙礼分宾主坐了。李善长把朱元璋介绍给徐达，两人又行了一回礼。徐达命人看茶，茶罢一巡，徐达便说："朱公欲救天下的百姓生灵，有一件事必须先做。"

朱元璋忙问何事，徐达说："必须先扫净各地举兵造反的群雄，统一天下。但今元势尚盛，诸雄割据，亦都富强，以濠州一郡之兵，来做成六合一统之大业，恐怕是很困难的。"

朱元璋点头道："历史上，周文王得太公而灭纣，汉高祖得韩信而楚亡；我已经得到了像你这样的一批良将贤才，况且我实施的又是以仁治军，深得民心，我完成一统大业，有什么难的？"

徐达听了朱元璋豪气干云的一番话，便大笑道："从来定天下者，在德不在强，明公能以仁、德为心，不嗜杀为本，天下足可平也。"

随后便安顿了一下家属，与朱元璋、李善长三人，一起骑马来到朱元璋的招兵馆中。

朱元璋此时一心要得天下，因此很是心急。坐下来之后，朱元璋又急忙细问徐达打仗攻战都有哪些好招。

徐达说："这就很难说了，只有临时发谋，随机应变，哪还有一定的招数？但是我相信，胜可以分为三种胜：一是上胜，这是以仁取胜；二是中胜，这是以智取胜；三是下胜，这是以勇取胜。但这仁、智、勇三者，是做大将缺一不可的。"

朱元璋又问："历史上不乏这样的例子，有些小国越打越大，而有些大国反而灭亡了，这是何故？"

徐达说："合天理，顺人心，爱众恤物，敬老尊贤，人自乐而从之，虽小可以致大；倘奢淫暴虐，或柔而无断，或刚而少仁或愚昧不明，或好杀不改，未有不亡者也。"

朱元璋听了大喜，心想徐达确实不是个凡人。

数天以后，滁阳王郭子兴校场点兵：

朱元璋传

以朱元璋为元帅，徐达为副将，赵德胜统参军，邓愈统后军，耿再成统左军，冯国用统右军，李善长为参谋，耿炳文为前部先锋，冯国胜为五军统制，李文忠为谋计使，率兵七万，去攻打滁、泗二州。

刻日起兵，至泗州界上安营。朱元璋把各路将领招至，商议取泗州之计。大夫孙炎上前说："泗州张天祐是不才故人，其人刚直忠厚，是我的好兄弟，我愿往泗州说他来降。"

孙炎辞了出帐，径入泗州城来见张天祐。二人叙礼已毕，张天祐问说："仁兄何来？"

孙炎说："兄弟这几年一直在外到处漂流，最近投到了滁阳王郭子兴帐下。郭子兴手下有个朱明公，才德英明，文武兼备。龙行虎步，必大有为。今提兵取泗州。炎知足下守此，特来相告，倘肯归附，将来必然大富大贵。"

张天祐说道："仁兄说到我心里去了。我也一直敬慕他是一时之英雄，有做帝王的气度。但是，我受的是元朝的爵禄，背叛朝廷，别人会说我不忠不义的。"

孙炎便说："当今朝廷，元顺帝一个挞子而位居中国之君，淫欲不仁，退贤任佞，朝野下下一片昏暗，你若归附我家主公，这是弃暗投明，有何不可？"

张天祐前后思量了一会儿，觉着打也打不过，不打弃城而逃，朝廷那里交不了差，不如降了这个据说是英明了得的朱元璋。因此十分痛决地对孙炎说："哎呀，既然仁兄来做我工作，遵命！遵命！"

朱元璋下令三军列队，敲锣打鼓，出城迎降。

孙炎先到营中，具说前事，随后引张天祐到帐中相见。

朱元璋正式领兵作战之后这是第一个获得的城池降将，他心中好生欢喜，道："将军来归，真达权知机之士。"

当即授张天祐为中军校尉。朱元璋引兵入城，抚恤百姓，并留张天祐守城。

次日天明起兵，朱元璋率大军一起杀向滁州。

元兵溃散，这时朱元璋的大军也到了，花云将他的先锋部队在滁州北门外扎住。守滁州的元将平章陈也先横刀直杀过来。

只听得东南角上，一支兵呐喊如雷，红旗招展，旗带飞翻。为首一将，坐在马上，竟有五尺余高，生得面如铁片，须似钢针，坐骑赶日黑枣骝，肩挑偃月宣花斧，从元兵阵后冲杀出来。

元兵三面受敌，陈也先大败，不敢入城，竟弃了滁州向北路而走。

朱元璋鸣金收兵，驻扎城外。只见那员大将，身长九尺，步到营前下拜。朱元璋急将手扶起，问说："请问将军叫何姓名？"

那将说："小可姓胡名大海。字通甫，泗州虹县人。因为芝麻李起兵骚扰乡民，我便自集义兵，护持乡间。我听说朱元帅德才大名，所以特意赶来助阵，也是借机来投元帅的帐下。"

朱元璋欢喜不尽，也给胡大海封了个官，授他为军前统制。

朱元璋在滁州城外屯兵布将，喊杀阵阵，气势逼人。

当时驻于滁州城中的元朝守将张玉献自知不是朱元璋的对手，比他更高的官陈也先都跑了，他还傻守着干什么，当天便出城投降了。

朱元璋受降，率大军进入滁州城。

朱升的九字真言

朱元璋起兵反元时，就胸怀大志要推翻元朝统治，建立一个新朝代。每到一处，他都要换上便装，走乡串镇去访贤求才。这年夏天，他带兵路过徽州。

徽州地区距宁国大约也有四百多里地。就像徐达、常遇春一样，朱元璋、邓愈在向徽州开进的过程中，也没有打过什么恶仗。徐达、常遇春占领铜陵池州后不久，朱元璋和邓愈也拿下了徽州路一州五县。邓愈攻下休宁之后，听说本地有一个非常有学问的读书人，叫朱升。邓愈知道朱元璋现在很喜欢和读书人交往，于是就派人向朱元璋推荐。朱元璋到哪儿，总喜欢把李善长带在身边。朱元璋对李善长说道："你先去调查一下，看看朱升是不是真有学问，如果真有学问的话，我就去拜访他。"

李善长经过一番仔细认真的调查后，回复朱元璋道："那个朱升真的很有学问。"

朱元璋在这方面自然相信李善长的话，于是就和李善长一起，赶到休宁，在邓愈等人的陪同下，去见那个朱升。

休宁一带多山，朱升就隐居在休宁城附近的一座小山上。这倒不是说，

朱升本来就是一个隐士，他曾做过池州学正，任期满后，觉得做"学正"一类的小官很难施展自己的聪明才智及远大抱负，于是就退隐故乡休宁，闭门读书著书。

在往朱升隐居的那个小山去的路途中，朱元璋似乎有些不解地问李善长道："李先生，为什么很多有学问的人，都喜欢住在山里呢？"

李善长道："凡真正有大学问者，绝不会故作清高。他们隐居山中，只想钟天地之灵秀，借山中奇妙景致，来参悟天地人生的真谛！"

朱元璋不由笑道："李先生，你这话我不大赞同。你曾经跟我说过，当年的诸葛亮隐居卧龙冈，那里山清水秀，的确招人喜欢，可你再看看这个地方，山光秃秃的，连树都很少见到，更看不到什么清清的溪水，这里的景致，无论如何也不能用奇妙来形容的，住在这种地方，还怎么参悟天地人生的真谛？"

这一座小山的确没有什么景点，甚至都给人一种荒凉的感觉。李善长哈哈一笑道："朱大人，所谓萝卜青菜各有所爱。在诸葛亮的眼里，山清水秀的卧龙冈是奇妙无比的，而在朱升的眼里这光秃秃的小山却是无比奇妙的。朱大人，我说的可有一点儿道理？"

朱元璋一行人说说笑笑地往山上走，倒也不觉得累。顺着这条山路一直往前走，走到两间茅屋处，便是朱升隐居的地方了。等看到两间茅屋的时候，朱元璋突然打住脚步对邓愈道："邓将军，你脾气暴，到时候见了朱升你不要乱说话。朱升年纪大了，你一乱说话，说不定就会把他吓出个三长两短来。"

邓愈讪讪地笑道："朱大人，读书人的胆子不会那么小吧？你看，李先生的胆子不就很大的吗？"

朱元璋很认真地道："读书人跟读书人是不一样的。李先生是主动来帮我的，而这个朱升，却是我来见他。邓将军，你明白了吗？"

邓愈赶紧道："明白了，朱大人，到时候我装哑巴，一声不吭不就行了吗？"

说着说着，就来到了那两间茅屋跟前。还别说，整座山看上去不怎么样，但这两间茅屋跟前的景致却十分别致。不说其他，单说茅屋附近的一个小山洞，就很能引发来访者的兴趣。洞口本也不算小，却被左右的松柏掩映得只剩下一个缝隙了，恰恰有一股清泉从那缝隙中涌出，又若即若离地绕两间茅屋一周，然后缓缓地流向远处的山谷。

李善长不禁脱口而道："不是仙境，胜似仙境，妙哉，妙哉！"

话音刚落，从一间茅屋里蹒跚走出一个老头来。这老头个子很矮，也很瘦，但一把雪白的胡须却垂散在胸前，几乎遮去了他半截身体，看起来多少有点怪异。这老头漫不经心地扫了朱元璋等人一眼，然后又蹒跚地退回了屋里。

李善长急忙紧走几步，跨到那间茅屋的门口，冲着那老头弓身拱手言道："敢问这位先生可是朱升朱学正？"

因为朱升曾做过池州学正，所以李善长才这么称呼。谁知那老头没有回答，而是反问李善长道："你是谁？"

李善长回道："在下姓李，名善长，在大宋朝小明王陛下中书省平章朱元璋朱大人帐下做一名幕僚……"

那老头点了点头："哦，你就是李善长？我听过你的大名。"

恰好朱元璋和邓愈也走到近前，李善长便向那老头介绍道："这位便是朱大人，这位是邓愈将军。"

老头又点了点头道："邓大将军占领休宁城的那天，老朽也在城里游玩，早就听说朱大人相貌不凡，今日一见，果然不虚。"

说朱元璋"相貌不凡"，朱元璋当然高兴。于是朱元璋就上前一步，朝着那老头施礼道："朱元璋特来拜见朱先生。"

没想到那老头连忙冲着朱元璋还礼道："朱大人，你认错人了，老朽不是朱升，老朽只是朱升的一个亲戚，来这里帮朱升整理书籍。"

朱元璋等人大失所望，搞了半天，这老头原来不是朱升。李善长先是看了朱元璋一眼，然后问那老头道："可知朱先生去往何处？"

老头皱了皱眉："这就不好说了。朱升三天前出外游玩，也不知他去了哪里，更不知他何时回来。"

邓愈实在忍不住了，就凑在朱元璋的耳边道："大人，既然朱升不在这里，那我们就回去吧。"

邓愈虽然是凑在朱元璋的耳边，但说话的声音却很大，谁都能听得一清二楚。那老头笑微微地望着朱元璋道："朱大人，邓将军说得对，你们还是抓紧时间下山吧。这里虽然离休宁不远，但山路崎岖坎坷，实在不易行走。"

朱元璋狠狠地瞪了邓愈一眼，然后面带笑容对那老头言道："老人家，如果那朱先生回来，烦你转告他，就说应天的朱元璋前来拜访。"

老头忙道："一定，一定。朱大人慢走，李先生和邓将军好走，恕老朽不再远送。"

几天之后，朱元璋带着李善长和邓愈等人，第二次去见朱升。同上一次一样，朱升不在，只有那个长胡须老头。

朱元璋没泄气，又过几天之后，他带着李善长、邓愈等人第三次上了山。上山途中，邓愈问李善长道："李先生，朱大人这次该能见到那个朱升了吧？"

李善长笑着反问道："邓将军，此话怎讲？"

邓愈回道："想当年，刘备三顾茅庐，终于见到了诸葛亮，今天，朱大人也是三顾茅庐了，该不会又是白跑一趟了吧？"

李善长轻轻地摇了摇头道："邓将军，过去是过去，现在是现在啊。"

显然，李善长对此行并未抱太大的希望。但朱元璋却显得信心十足，一鼓作气地率先到达了朱升的两间茅屋前。然而，那长胡须老头告诉朱元璋朱升外出游玩，还没有回来。

这下子，朱元璋也有些垂头丧气了。下山的时候，他不仅步调迟缓，而且一言不发。到了山脚下，他长长地叹了一口气道："难道我朱元璋，真的与那朱升无缘见上一面？"

李善长突然言道："大人，我想我们已经见过朱升的面了。"

朱元璋猛然醒悟道："李先生，你说那长胡子老头就是朱升？"

李善长点头道："大人，你想想看，朱升一大把年纪了，他怎能外出游玩这么多天？还有啊，他与诸葛亮毕竟不同，诸葛亮胸藏治国平天下之志，自然需要四处走动，而他是个做学问的人，做学问的人怎能长期在外游玩不归？"

朱元璋言道："李先生言之有理。实际上，也是我们太笨了。休宁城里肯定有很多人认识朱升，我们找个人来认认那长胡子老头，不就什么都清楚了吗？"

朱元璋当即叫邓愈回休宁城找人询问，并对邓愈言道："如果那长胡子老头真的就是朱升，你就带些酒菜回来。朱升在跟我们玩点子，我们就陪他好好地玩。"

邓愈去了又回来，一手提着酒，一手拿着菜。远远地，邓愈就高声叫道："朱大人，李先生，休宁城里几乎人人都认识朱升，我一说长胡子老头，他们便说就是他！"

朱元璋就带着李善长和邓愈第四次上了山。来到那两间茅屋跟前，朱元璋也没直接去找那个长胡须老头，而是和李善长、邓愈一起席地而坐，摊开酒菜，有滋有味地吃喝起来。朱元璋虽不怎么喝酒，但菜却嚼得"吧嗒吧嗒"直响。长胡子老头虽然躲在屋里，但朱元璋嚼菜的声音，却肯定能钻进他的耳鼓。

顶多一盏茶时间吧，那长胡子老头走出了屋子，来到朱元璋身边长揖道："老朽朱升，见过朱大人。"

朱元璋佯装吃惊道："喂，你不是朱升的亲戚吗？怎么变成朱升啦？"

朱升又长揖道："老朽早就闻听朱大人雄才大略英名盖世，也早就想投效在朱大人帐下略尽绵力，但又自忖年纪老迈，恐无所作为，故又打消了此念；朱大人三番五次来此，老朽实不敢以真面目相见，还请朱大人恕罪。"

朱元璋一边大笑，一边起身言道："朱先生何罪之有？我朱元璋既然拿定了主意来拜见朱先生，那就一定要见到朱先生的真面目才肯罢休的呀！"

朱升似乎无奈地摇了摇头道："朱大人如此诚意，老朽却避而不见，想来真是惭愧啊！"

李善长起身言道："朱先生，别惭愧不惭愧的了，快坐下来与朱大人畅饮几杯，朱大人还要向你讨教方针大略呢！"

朱升含蓄地一笑道："李先生，老朽哪有什么方针大略？只是想送朱大人九个字罢了。"

朱元璋赶紧言道："朱先生想送我哪几个字？请朱先生明言，我正在洗耳恭听。"

朱升不紧不慢地说出了三句话，每句话三个字，一共九个字。这九个字是："高筑墙，广积粮，缓称王。"

"高筑墙"的意思不仅仅是指把城墙筑得高高的，更主要的是指把后方巩固好、用心地去发展军队；"广积粮"当然是大力发展农业生产、积极储备军粮的意思；"缓称王"三个字是暗示一个人要想最终成就霸业，就不能沽名钓誉，因为树大招风，早早地称"王"称"霸"，就会为自己树立许多敌人。想当年那项羽，自封为"西楚霸王"，结果成了众矢之的。

不难看出，朱升早就明了朱元璋有一颗想当皇帝的心，故而用这么三句话几个字来劝告朱元璋。朱元璋将这九个字反反复复地念叨了几遍之后，突然一拍巴掌道："好呀！朱先生，你真是一个有大学问有真本领的人啊！你这九个字，恰恰说到我朱元璋的心坎里去了！"

而实际上，在这之前，朱元璋也大体上就是按照朱升这九个字去做的。他努力地发展自己的力量，而且始终打着大宋朝小明王的旗号。只不过，朱元璋过去那么做，好像是出于一种本能、一种直觉，还不是什么自觉的有意识的行为。现在，朱升用九个字来概括，便把朱元璋过去的所作所为明朗化了、制度化了，也规范化了，使朱元璋深切地认识到自己以后该怎么做了。从这个意义上说，朱升送给朱元璋的这九个字，对朱元璋的影响是非常大的。

朱元璋回到军营后，就按照朱升的九字真言办理。经过两年多时间，就推翻了元朝，统一天下，在南京登基，建立了明朝。这时，他想起朱升，就与军师刘伯温商量，如何礼邀朱升。谁知黄门送来一份禀报，说："皇上，这是徽州一位故人送给万岁的。"

朱元璋接过一看，正是朱升的信。上写：

> 山村教读遇皇上，
> 九字真言方得传；
> 如今天下一统日，
> 何需老儒再出山！

朱元璋知道朱升是请不出来了，就派李善长为钦差，来到徽州，把钟南山改为"问政山"，在山上建朱升祠。从那以后，这山就叫"问政山"。

军师刘基

辅佐朱元璋打下江山的一些文臣武将们，都在我国历史上占有一席之地，都有响当当的名号，妇孺皆知。他们和朱元璋南征北战，每个人都有许多生动的故事。

一次，朱元璋得知衢州、处州相继被攻下，心里异常高兴，急忙派人通知徐达、常遇春马上着手做好两件事情，一件事情是着人南下去笼络方国珍，不要让方国珍与红巾军闹摩擦——这个时候，那陈有定在浙江的势力还相当地弱，对红巾军基本不构成威胁——另一件事情是朱元璋叫徐达、常遇春筹集十万精兵，先北上攻取张士诚的地盘绍兴，然后马不停蹄地朝北打，一直打到江苏境内，最后逼向张士诚的大本营苏州。与此同时，朱元璋命令镇守镇江的周德兴南下，与驻守常州的汤和、廖永忠会合，先攻取无锡城，再向苏州城挺进。朱元璋还告诉徐达、常遇春、周德兴、汤和等人，他自己已经调集了十几万大军，计划先开到芜湖，然后一路东进，到达太湖西岸后，分兵两路，一路北上，与周德兴汤和会合，一路南下，与徐达、常遇春会合，两路大军，沿太湖东岸，从南北两面夹击苏州城，一举将张士诚的势力清除干净。

徐达攻下处州之后，便学着朱元璋的样子，到处拉笼封建知识分子在处州城里为官。就在这拉笼的过程当中，徐达听人谈起，说是在处州青田县境内，住着一位名声十分显赫的读书人，姓刘名基。徐达还听人说，那刘基不仅满腹经纶，而且极富军事韬略。

既有文化，又懂军事，徐达自然要把刘基向朱元璋推荐。不过，徐达是个稳重的人，在向朱元璋推荐刘基之前，他把刘基的情况摸了个一清二楚。

刘基，字伯温，处州青田县人，世代书香门第，据说是北宋杨国公刘光世的后人。刘基打小的时候起就很聪明，有"神童"的美誉。长大后，刘基更是聪颖过人，十四岁考中了秀才，两年后考中了举人，二十三岁中进士。只是因为当时的元廷贬压南人，刘基虽然考中了进士，但却在家乡闲居了整整三年，三年之后，才被选派到江西高安县做了一个县丞。虽做了县丞，但也郁郁不得志，一是觉得自己的才华难以施展；二是那些蒙古贵族根本就看不起他刘基。于是，刘基就有了辞官的念头。不久，刘基被擢升为江浙行省儒学副提举。看起来刘基的官是升了，但刘基仍然觉得自己毫无作为，一是那些蒙古贵族经常无端地陷害他；二是他自己的主要兴趣好像不是在什么学问上而是在军事谋略上面，所以他做了儒学副提举之后没多长时间，便辞官回到了家乡。

方国珍起兵反元之后，元廷浙江行省推荐刘基为元帅都事，帮助那石抹宜孙镇守处州。刘基以为，他大显身手的机会到了。于是，走马上任之后，他鼓动石抹宜孙，对浙江的农民起义军采取诱降和屠杀两种手段进行镇压，

使浙江的农民起义大受挫折。对方国珍，他坚决主张用武力解决，并亲自征调军队，还拟好了对方国珍的作战计划。然而，元廷不想对方国珍动武，只想对方国珍招安。刘基的想法与元廷的想法发生了冲突，冲突的结果是，刘基被贬为处州路总管判官。不仅仅是贬官的问题，最主要的问题是，刘基做了总管判官之后，手中就没有兵权了。没有兵权，刘基就不可能在军事上有一番大作为了。所以刘基就非常失望。失望之余，也就是朱元璋向浙东进军之前，刘基再度辞官回到老家青田。这期间，他写了许多诗篇，用来反映自己内心的不满和失望。比如，他在《次韵和孟伯真感兴》一诗中写道："平时盗贼起成云，厚禄能无愧庶民。樽俎自高廊庙策，经纶不用草茅人。"诗中用"草茅人"自比，表露了一种深深的失落和怨恨。再如，他在《忧怀》一诗中这样写道："群盗纵横半九州，干戈满目几时休？官曹各有营生计，将帅何曾为国谋？猛虎封狼安荐食，农夫田父困诛求。抑强扶弱须天讨，可惭无人借箸筹！"诗中流露的愤懑和失望愈加深沉。

除了以上一些情况之外，徐达还了解到了这么一些相关的情况。刘基有一个八十多岁的母亲，非常相信占卜算命一类的玩意儿。刘基是个大孝子，对母亲几乎是言听计从的。刘基几度为官又两度辞官，都是征得他母亲同意的，而他母亲在同意之前，又都是请人算过命和占过卜的。刘基还有一个兄弟叫刘陞，为人机智勇敢，统帅着一支数千人的军队，保护着刘氏家宅不受方国珍等人兵马的侵扰。到刘基二度辞官回家乡之后，刘陞的手下，已有一支近万人的军队了。

摸清了刘基的情况，徐达知道了那刘基确实是个非常有本事的人，大哥朱元璋要想得到天下，肯定用得着刘基这样文武兼备的人，徐达认为，刘基已经被元廷伤透了心，只要派几个人去游说一番，刘基就必然会兴高采烈地到应天去为朱元璋效力。但是，徐达连续派出了四支说客，都没有请来刘基，可带回给徐达的消息却是：刘基不愿意去应天。不愿意的理由有两个，一是刘基以为，他已经五十岁了，上有八十多岁的老母，下有两个未成年的儿子，他难以离开家；二是刘基以为，忠臣不事二主，他既然为元廷效过力，做过元廷的臣子，那他就不可能再为其他的什么人效力。

徐达尽管知道刘基的"理由"都是托词，但同时也知道，凭他徐达，是很难将刘基请出青田的。于是徐达不敢怠慢，连忙叫人把刘基的情况及自己派人去请刘基的情况——写在纸上，然后派亲信回应天向朱元璋报告。

当时的朱元璋正在积极地征调军队准备同张士诚爆发一场全面战争。接到徐达的报告后，朱元璋一开始很高兴，认为自己马上就要同张士诚开仗了，如果有刘基这样富有谋略的人来相帮，肯定大有益处。可等把徐达的报告看完，朱元璋的眉头就皱了起来，朱元璋皱眉的原因当然是刘基不愿意到应天来。

朱元璋爱才心切，急忙把李善长和宋濂、朱升等一班高级幕僚召集在一起商议。朱元璋把刘基的情况介绍完后，又道："我真想亲自把刘先生请到应天，助我大业呀。"李善长缓缓言道："李某以为，应天与青田远隔千山万水，一来一回就要耗去许多时日，而朱大人现在公务繁忙，实在不宜离开应天一步。"

朱元璋当时确实很繁忙，要与张士诚开战，就必然会有许许多多的事情等着他去决策。所以朱元璋就又问道："李先生，那就让宋先生去青田走一趟如何？"

李善长缓缓地摇了摇头："李某以为，宋先生去青田，虽会有一定的作用，但作用不会太大。要知道，徐将军派去做说客的人，大都是刘基的熟人和文友，这些人都无法劝说刘基出山，甚至连刘基的面都难以一见，宋先生即使去了，恐也很难劝说得了刘基……"

李善长说的当然不无道理，朱元璋不禁喟叹道："如果不是难以走开，我真想亲赴青田，哪怕在青田住上一年半载，我也要把刘基请到应天来。"

朱元璋这话，应该是发自内心的。宋濂犹犹豫豫地问道："李先生，照你这么一说，我们岂不是无法请动刘基了吗？"

李善长微微一笑道："宋先生不用着急，办法自然是会有的。"

朱元璋连忙言道："李先生有何妙着？快说出来与我等听听……"

李善长在朱元璋等人热切期待的目光中，不慌不忙地说出了一番道理来，惹得朱元璋眉开眼笑地夸赞李善长道："李先生，我看你越来越像那个刘邦身边的萧何了……"

李善长带着一队随从就要离开应天了，朱元璋一直把李善长送到了城外。李善长临行前对朱元璋言道："大人，在李某从青田回来之前，请大人不要急着对张士诚用兵，李某以为，如果刘基来到应天，就必然会对大人做一番形势分析，依刘基的满腹韬略，说不定就会给大人指出一条正确的道路来。"

朱元璋点头道："李先生放心，我绝不会仓促同张士诚开战。再说了，李先生既然有把握将那刘基请来，那我就肯定会在这里等刘基到来，然后向他请教同张士诚开战的方略。还有啊，徐达那边也还没有做好北上的准备，我即使想同张士诚开战，恐怕也开不起来呢。"

就这样，李善长别了朱元璋之后，就直奔浙东而去。一路上跋山涉水，虽然辛苦，倒也安全。不一日，李善长就赶到了处州城，与徐达、常遇春等人见了面。

徐达得知李善长要赴青田去劝说刘基，就不无担忧地言道："那刘基死心塌地的忠于元朝，又是个出了名的大孝子，恐李先生很难说服他离开青田呢。"

李善长胸有成竹地言道："李某既然千里迢迢而来，那就一定会让刘基离开青田。"

徐达没有追问李善长究竟有什么锦囊妙计，李善长也没有明说。李善长领着两个随从，悠哉游哉地走进了青田县城。这时候的李善长，已经是一副看相算命者的打扮。随从的手里高举着一条黄幡，上写着斗大的三个字：李天师。

当时的青田县城，既不是朱元璋的地盘，也不是方国珍的地盘。城里虽然还有一些元朝的官吏，但实际上，刘基是青田县境的真正主宰。刘基、刘陛兄弟，拥有近万人的武装，自觉不自觉地，就成了青田县境的保护神。

李善长虽然从没有给人算过命看过相，但对于阴阳五行八卦之说，却颇有领悟，加上肚子里面装的都是学问知识，又能说会道，所以，进了青田县城没几天，"李天师"的名头就几乎妇孺皆知了。

李善长当然不是来青田县城闯什么"李天师"的名头的，他是在等一个人。他是在等一个肯定会来找他算命看相的人。他知道，只要"李天师"的名号传到那个人的耳朵里，那个人就没有理由不来找他。因为徐达在那份报告中写得很清楚：刘基那个八十多岁的老母亲，笃信阴阳卜卦之说。

果然，在李善长住进青田县城的第五天，一个白发苍苍而又腰板硬朗的老妇人，在几名丫鬟的搀扶陪同下走到了李善长的住处，说是要找"李天师"占上一卦。这老妇人就是刘基的母亲。

据说，李善长见到刘基的母亲时，不知运用了什么法子，两眼竟然放出异样的光来，唬得刘基的母亲战战兢兢不知所以，以为李善长真的是什么

"天师"下凡。接着，李善长把闲杂人等赶出屋子，只留下自己与刘基的母亲四目相对，营造出一种十分神秘的氛围来。就在这种神秘的气氛中，李善长依据刘基母亲提供的一个生辰八字，像煞有介事地说了一通似人话又似鬼话的道理来，说得刘基的母亲一愣一愣的，既不敢相信又不能不信。而实际上，李善长早就知道刘基母亲所提供的那个生辰八字，不是别人，正是刘基的。李善长说的那通半人半鬼的话，只不过是在暗示刘基的母亲：刘基本是一个大福大贵之命，之所以现在闲居家里，郁郁不得志，是因为他过去没有找到真正的明主，只要他离开青田一直向西北走，就一定能找到真正的明主，从而干一番惊天动地的大事业，光宗耀祖，名垂千世。

刘基的母亲刚一回到家，便把刘基悄悄地喊到自己身边，先告之以"李天师"的那一番宏论，然后劝说他向西北去投奔真正的"明主"以成就一番大事业。聪明的刘基马上便悟出，所谓的"西北"，就是指的应天城，所谓的"明主"，就是指的朱元璋。

刘基对母亲说道："孩儿确实想干一番大事业来光宗耀祖，但母亲大人年事已高，如果孩儿离家出走，着实放心不下。还有，西北也好，西南也罢，在孩儿的眼里，只不过是打家劫舍的强盗，并无什么明主可言，所以孩儿也不想离家出走。"

显然，当时的刘基对朱元璋的所作所为还不是很了解。他把朱元璋与陈友谅、张士诚及方国珍、陈有定等人混为一谈了。刘基的母亲劝刘基道："孩子，现在的世道是很乱，打家劫舍的强盗也很多，但是，天意要你往西北去，你岂可违背？你想想看，你忠心耿耿地为大元朝廷效力，可到头来你又得到了什么？现在，天意为你指明了方向，你可千万不要错过辅佐明主的机会啊。"

刘基母亲把李善长的胡言乱语当作是"天意"了。刘基微微皱着眉头道："母亲，孩儿可以听从您的吩咐去西北走一遭，但是，孩儿要真的走了，母亲大人您怎么办？"

刘基的母亲轻轻一笑道："基儿，亏你还是个读书人，连忠孝不能两全的道理都忘了。再说了，你去辅佐明主了，陞儿不是还留在家里吗？有陞儿孝敬我，我就很知足了。即使你留在家里陪伴我，又能陪伴到几时？如果你错过了去辅佐明主的机会，那你就要懊悔终生了。"

刘基终于听从了母亲的话。别人的话他可以不听，但母亲的话他是不

能不听的。不过他对那个神乎其神的"李天师"的来历颇多怀疑，于是就准备暗暗地察访一番。谁知，那个"李天师"自给刘基的母亲算过命之后，就从青田县城里消失得无影无踪了。就在这当口，刘基又接到了宋濂写给他的一封信。信是用诗的形式写的。在信中，宋濂先历数了朱元璋如何不妄杀、不掳掠，又如何礼待读书人的大量事实，然后奉劝刘基到应天来为朱元璋出谋划策。

刘基自然是知道宋濂这个人的。他不知道的是，宋濂写给他的这封信正是那个"李天师"从应天带到青田来的，送信人便是"李天师"的随从。

可以这么说，刘基母亲的话，是刘基决定前往应天的主要因素，而宋濂的那封信，也是刘基做出这种决定的不可或缺的重要因素。刘基做出决定之后，就对兄弟刘陞仔细地叮咛了一番，叫他带好军队，时刻提防着方国珍可能发动的侵扰，还说如果方国珍真的向青田发动大规模的进攻了，就去处州向红巾军求援，然后，刘基便独自一人，不紧不慢地朝着应天的方向而去。他一边走一边还想着这么一个问题：那个李天师，究竟是什么来路？他为什么要在青田县城里突然消失？

实际上，"李天师"李善长并没有消失。他只是考虑到刘基为人聪颖无比，如果一直待在青田城里恐出事端，所以给刘基的母亲算过命之后，他就带着两个随从迅速地离开了青田城，转移到了青田城西北四十里开外的一个小镇上。这时候的李善长，已不是什么"李天师"的打扮了，而换成了一副生意人的装束。在小镇上住了两天之后，李善长派一个随从返回青田城，把宋濂的那封信送到了刘基的手中。又过了两天，刘基背着一个小包裹也来到了李善长住的小镇上。李善长特地与刘基打了个照面，还故意与刘基搭讪了几句闲话。只不过，李善长知道刘基是谁，但刘基却不认识李善长。

等刘基离开小镇半天之后，李善长才带着两个随从往处州赶去。到了处州，见了徐达、常遇春，李善长淡淡地一笑道："徐将军、常将军，那刘基已经往应天去了。"

李善长没在处州停留，他要急着赶回应天向朱元璋汇报。李善长走后，常遇春很是不解地问徐达道："二哥，你派了那么多人去青田，都没能说服刘基，李先生只一来，那刘基就乖乖地离开了青田，李先生究竟用的是什么法子？"

徐达摇头道："我也不知道。但我知道的是大哥尊重读书人，读书人在

有些方面，确实比我们这些粗人强。"

李善长带着一队随从，除了吃饭和睡觉外，其余时间都用在了赶路上，不多日，便返回了应天城，见到了朱元璋。得知刘基已经向应天走来，朱元璋十分激动，但同时也多少有些担忧。他问李善长道："你说刘基一开始是走在你的前面的，可你回来了，他怎么不见人影呢？"

李善长回道："我们走的不是一条路。还有，我们走得快，他走得慢。"

朱元璋一眨不眨地望着李善长道："那刘基，会不会走到半路，又返回青田呢？"

李善长肯定地道："不会。刘基既然来了，就绝不会再走回头路。我估计，顶多等个三五天，刘基就会出现在应天城里。"

李善长估计得没错。只不过，刘基为什么会慢上个三五天，倒不是因为他步子迈得小，而是因为他在某些城池里逗留的时间比较长。他之所以会在某些城池里逗留比较长的时间，是因为他已经明明白白地看出来了，朱元璋确实与别的"造反起家"的"盗贼"大为不同。在朱元璋统治的区域内，一切封建秩序都得以完整地保存下来，而且保存得还相当完美。大批读书人，都成了朱元璋手下的官吏。这一点，刘基极其看重。如果说，刘基离开青田往应天去的时候，心中还多少有些勉强的话，那么，通过一路上的所见所闻，刘基就恨不得一步便跨入应天城了。朱元璋在他统治区内的所作所为，正是刘基朝思暮想要实现的东西。从这个意义上说，刘基便也和他母亲一样，完全相信了那个"李天师"的话：西北有一位明主，等着他刘基去辅佐。

李善长回到应天后的第五天黄昏，刘基风尘仆仆地出现在了应天城的南城门外。当时，护城河上的吊桥还没有悬起来。刘基便径直走到南城门附近，冲着守城门的红巾军官兵大声吆喝道："快快去禀报你家丞相大人，就说青田刘基，刘伯温来也！"

李善长这几日常到城门等候刘基，今天正好候个正着，赶忙上去，恭敬地把刘基请进了城。李善长和刘基并肩朝着朱元璋的住处走去。见刘基的目光老是在自己的脸庞上转悠，李善长便笑着问道："刘先生是否觉得李某似曾相识？"

刘基点头道："不错，刘某确实好像在哪儿见过李先生……"

刘基猛然想起，自己是在青田城西北的一个小镇上见过李善长。李善长从应天跑到那个小镇上去干什么？

刘基恍然大悟地道："李先生，如果刘某没有猜错的话，你就是青田城里的那个李天师。"

李善长赶紧冲着刘基一拱手道："李某对令堂大人多有冒犯，还请刘先生海涵。"

刘基苦笑道："李先生的天师扮得很逼真，家母对李先生深信不疑……不过刘某也太过愚钝，刘某应该早就想到这一点了。"

李善长忽然道："刘先生，丞相大人迎你来了。"

朱元璋得知刘基到来的消息时，正准备吃饭。他坐在餐桌的这一头，那马氏坐在餐桌的那一头，其他小老婆则是坐在餐桌的两边。听说刘基来了，朱元璋把筷子往桌面上一撂，顾不得同大小老婆打声招呼，就急急忙忙地奔出了宅院去迎接刘基。朱元璋这一走，他的大小老婆就犯了难，既不好开饭，也不便离开，只得在马氏的带领下，呆呆地坐在餐桌边，等候着朱元璋的归来。朱元璋奔出宅院的时候，天已经上了黑影。见李善长的身边傍着一位半大老头，朱元璋就直奔过去，一把攥住半大老头的手道："这位一定是青田刘先生了！"

刘基的手被朱元璋攥得生疼。从这有力的一攥中，刘基感受到了朱元璋的热切和挚诚。于是，刘基就真心实意地言了一句道："青田刘基，见过丞相大人。"

朱元璋哈哈一笑道："刘先生，朱某盼星星盼月亮，今天终于把你给盼来了！"

刘基慌忙道："刘基何德何能，竟让丞相大人如此挂牵？"

朱元璋一边大笑着一边执定刘基的手，双双走入"丞相府"——这丞相府，便是朱元璋刚进入应天时所住的那个大元帅府。在朱元璋称帝以前，朱元璋一直住在这里。李善长也面带微笑地跟在了朱元璋和刘基的身后。

朱元璋一直把刘基领到了自己准备吃饭的地方。这算是破例了。前文中说过，朱元璋自住进这里之后，会见客人，一般都是在前面的客厅里，即使是朱元璋的几个结拜兄弟，也极少走到朱元璋吃饭和睡觉的地方。

朱元璋不讲究不在乎什么"规矩"不大要紧，可把他的那些大小老婆们

吓得不轻。尤其是他的那些小老婆们，正呆呆地坐在餐桌边呢，冷不丁地看到朱元璋和李善长、刘基到来，一时都面面相觑，不知怎么做才好了，有的慌忙站起，有的动也不敢动，都把头颅半低着，暗暗地喘着气。只有马氏比较沉着，静静地站起，只静静地朝着刘基莞尔一笑。别看马氏人长得不怎么样，但举止端庄。

刘基一时也有些手足无措，一下见到这么多美女，又不知道她们与朱元璋究竟是什么关系，所以只能求助似的望着李善长。李善长淡淡一笑道："刘先生，容李某为你介绍……"李善长便把马氏等人一一为刘基做了介绍。刘基这才闹明白，原来这么多美女，包括并不很美的马氏，都是朱元璋的老婆。于是，刘基就装出一缕十分得体的笑容冲着马氏等人言道："青田刘基，见过马夫人及诸位夫人……"

朱元璋大大咧咧地言道："好了，刘先生，用不着那么客套，坐下吃饭吧。"

刘基答应一声，可并没有马上落坐。朱元璋看出来了，有这么多女人环绕，刘基不大习惯。朱元璋正要开口，马氏率先言道："姐妹们，我们换个地方用餐，让丞相大人和刘先生、李先生商谈军机大事。"

马氏当然是冲着朱元璋的那些小老婆说的。那些女人也不想同李善长、刘基等人搅在一起，马氏的话音未落，她们便纷纷起身，一边施礼一边离开。待女人们都走了之后，刘基才一边落坐一边笑吟吟地道："如此看来，朱丞相不仅志向远大，就是在温柔乡中也雅兴不小啊！"

要是过去，朱元璋不一定能听懂什么"温柔乡"，但现在不同了，在李善长等人的影响下，他多多少少也学了一些文化知识。甭说什么"温柔乡"了，就是"温柔国"之类的话，他也能悟出其中的含义。他曾在龙凤六年（元至正二十年，1360年）的正月初一，亲自撰写过一副对联："六龙时遇千官觐，五虎功成上将封。"虽不敢说这副对联写得如何美轮美奂，但一种逼人的气势和得意的韵味儿，却也还是显而易见的。

所以，听了刘基的话之后，朱元璋多少有些羞涩地一笑道："朱某老婆多了一些，让刘先生见笑了。"

李善长插过话道："朱大人不拘生活小节，想必刘先生定能理解。"

刘基哈哈大笑道："李先生，自古以来，那些扬名青史的英雄豪杰，有的爱江山，有的爱美人，而在刘某看来，朱丞相是既爱江山又爱美人啊！"

朱元璋传

朱元璋赶紧点头道："刘先生说得太对了！一千多年前，有个叫孟子的大读书人曾经说过，鱼我所欲也，熊掌亦我所欲也，二者不可得兼，舍鱼而取熊掌者也。听起来，这个被称作亚圣的孟子说得很有道理，但其实不然。既然鱼我想得到，熊掌我也想得到，那为什么不兼收并蓄，而要拿一样丢一样呢？我以为江山就好比是熊掌，美人就好比是鱼，我不会扔下熊掌，也不会扔下鱼！"

朱元璋说得铿锵有力，煞有介事。把"亚圣人"孟子的话进行类比发挥，还真有点读书人的味道。

闻听朱元璋说出这番话，刘基高兴得嘴都要笑歪了："朱丞相说得太精彩了！我记得孟老夫子还说过这样的话：'生，亦我所欲也，义，亦我所欲也，二者不可得兼，舍生而取义者也。'不知朱丞相对孟老夫子的这番话又有何高见啊？"

朱元璋不假思索地回道："我的观点还和刚才一样，舍生取义我是不会干的。生，我当然需要；义，我也不会放弃。孟子说二者不可得兼，我朱元璋就偏偏要兼得！"

刘基微微地点了点头，继而问道："不知朱丞相口中的义字所指何事？"

李善长搭茬儿道："刘先生从青田一路走到应天，一路上所见所闻，应该知道朱大人口中的义字所指何事。"

朱元璋似乎有些不耐烦了："李先生，我们用不着和刘先生猜谜语。刘先生既然大老远的从青田赶来，那就不是外人，和我、和你都是一家人。"又转向刘基言道："刘先生，一家人不说两家话，我竹筒倒豆子，一股脑儿全倒给你吧。我刚才讲的义，和先前讲的熊掌，都是一个意思。我的意思是，我朱元璋要在今生今世，把大元的江山夺过来，像我的那个老乡刘邦一样，当一回皇帝，做第二个刘邦。只是感到我一个人的力量太有限，所以才千方百计地把刘先生请来为我出谋划策。"

刘基刚才还笑容满面神气活现的，而突然间他却沉吟不语。朱元璋一时猜不出究竟。李善长倒明白这是为了什么。不管怎么说，刘基也做过"大元"朝廷的臣子，朱元璋适才那句"把大元江山夺过来"，多多少少会刺激刘基的心。

于是，李善长就用一种淡淡的语调问刘基道："刘先生，莫非你以为朱大人今生今世当不成皇帝？"

刘基连忙开口道："李先生何出此言？刘某从青田一路走到应天，所见所闻，颇有感慨：夺大元天下者，非朱丞相莫属也！"

朱元璋不由得心花怒放，但他的脸上却又显得十分平静："刘先生，你这么说话，朱某自然高兴，不过，就目前来看，朱某四周强敌环伺，想夺得大元天下，恐不是一件容易的事呢。"

刘基轻轻地摇了摇头："朱丞相未免太过虑了。放眼天下，能与朱丞相一争雄风者，寥若辰星。"

李善长笑道："刘先生，寥若星辰，并不等于无人啊！"

刘基点了点头："李先生说得对。就目前而言，确有人能与朱丞相一争高低，但是，只要朱丞相避虚就实、弃轻从重，假以时日，定无人能与朱丞相一争高低！"

朱元璋赶紧道："请刘先生说得具体点儿。朱某现在最想听到的就是刘先生这样的话。"

李善长也道："李某也在洗耳恭听！"

刘基不疾不徐地言道："大元疲废，群雄并起，势力强大者莫过于北方的刘福通。但在刘某看来，刘福通只不过是昙花一现。兵力太过分散，内部纷争不已，要不了多久，刘福通必将败于大元军队之手……只可惜，大元朝廷也像刘福通一样……"

刘基停了下来。显然，他为元廷内部只顾钩心斗角，不顾国家安危而痛心疾首。朱元璋当然不会和刘基有同样的想法，他只是从刘基的口中听

宋濂书《虞世南摹兰亭序帖跋》

出了这么一个意思：刘福通虽然在北方闹得红红火火的，但要不了多久便会完蛋了。

刘基对刘福通的这种预测，使得朱元璋非常兴奋。朱元璋本来是这样想的，等自己把南部天下都打下来之后，再与刘福通公开翻脸。也就是说，在朱元璋的心目中，刘福通是最后一个敌人，也是最强大的敌人。可现在看来，刘福通不仅不强大，也不是什么最后一个敌人了。但问题是，刘基的这种预测，准吗？

李善长低低地问道："刘先生，如果刘福通真的战败，那元军岂不会大举南下、直接威胁朱大人的地盘？"

刘基言道："李先生的担心不无道理。如果元军打败刘福通之后大举南下，那朱丞相就确实面临着巨大的威胁。但是，在我看来，元军之所以能够打败刘福通，是因为刘福通已经直接威胁到了元廷的存在，故而元廷内部才会暂时团结起来。待打败刘福通之后，元廷内部又必将陷入混乱之中。这恰恰是朱丞相在南方大力发展的最佳时机。待朱丞相完全控制了南方天下，即使元廷内部又团结起来，恐也为时已晚，更何况，这种团结几乎是不可能发生的事。"

刘基显然对元廷完全丧失了信心。而朱元璋却对刘基的话听得入了迷："刘先生，我朱元璋怎么样才能把南方天下完全控制住？"

刘基笑眯眯地反问道："刘某在来应天的路途中，偶尔听说了朱丞相已经有了一个大的行动计划，不知可否说出来与刘某一听？"

朱元璋直言不讳地道："我确实有了一个计划，而且正在加紧准备，我的计划是，东边的张士诚所占的地盘最富有，我要集中全力先把张士诚打败，只要夺得张士诚的地盘，大军的粮草供应就永远没有问题了！"

刘基转问李善长道："莫非李先生也和朱丞相的看法一致？"

李善长回道："是的，撇开粮草问题不说，就地理位置而言，我们的地盘与张士诚的地盘已经呈犬牙交错之势，即使我们不主动地同张士诚开战，我们的军队也会和张士诚的军队经常地闹摩擦。与其这样，还不如主动地同张士诚大打一场以定输赢。"

刘基先是看了朱元璋一眼，然后轻轻地言道："我以为不然。"

李善长一怔，朱元璋也一怔。怔过之后，朱元璋盯着刘基的眼睛道："愿闻刘先生高见。"

刘基不慌不忙地言道："天下诸雄，除去刘福通和朱丞相外，只不过张士诚、陈友谅、方国珍和陈有定四人耳。此四人中，陈有定最弱，虽对元廷忠心耿耿，但也终难成多大气候，又偏居福建一隅，实难有较大的发展，朱丞相目前完全可以把他放在一边不理。那国珍虽有一定的实力，但却是个目光短浅、胸无大志之人，他时而降元时而又背叛，目的只有一个，保土割据，以维护他在江浙沿海一带的霸权。故而，朱丞相也大可不必把方国珍放在心上。待剿灭了张士诚和陈友谅之后，朱丞相再去对付方国珍和陈有定也不迟。此四雄中，张士诚最富，陈友谅最强。最富者，顾虑最多，疑心也最大，无论做什么事情都要小心翼翼。所以，张士诚现在最紧要的事就是设法保住自己的地盘，不让别人把肥肉从自己的口里抢走。而实力最强者，野心最大，欲望也最高。那陈友谅就是这样的人。他杀死倪文俊，就是要实现自己的野心，他架空徐寿辉，正是要满足自己的欲望。野心越大，欲望就越高。倪文俊死了，徐寿辉成了傀儡，陈友谅就必然要向东扩张。这样，朱丞相就成了他陈友谅最大的敌人了。我以为，即使朱丞相不找陈友谅开战，陈友谅也会主动地来找朱丞相开战。"

朱元璋简直听得入迷了："听刘先生这么一分析，我们好像不应该先找张士诚开战……"

刘基重重地点了点头："不错！如果朱丞相同张士诚开战，那陈友谅必定大举东进，朱丞相就要面临东西两线同时开战的危险。而如果朱丞相同陈友谅开战，那张士诚极有可能按兵不动，朱丞相就可以集中全力与陈友谅大打一场。像陈友谅那样的人，兵马虽多，实力虽强，但充其量也不过是一介匹夫之勇。只要朱丞相巧妙周旋、沉着应战，打败陈友谅也当在情理之中！"

朱元璋马上问道："刘先生的意思，是叫我朱元璋首先与陈友谅开战？"

刘基显得很激动，居然激动得站了起来："把方国珍和陈有定置之不理，对张士诚以守为攻，对陈友谅以攻为守，我估计，少则三五年，多则七八年，南部天下将尽属朱丞相。朱丞相据有南部天下之后，便就算是夺得大元江山了！"

李善长也禁不住地站起身来："刘先生，当年诸葛亮未出茅庐便知天下三分，今日你刘先生刚来应天就明确了天下大势，我李某实在是佩服得五体

投地啊！"

刘基赶忙言道："李先生切莫这样说，刘某只是说出自己的看法，仅供朱丞相参考而已。"

李善长笑模笑样地望着朱元璋问道："不知朱大人是否已经在参考刘先生所说的话了？"

只见朱元璋"啪"地一拍桌子，"腾"地站了起来，说道："俗话说听君一席话，胜读十年书。可在我看来，就是读上一百年的书，也抵不上刘先生刚才讲的一番话！"

的确，如果没有刘基，朱元璋就很可能走错了路。而有了刘基，朱元璋就至少明白了自己该怎么走。一个人找到了自己正确的道路，又如何能不欣喜激动万分？

李善长哈哈一笑道："朱大人，刘先生一直饿着肚子呢。"

朱元璋忙着道："李先生放心，今天我破个例，要与刘先生痛痛快快地对饮几杯！"

三个人围着一张大桌子，一边吃喝一边谈论，直到东方破晓才作罢。临散席前，朱元璋对李善常言道："你曾经对我说过，我那个老乡刘邦，最后之所以从项羽的手里夺得了天下，主要是依靠了三个人，一个是萧何，一个是韩信，还有一个是张良。现在，我就是刘邦，你就是萧何，徐达是韩信，刘先生便是张良了。我有萧何、韩信和张良在身边，何愁夺不了元兵的天下？"

听了朱元璋的话后，刘基对朱元璋道："朱丞相，你现在并非是要从元兵的手里夺得天下，你是要从陈友谅的手里夺得天下。陈友谅就是当年的项羽。你打败了陈友谅，就等于是夺得了整个天下了！"

朱元璋有些恶狠狠地言道："刘先生，光打败陈友谅不行，还要把他彻底消灭。当年项羽妇人之仁，在鸿门宴上放走了刘邦，从而埋下天大的祸根。我朱元璋绝不会这样做。只要有机会有可能，我就一定要把陈友谅杀死！"

朱元璋在刘基的帮助下，彻底改变了原先的要与张士诚大打一场的战略方针，而是调兵遣将向西，准备与陈友谅一决雌雄。当然，朱元璋也没有对张士诚完全掉以轻心。他在张士诚的大本营苏州城的北西南三面，依然安排了一定数量的兵马，对苏州城形成一种遏制的态势。

以刘基为代表的一批封建知识分子，在应天受到了朱元璋的极大礼遇。举一个小例子来说明：刘基到达应天后不久，朱元璋就命人在应天城里盖了一座豪华而又壮观的住处，名曰"礼贤馆"，专供刘基等仁人智士居住。这些读书人在元廷的高压下郁郁寡欢，现在，到了朱元璋的手下尽享荣华富贵，他们又怎能不唯朱元璋的马首是瞻？

第四章　得到良将英才

第五章　英雄美人

谁说北方无丽人

北方战火燃烧，元军难以招架。不到半年时间，徐达、常遇春二人就攻克了元大都。常遇春想要进宫杀人，徐达坚决反对，二人翻脸。朱元璋满面春风地走进元大都，望着一大群美丽无比的宫女，惊喜地说："谁说北方无丽人？"

大明军战无不胜，中原地区的元军根本不是徐达和常遇春的对手，元军守将李思齐逃往太原，河南已成了大明军队的地盘。这时，死守汴梁的李景昌才深感问题严重。他原打算让李思齐和扩廓帖木儿分头来为自己解围，没有料到一个多月过去了，他们谁都没有露面。李景昌骑着马来到城楼上瞭望。

这是一个没有阳光的中午，天气阴沉，干冷。因为多日没有战事，守城将士都懒洋洋地在城上站着。李景昌对此很是不满，他对南城守军将领说："你看看吧，这些兵怎么能打胜仗？我们绝对不能放松警惕，朱家军神出鬼没，现在何处很难说清。"

那副将瞅着他解释："长此下去不行，现在队伍中许多人都害怕打仗，汴梁城里的供给马上就要断了，我们这么多人没有粮草怎么能坚持呢？"

李景昌转身问："我们应该怎么办？"

"不能总是处在被动地位，现在城外活动的朱军很有限，我们可以将主力全拉出去，如有可能就与徐达主力决战，也可以朝山西方向靠拢，不能让敌人断了后路呀！"

"这个建议可以考虑，只是我们后方还有李思齐将军与陕西地方军队嘛，他们迟早会来很助我们的，不能太悲观嘛。"

"他们何时能来？"

"这要看他们收复山东、河南的进度。"

"大将军有所不知，朱军已在中原形成气候，想将他们从这里赶出去，谈何容易？"

"问题有这么严重？不许胡说，你现在将这些守城的兵士带好，要做随时应战的准备。"

李景昌从城头上下来，威风凛凛地漫步在大街时，发现这里的老百姓意见很大，都要求打开城门出去采购农副产品。

他对大家说："敌人到处活动，你们出去安全问题由谁负责？"

人们还是不愿离开城门。

李景昌回到住地后，将一个随从副将叫来交代："近日如有商人来找我，你出面接待一下，他们想出城办货可酌情考虑。"

"是。"

那副将刚退走，坐在李景昌怀里的那个女子又开始撒娇，在欢笑声中两人又朝左边的那张绣榻上走去，刚要上床外面就传来一阵急促的脚步声。

凭感觉又有大事，李景昌赶紧从绣榻上站起来，一个上了年纪的老臣走了进来。

"大人在里面吗？"

李景昌已基本上穿好了上衣。回答说："杨将军找我何事？"

"我有重要军情要报。"

"你说吧。"

杨将军欲言又止，不想说了，李景昌拍拍睡在床边的那个裸体女子，对他说："不要紧的，她是我的心上人嘛！"

杨将军擦着头上的汗，说："据我方探子来报，徐达已率大军打

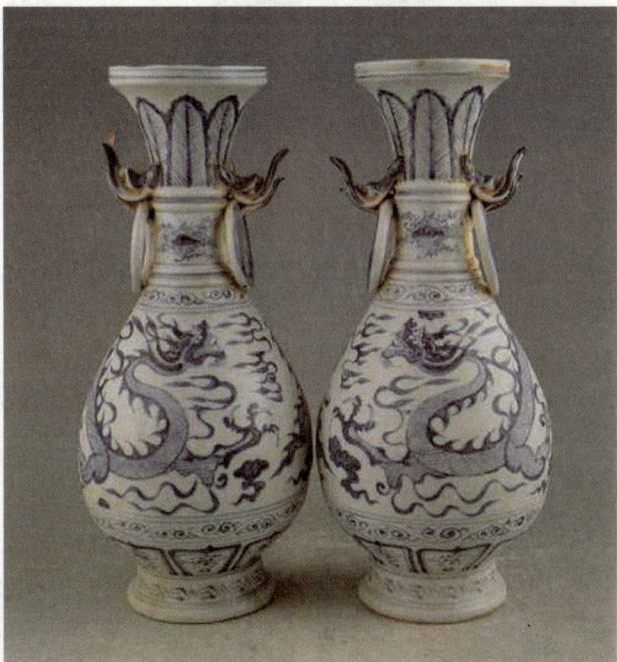

元代青花云龙纹双耳瓶

进陕西和河南交界处，与李思齐将军交手了。"

"李思齐的人马很强大，又有陕西友军配合，徐达当然不是他的对手。"

"李大人估计错了啊，李思齐全军被徐达打得落花流水。"

"那李思齐现在何处？"

"他已逃到太原去了。"

李景昌脸色大变，对杨将军说："李思齐惨败，河南、陕西已失守，问题严重哇！"

杨将军问："我们怎么办？"

"你快去通知所有守城部队做撤退准备，此地是守不住了，徐达的势力越来越大，我们如不快走，就被他们困在这里，活活等死了。"

"是否先与众将商议一下？"

"大敌当前，时间紧迫，先退到山西再说。"

当天下午，十多万元军弃城而逃，百姓却很平静，除个别人被他们强行抓去当兵之外，其他人都留在这座城里了。

徐达正率部朝该城推进。

接连打了许多胜仗，士兵们的情绪非常高涨，徐达骑马走在队伍中间也很激动，他已有预感，汴梁城将会不攻自破，不可能是一场恶战了。

眼看就要到达汴梁，一个探子飞马来报："李景昌已逃跑了，汴梁城内的老百姓正在城门外欢迎徐将军入城。"

徐达一行来到城下之后，经查证，李景昌真的撤走了，他这才命令部分人马入城慰问百姓，接管防区。这时常遇春也赶来了，不到两个月，他先后率部转

朱元璋谈话碑

战山东、河南境内，打得元军四处逃窜，壮大了军威，也使自己名噪一时，成为一位中原百姓赞美的英雄。

不用一兵一卒拿下汴梁，这正是徐达和常遇春的共同心愿。

他们在改变作战计划时曾经预言只要攻克洛阳等地，将李思齐赶出河南，汴梁便会不攻自破，如今这个计划终于实现了。

真正的春天到来了。此时正是洪武元年（1368）的第一个春天，也是大明军北伐取得胜利的春天。汴梁城里出现了前所未有的歌舞升平景象，徐达对常遇春说："我们北上四个多月，现在已基本在中原站稳了脚跟，先打山西，还是先克大都，应将这里的形势呈报皇上才是。"

常遇春对此表示同意。

江南的春天是迷人的，绿油油的菜花已经开放，极目望去，金灿灿的一片，真是十里菜花香。金陵变化很快，一批大明官僚已开始在城里大兴土木建造自己的家园，这些人当中的许多人后来都成了明朝的新地主。

朱元璋本人也变化不小。

他原是一个很不讲究的人，登上宝座之后，却开始仿效过去的帝王，过上了宫廷生活。

他由一个粗人变成了一个细人。

早在正月，他就命令大明军队分两路行动。一路北上攻占中原，一路南下夺取两广，这是他完成统一中国大业的两大步骤。

南下作战的情况他知道的多，北上大军的动态他了解的少，那时通信还很不发达。南北两地相距数千里，当徐达他们在前方打了胜仗，几十天之后消息才能传到金陵。

这天早朝时，负责军机事务的一个大臣将徐达和常遇春送来的奏章呈给了朱元璋。

朱元璋过目后很是激动，他对众臣说："现在河南、山东已被我军突破，朕准备亲自北上，到河南慰劳将士，与徐、常二人共谋攻取大都之计，卿等以为如何？"

"皇上圣明。"众人说。

"什么圣明，朕是在征求你们的意见。"

人们都望着面带笑容的朱元璋，没有人敢带头说话。朱元璋笑了，最后将目光落在李善长身上，问："你说说看，朕是否可去？"

李善长回答："此乃是圣明之举，有何不可呢？"

回答得好，正合朕意。

朱元璋要离开金陵到前方去，朝廷里是有争议的，部分年纪大一点的老臣不赞成他去，但在大殿里怎么能说出来呢？

当天晚上，刘伯温奉命来到宫廷。

这时，朱元璋正在三宫六院里享受历代帝王的特权，与一大批貌若天仙的女子共度良宵。这种权力是很正常的事，没有人会说什么。

刘伯温在大殿里等了一个多小时，朱元璋才从后宫出来，他的身后还跟着两个美女。

大殿里空空荡荡，朱元璋对刘伯温说："朕准备北上，你愿意随朕去吗？"

"臣愿意。"

"很好嘛，何时出发由你择日而定。"

"圣上这次北上，估计需要多少时间？"

"最快两个月，慢则半年。"

"臣以为天下还不太平，离宫北上时间不宜太长！"

"朕心中有数，我已吩咐李善长等人暂时在宫中辅佐皇太子保守京师，不可能有什么问题。"

"是否要带军队？"

"当然要带，可选十万精兵随朕北上。"

"现在金陵兵源不是很多了，两广战役结束后，可以将朱亮祖、邓愈的军队撤回来，部分留守京城，部分随皇上北上，不知可否？"

"两广战役进程如何？"

"很快，近日可凯旋而归。"

"就照你的意见办吧。"

刘伯温又成了大忙人，皇帝外出的时间不能随便定，要择黄道吉日，这个黄道吉日究竟是哪一天，他还拿不准，但先决条件是有的，那就是等大明军队攻占两广之后。

挥师南下的大军是和北上部队同一时间出发的。

当时南部的情况也很复杂，朱元璋向南部发起进攻，大致分为三路。第一路以汤和为元帅，率领吴祯、费聚、郑遇春等部十万人讨伐陈友定，取闽广之地；第二路以李文忠为元帅，率沐英、朱亮祖、廖永忠等部十万人讨伐方国珍，取浙东之地；第三路以邓愈为元帅，率王弼、叶升、李新等部共计五万余人攻取两广。

南下军队与敌军交火最早的是李文忠部。

李文忠离开金陵三天后就抵达温州附近，盘踞在这里的元军首领是方国珍，他的实力怎么样，没有正面交过手，李文忠心中无数，只好让部队停止前进，随地安营扎寨。虚张声势是古代作战的一大特点。李文忠立即命令所有部队在原地点燃篝火，故意暴露目标，给人一种声势浩大的感觉。

他们的到来很快就被敌军发现了，探子将这一消息报告方国珍后，他并没有立即行动，而是斜着身子闭目养神。此人十分干巴形象难看，却深得女性喜爱。他身边的那两个女子专门侍候他，陪他睡觉。他有的是钱，搜刮民财有道，周旋在他身边的那些风流女子追求的就是这种东西。

他的儿子听到这一消息，推门而入。他眼睛微睁，问："是何许人也？"

站在他身旁的儿子说："父王，是孩儿明善。"

"你来有何事？"

那两个女子与他父亲很近乎，他实在看不习惯，但还是坐了下来，室内飘溢着清香，令人心旷神怡。

方国珍被那两个女子扶起来，望着儿子问："有什么事要说吗？"

"父亲，现在朱元璋的兵马已开过来了。"

"知道了。"

"那我们怎么办？"

"不要着急，怕什么？李文忠那点人马能成啥气候？"

"不能小看他们呀！"

"怎么了，你有何高见？"

其中一名侍女转身往外走，快到门口时瞅着明

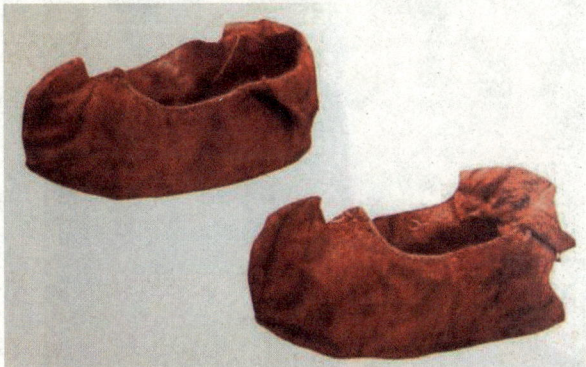

明代尖头弓鞋

善妩媚一笑，同时还将那根粗辫子往身后一甩。一笑，一甩，配合得体，在明善脑海里留下了极为深刻的印象。

他瞅着这个女子的身后发呆，他的父亲看在眼里，笑着说："你喜欢她，父亲就将她送给你好了，现在谈正事。"

明善已从失态中调整过来，这时那女子又从屋里出来了，手里端着一杯茶朝他的父亲走来。

方国珍挥手，说："将茶送给明善。"

那女子面带羞色，将茶送给了明善，两人的眼睛对上了，方国珍笑着说："小花，明善喜欢你，从今天起你去侍候他怎么样啊？"

"是。"那女子点头一笑，走了，身后留下一缕清香。

明善没有喝茶，他望着父亲说："朱元璋已成气候，从一个吴王变成一个大明天子。他的队伍很能打仗，半年多来，南征北战，战果辉煌，我们不能不防。"

"那你说我们该怎么办？"

"这个李文忠也是一员虎将，他的部下个个能征善战，智勇双全。如果我们不早准备，等他们将温州围起来，我们就很难还击了。"

明代长卷设色绢画《丽人行》局部

"言之有理。不过，他们的力量比不上我们嘛。"

明善端起茶喝了一口，接着说："敌军长途跋涉至此，已有疲劳之感，我们何不先行出击，去围剿他的营地。"

"那好，你率一万精兵前往城外堵截敌军，要灵活机动，如战局不利即刻收兵。"

当天下午太阳尚未下山，明善就率部来到了温州城外的太平寨。很快他们就摆开

了架势，明善威风无比，他骑在马背上对正在筑城的将士说："这次要好好打，朱元璋的军队其实没有什么可怕的，只要将他们赶走，所有参战士兵每人十两银子，十亩土地。每名军官赏一名美女，五十亩良田。"

他们已经很久没有打过仗，虽说明善战前到处为他们打气，但从实质看这个部队没有什么战斗力，士兵们情绪并不高涨。

李文忠没有想到方国珍这么快就将部队拉出来应战。

他站在一个高山顶上，望着对面山坡下的元军在思考着什么，副将沐英走过来对他说："主帅有何计策？"

李文忠沉思了一会儿，说："咱们不能怯战，命令所有队伍继续前进，开上去，我看他方国珍父子有何能耐？"

天上下着毛毛雨，道路弯弯曲曲，泥泞不堪，行军速度很慢。

二三里路，走了近一个时辰。

明善站在寨门下应战，沐英对李文忠说："这厮太狂妄，还是让我去教训他吧。"

李文忠站在大旗下，摆手说："还是让我去对阵，不能太莽撞了。"

他在马屁股上抽了一鞭子，便朝前冲去，十几名旗手跟在他后面往前跑，两军将士都望着这场景发呆。眼看快到明善跟前时，李文忠停下来，站在一个土包上，望着明善说："方国珍可曾来？让他出来与我搭话！"

骑在那匹大白马上的明善不可一世，挥着大刀说："收拾你们这些毛贼还用得着老将出马吗？"

"你是何人？"李文忠尽管已认出了他，但仍在追问。

"在下是方老将军的公子明善，快来挑战吧，我已在此恭候多时了，李大元帅，你怎么不敢应战了？"

李文忠在马背上挺挺腰，瞅着他说："今天我主已是大明皇帝了，全国一统，指日可待，你们父子在这里与大明对抗，犹如秋后的蚂蚱能跳几天？如不来降，就别怪我不客气！"明善将那把明晃晃的大刀在手中挥了一下，说："什么大明皇帝，朱元璋贪得无厌，还想一统中国，真是做梦。你们是为他来送死的，不必多言了。"

明善率先冲出阵地杀过来了。

李文忠没有动，他身边的两个大将出阵应战，两人夹击一个，一个回合下来，明善差点丢了性命，慌忙向山寨逃走，士兵们全乱了，大明军连杀带

119

喊，直向山寨扑来，双方交战半个小时，太平寨已破，敌军败阵而逃。

李文忠对将士们说："一鼓作气往前冲吧，我们的目标是温州城，占这个地方意义不大了。"

士兵们乘胜追击。明善逃进城。大明军追到城门下时，城门紧闭，城头守敌越来越多，气氛相当紧张。在这种情况下，强攻当然是要吃亏的，李文忠命令队伍原地待命，不能急于攻城。

大战前的高级将领会议是在温州城下的一个小村庄的旧庙里召开的。

敌军守在城里不出动，大明军队只好在外围休息，李文忠已心中有数，温州已是孤城，太平寨一战，他已对方国珍的实力有所了解。

他对将领们说："太平寨一战，敌军大败，他们都缩在城里不敢出来了，这对我们有利，应分兵四路，从各个城头发起攻击，只要大家齐心协力，此城即日可破。"

朱亮祖是攻打城池的老手，李文忠征求他的意见："朱将军有何良策？"

朱亮祖讲道："敌军已成惊弓之鸟了，攻打此地，要采取军事强攻和攻心战相结合，我们攻打这里的目的是占领它，损失越小越好嘛。"

"高明！我赞同你的观点。"李文忠笑了。

朱亮祖接着说："元帅不要吹捧我了，这次攻城你在外围坐镇，让我率部队打过去吧！"

"可以，四路军队全由你来点将。"

"一言为定！"

朱亮祖是一个很喜欢出风头的战将，胆量超群，指挥灵活，在队伍中很有影响力，在朱元璋眼里他也是徐达、常遇春之后的难得的人才。

朱亮祖率部攻入城里后，方国珍见势不妙带着全家老少从住宅的秘密通道逃出城，登上一艘木船漂泊到了茫茫无边的大海上。

金陵城里的景象的确是喜人的。

这时的金陵已经成了名副其实的江南政治、经济、文化的中心了。朱元璋的心情很愉快，不到半年，北上大军已占据了中原，南下各部也战果辉煌，福建，两广已基本上收复了。

徐达的部队已快到大都了，元顺帝仍在宫内过着腐朽靡烂的生活。这时一些消息灵通的王公贵族已开始向外转移，城内混乱不堪，中原全部落在大

明代缘襈袄子

明军队之手。

　　这是一个天气炎热的夏季中的一天，宫廷内一片欢笑。身着便服的元顺帝正与几个宫女调情。

　　站在元顺帝身边的一个老臣说："圣上，臣司天象者，前日癸酉，都城中红气布满空，中如火照人，自寅至亥，此气方息，如此二日。昨日己亥，又见黑气弥漫，十步之内，看不见人，自辰至巳方消。"

　　元顺帝大惊："找人占卜了没有？"

　　"占卜过了。"

　　"结果如何？"

　　"很不吉利啊！"

　　"种种迹象表明战况很不好，如今朱元璋的军队已踏破中原大地，近日已向大都扑来，如不防备，后果将不堪设想啊！"

　　元顺帝坐在那里半天没有说话。

　　人们也不敢出声，过了一会儿，他才站起来问："朱军现在何处？"

　　"已到定州了。"

　　"你们为何不早奏？"

　　没有人搭腔。元顺帝将一个花瓶摔在地上，望着大家说："近来你们根本没有给朕言及战事，我以为中原已收复了，原来朱军已向大都开来了，传令所有守城军队要加强防备，准备与朱军交战。"

第二天下午，元顺帝被城门上的大炮惊醒后，徐达部队的先锋已攻克了三个城门，元军不战而退，情况十分危急。

一个大臣跑进宫里对元顺帝说："皇上，不好了，朱元璋军队已打进来了，我军守城兵力有限，根本抵挡不住。圣上还是快走吧！"

"能出去吗？"

"办法是有的。"

城内城外，杀声阵阵，许多元兵已自动放下武器，城里的汉人都变成了明军的向导，常遇春带着人马正在包抄元大都时，徐达却传来命令，说不能强攻。

没有想到就在这天晚上，元顺帝却逃跑了。

徐达是从元大都齐化门进城的，常遇春陪他站在城墙上鸟瞰古都风貌，感慨颇多。徐达说："元朝帝国终于结束了，这是天意呀！"

常遇春说："遗憾的是让那个皇帝跑了。"

"元顺帝是从何处出城的？"

"据查是从建德门出逃的。"

"还有什么人跟他一起走了？"

"有后妃和太子。"

"逃往何处？"

"到塞外去了，估计只能到蒙古草原去流浪。"常遇春说这话时带有明显的怨气，如果按他的原计划行动，元顺帝是跑不掉的，可是徐达一声令下，让他跑了。

徐达从城头上下来，解释说："为什么我不让士兵杀进宫去呢？这也是皇帝的意思嘛。宫内美女如云，有无数珍宝，有许多文书史料。一打进去，一把火烧了，怎么向世人交代。再说那么多兵进去，宫女能否有安全保障很难说，怎么向当今圣上交代，我们应该将一个完整的古都交给圣上才是。"

"此话自有道理。"常遇春仍不是很愉快。

他们两人在卫兵的护卫下朝宫殿大门走去。这时郭英将军押着一批被俘的宫廷大臣走了过来，常遇春问："这些人如何发落，请主帅指示。"

徐达问："都是何许人也？"

郭英指着前面的几位说道："这位是淮王帖木儿不花，这位是元太尉，这位是左丞相庆童，这位是元监国刘……"

"不要说了，"徐达挥手，"这些人罪大恶极，留下也无用，通通斩首。"

"是。"

今天他说这些讽刺话是事出有因，徐达不再解释，站在元朝的宫门外望着郭英杀这几个元朝重臣。

就在这时又传来了一个消息，宫内的元军又开始反叛，怎么办？常遇春还没有等徐达做出决定就带着一队人马，朝宫内冲杀过去。

徐达追上来，对他说："不可鲁莽啊，不能强攻这里。"

常遇春骑在马背上瞪着眼珠问："为什么不许攻打？"

"元宫弹丸之地，并无多少精兵，一纸降书即可解决问题嘛。何必要动枪动刀呢？将这个地方打烂了怎么办？"

"你这个人真难理解，杀人有杀人的道理，不杀人又有不杀人的理由，我不能服从了。"

"不能强攻，此事由我负责。"

"你负何责？请问我军将士一路艰辛而来，究竟是为了什么？"

"当今圣上对我们是有交代的，中原黎民百姓受尽苦难，我们北伐的目的就是解救他们于水火之中嘛。"

"那我问你元宫内是否有百姓？"

"没有，但他们许多人是无辜的。"

"宫内的人都是我们的敌人，怎么能说是无辜？"

"你不要激动，我们这次奉命北上，一路没有乱杀无辜，中原百姓对我们很好，元宫内的太监宫女们都不能伤害，此事如传出去，皇帝会不高兴的啊！"

"只要我们拿下元宫，无论采取了什么手段，皇帝都是高兴的。"

"现在元顺帝已走了，宫内问题可以暂缓解决嘛。"

"你说服不了我，弟兄们，跟我上！"

常遇春向前奔去，他的身后跟了许多人。

徐达从马背上跳下来，从怀里掏出一个木牌，对正在行动的士兵说："大将军节杖在此，妄动者格杀勿论！"

士兵们望着他，已停止前进。常遇春回头一看，只身一人，便停住了。这时仍充满杀机，还有个别将领对徐达的做法不理解，请求参战。徐达对大

第五章　英雄美人

家说："元宫不是一般的地方，你们进去，历朝珍宝受到破坏，怎么向世人交代？再说宫内的女子当属皇帝，如受到骚扰，圣上追究下来怎么办？"

士兵们都不再动了，常遇春万般无奈。风还在吹，徐达下令将元宫包围起来之后，又派人送去了劝降书。

日近黄昏，宫门突然打开，几个老太监和两名皇子带着宫女走出来了。

徐达接过他们献上的珍宝清单。转身对郭英说："从现在起他们仍在宫内过活，别人不得进入，要派兵看守。"

朱元璋是在接到徐达已攻克元大都的捷报之后正式准备北上的。元朝已经彻底消灭了，朱元璋对"大都"二字很是反感，于是正式向全国下诏，改大都为北平，并任命徐达为北平府主要长官。

八月的金陵骄阳似火，酷热难当。已经有很长时间没有下雨了，大气变得异常干燥起来。这一天，朱元璋早朝完毕，回到后宫情绪非常好，沿着长廊散步时，嘴里突然唱起了家乡小曲。

马夫人听见了，她清楚这是他曾在老家放牛时唱的歌谣。

马夫人将他扶到屋内，帮他宽衣，问："圣上今天为何这么高兴？"

朱元璋将龙袍往地上一扔，拉住夫人的手说："你猜猜吧！"

"是不是又选了一批美丽宫女？"

"大丈夫岂能为女色所迷？"

"那是什么呢？"

"你聪明过人，难道猜不出朕的心吗？"

"前方一定打胜仗了呀！"马夫人会意地笑了。

朱元璋伸出左手的大拇指，在夫人腮帮子上轻轻地点了一下，说道："已猜出几分了，但不准确。"

夫人顺势躺在他的怀里，喃喃地说："究竟是什么喜事，说出来也欢喜一下嘛。"

"徐达元帅已攻克元大都了，元顺帝已经逃跑，你说说这不是天大的喜事是什么？"

"天翻地覆了呀！"

"朕这几十年南征北战，就是要搞得元朝天翻地覆嘛。"

"元主逃到何处去了？"

"据说进了大漠。"

"没抓住总是一大隐患呀。"

"中原已基本平定，他还能成什么气候！"

朱元璋的老毛病又犯了，每逢前方打了胜仗，他都要尽最大努力精选几名漂亮宫女与他欢度良宵。他曾对宫女讲过："朕要让你们每人生一个朱家后代，将来长大成人，到全国各地去帮朕管理这个国家。"

很清楚，他的目的是想让大明朝世世代代成为朱氏家族的天下，这正是一个农民出身皇帝的真实内心。也许他没有想到，当他眼看着近百名自己的亲生儿子长大成人的若干年后，这些孩子争权夺利，相互残杀，为明朝的历史上演了多少悲剧啊！

人们可以想象，徐达将元顺帝赶出大都了，他怎么能不兴奋？马氏对他百般温柔，但她毕竟比不上其他含苞待放的宫女。朱元璋的精力在当时是十分旺盛的。

第二天，他满面红光地来到饭厅与家人一起就餐，十几个嫔妃加上十几个孩子，坐了两大桌，他与马氏并肩而坐。她是他的第一夫人，也自然是这个大家庭的最高女性领导了。

马氏不说话，别的女性也不敢多嘴。朱元璋高谈阔论，过问起了家中事务，马氏一一对答。

为了庆祝北上大军所取得的胜利，朱元璋派人到前方慰劳将士，又将十几名大臣招到宫里摆酒庆贺。席间，他突然谈到了中原几个地方的名字，包括元大都也需要改动，大臣都表示赞同。

朱元璋笑了，他说："那个汴梁就很不好听，伯温啊，你以为怎么改合适呢？"

从内心来讲，刘伯温是不主张改地名的。他认为一朝一改，并不是好事，会给后人带来许多不便，诸如撰写历史时要加分注，不然后人不知是怎么回事，可是今天这个场面，他怎能使皇帝扫兴？

他坐在那里喝完一碗酒，对朱元璋说："圣上是真龙天子，怎么改都是合天意的，臣没有想好，不能妄言。"

朱元璋大笑一声，说："论打仗，你不如朕；论学问，朕不如你。你考虑一下，朕觉着汴梁改名开封为好，你们意下如何啊？"

他望着大家，人们都齐声说："很好，还是皇上学问高深，起这个名字最有纪念意义。"

朱元璋摆手："我也是随便想出来的，还有那个大都，就改为北平吧。"

人们又说："很好。"接下来又是喝酒，朱元璋与这几个心腹在一起时变得很是随和，几名宫女穿着鲜艳的服装在他们面前手舞足蹈一番。天色已晚，大臣们喝得摇摇晃晃地离去，朱元璋又被太监扶到后宫去。酒的作用在他全身发作，但没有醉，太监侍候他洗澡，半个时辰后他才正式躺在了那张很宽大、很气派的龙床上。

今天晚上来陪同他的宫女早已来到了床前。

这是一个并不漂亮，但瞅上去却很端庄的广西姑娘，形体丰满，肤色稍黑，很是健康。

次日，朱元璋穿戴整齐，又出现在宫殿里了。

此时太阳的光线已越来越强。宫殿内虽说很宽敞，但已有了炎热的感觉，香烟弥漫，气氛庄重。各位大臣按惯例上奏情况。

朱元璋坐在龙椅上脸色阴沉，不苟言笑，可以看出他对有些事情是不满意的。退朝时他把刘伯温特意留了下来。

大臣们走后，他说："伯温，现在徐达已将元大都攻克了，朕有北上巡视之意，你以为如何？"

刘伯温说："圣上三个月前想北上汴梁，那时形势并不很好，可谓动荡不安，臣是不主张你北上的。现在既然元大都已攻克，北方敌人势力已基本上被消灭了，所留元军已对我们没有多少威胁，皇上这次北上是英明之举呀！"

朱元璋的那张长脸终于有了笑容，他望着刘伯温说："朕这次北上是英明之举吗？你说说看。"

"圣上北上巡视，一可安民；二可鼓舞士气。现在山西、陕西、甘肃仍在元军之手，逃亡在外的元朝老臣扩廓帖木儿并非等闲之辈，北方战事如能得到皇上的英明决策，定会胜利在望。"

"爱卿所言极是，李善长已在开封坐镇，这次仍想请你随朕前往。"

"臣愿意伴圣驾北上。"

"很好，你安排一下吧！"

"何时动身？"

"越快越好哇。"

晴川阁

"是否要带兵马？"

"可适当带一点，但不可太多，朕北上巡视，不能太兴师动众了。如果这样，我就没有机会与百姓接触，这不是朕的心愿。"

"好，臣按皇上的旨意去准备就是。"

没过两天，朱元璋就动身了，作为一个皇帝，行动并不自由。虽说不搞兴师动众，但陪伴他的队伍仍很庞大，不下一万人马。

因为是巡视，沿途地方官员少不了要向他汇报情况，同时他还要利用一切机会到民间与人民接触。走走停停，后来到了山东，又有二个地方官员向他推荐拜泰山，朱元璋听后很感兴趣，又带着近百名官员在一个雨后的中午，沐浴着彩虹上了泰山。

大明军在北平城里到处行走，深受群众爱戴，居住在城里的蒙古贵族基本都逃到关外去了。

徐达是一个很严谨的将领，克北平之后，他执法如山，规定所有军人，不得破坏纪律，凡是与百姓发生摩擦的军人，一律按军法论处。

转眼间来到北平已三十多天了。

第五章　英雄美人

127

在这三十多天的日子里徐达与常遇春不同，没有去寻欢作乐，而是全身心地投入到这个城市的管理当中。他已正式接到通知，皇帝将要来这里，需要做的准备工作是很多的，北平城虽说已太平了，但要保证不出一点儿事，那是要花费大精力的。

八月的北平，正是酷暑时节，与在山东时一样，老天还是没有下一滴雨，大街上到处都是汗流浃背的行人，上了年纪的老者在街道两旁的树荫下摇着扇子纳凉，看上去很是自在，徐达身着便服看到这情景时很有感慨。

当他回到大本营时，已有几名军官坐在这里了。

一个白胡须的军官指着一名很年轻的人对徐达说："徐帅，此人是来报信的，据说圣上已经到保定了。"

"是吗？有这么快！"徐达接过朱元璋的亲笔信很高兴，"立即传令各个城门都戒严，闲杂人等不得放入。"

一名军官出去，徐达对众人说："圣上驾到，我们都得出城门去迎接，快把常将军找来吧。"

郭英笑着说："常大人不知去向了。"

"快去找，他能到哪里去。如若军中没有，肯定又去了妓院。"郭英打发了一名小军官去执行这个任务。其他人都在笑，徐达说："笑什么，他就是这个老毛病，圣上也拿他没有办法，只要不误军事，有这个小嗜好也无妨嘛。"

他们在一起商议迎接皇帝的大事。

过了好大一会儿常遇春才来，他进门就说；"让列位久等了，真不好意思。"

郭英开玩笑说："常大人近来让北平的女子滋润得不错嘛，瞅上去年轻许多了。"

明代高筒毡靴

常遇春笑了，他说："阴阳结合，相互采气，这是祖先留下的延年益寿秘诀。你们几位也不妨试试，有利于身心健康嘛。"

大家又笑了起来。

这里没有一个女性，两名青年士兵穿梭于他们中间送茶水。

常遇春坐在徐达身边，徐达说："圣上下午就要到了，如何欢迎，大家议议吧。"

常遇春讲道："我建议除军官外，再挑五千精兵出城门为圣上保驾。"

郭英说："我认为出城军兵不宜太多，有千人足矣。"

徐达说："我同意，出城军兵多了不好，圣上历来不主张动众，况且他这次来就带着五千精兵。"

郭英接着说："我们攻克元大都后已建立了地方机构，我建议欢迎的人群中要有部分北平城的名流，最好是各行各业的人都有，这标志着这个城市的百姓已成了我们大明朝的臣民了。"

常遇春站起来摆摆手："这个建议要慎重，现在北平城里人很复杂，一切得为皇上的安全着想才是。"

其他人没有表态，徐达说："你们两人提议都有道理，但我认为还是在百姓中选些人出去欢迎最好。"

常遇春不再说话，散会时徐达将此事交给郭英办理。

太阳下山时朱元璋终于来到了城门跟前，他是骑着马来的。朱元璋被人们接进了元大都的门，朱元璋问徐达："这宫里还住着什么人？"

"全是元朝的老官员，还有一部分宫女。"

"你进去过没有？"

"臣没有。"

"元顺帝是你赶跑的，为何不进去看看？"

"不但臣没有进去，就是臣手下的军人也没有一个进去。此地非同一般，臣以为还是原样交给圣上处理为好。"

"你想得很周全。"

"我们现在进去看看吧。"

宫门打开了，朱元璋大摇大摆地往里走，他们直接朝元顺帝早朝的那个大宫殿走去，住在宫里的元朝官员和太监、宫女见了朱元璋都不敢出声。

坐在大龙椅上的朱元璋对这里的一切都感兴趣。他望着镶金的天花板

第五章　英雄美人

说："元朝统治中国不到一百年，但这个宫殿却建造的如此豪华。"

刘伯温说："这才叫皇家气派哩！"

"什么皇家气派，老百姓会有意见的。"

朱元璋说完这话自己带头笑了，室内的气氛轻松了许多，跟他进来的人也都不那么紧张了。徐达让人将宫内的财物清单交给朱元璋过目，他草草地看了一下，说：

"这些宝物还是留在这里保管起来吧。"

徐达说："有许多文物需行家检点，我们都是粗人。"

朱元璋转身，指着刘伯温说："他就是专家嘛，让他带人去清点一下。"

刘伯温弯腰，说："臣遵旨。"

朱元璋对这宫殿里的珍宝是不感兴趣的，他站起来问徐达："现住在此地的元朝老臣中，可有圣贤？"

"有啊，那个叫危素的老学究就是其中之一。我曾想将他杀了，但念他学问高深，担心杀了他没人修元史。"

"你说得很对，此人你了解吗？"

"略知一二，他是汉人，曾是翰林学士，博学多才，名满京都。我们入城时他抱着一捆书逃到大钟寺去了，后来我才派人将他找来了。"

"找来就好，老臣中有没有自杀者？"

"有，翰林学士黄英仕就自尽了。"

"他是忠臣。"

朱元璋突然对徐达说："你去把那个叫危素的人叫来，让他陪朕一游吧。"

紫禁城里的气氛仍很紧张，那些元朝老臣都担心朱元璋会杀了危素，可是朱元璋却对他很客气。危素已成了名副其实的向导，朱元璋走到哪里问到哪里，危素都能一一对答。参观完几个大殿，朱元璋一行便来到了后宫。

在徐达等人精心安排下，近百名貌若天仙的宫女站在一个很大的院子里欢迎皇帝，她们都低着头，穿着一样的服装，朱元璋并没有看清楚哪些最漂亮。

他对行礼的宫女们说："平身吧！"

宫女们没有人敢抬头望他，过了一会儿在最前边的一个身材稍胖一点的宫女偷看朱元璋时正好被他发现了，这个宫女远看很清秀，眉如弯月，明眸皓齿，脸似桃花，灿烂无比。

朱元璋被吸引住了，问："你是哪里人？"

那宫女回答："燕地人。"

"芳龄几何？"

"十八。"

"入宫几年？"

"不满三年。"

"你是汉人，还是蒙古人？"

"汉人。"

"父母是做什么的？"

"父亲是开染房的。"

"还是富裕人家嘛。"

危素解释说："圣上，宫内女子大都是汉人，家境都不错。"

朱元璋说："家境不好是来不到这里的，朕这次北上目睹这么多美女，很有感慨。人们都说江南多美女，但燕赵之地亦多佳丽嘛！"

徐达说："圣上，这些宫女怎么办？"

"留下来。"

这天的天气特别好，朱元璋站在城墙上参观宫廷龙舟表演。北海的水很清，也没有风了，船员们在锣鼓声中摇摆着双桨，彩色龙舟在绿水中飞腾，气势壮观，令人心旷神怡。

朱元璋坐在龙椅上，接过小太监送来的龙井茶喝了一口，望着这水天一色的湖面问危素："此地为什么叫海子？"

危素说："回禀圣上，这里原叫北海御苑，后来就简称海子了。这个地方共有三个区域，由中海、南海、北海组成，是人工建造的。"

"始建于哪一朝？"

明代洒线绣百花辇龙纹过肩袍料

"始建于辽，后来金、元多次扩建，才有了今天这个规模，这海子的布局全是各朝皇帝按自己的爱好建造的。"

"那这条龙舟是何人设计的？"

"是元顺帝自己设计的。"

"是吗？没有想到元帝真有才华嘛。也许他当之无愧，但有才华的皇帝并不一定是明主，纵观历史，许多才华出众的皇帝多是亡国的，这一点很清楚的嘛。"

"圣上所言及是，风流才子误做国主的，有唐代的李后主，和北宋的宋徽宗，他们两人都擅长绘画、诗词，但理政不行。"

刘伯温接着说："皇上闲暇研习技艺是很正常的，但宋徽宗在晚年却沉溺于仙术之中，出了不少笑料。"

谈论的范围越来越宽了，朱元璋突然问起危素："听说元主曾秘密受戒，有这回事吗？"

危素说："臣对宫内事情知者甚少。"

站在危素后面的一位元朝大臣上前说："圣上，臣曾给元主推荐过一个西方僧人，他向主子教授过房中术，又称'演揲法'，是很快乐的。后来哈麻的女婿又推荐了一个西方僧人，据说教授的仍是演揲法，当时元主在训练时曾选了三名宫女陪伴，此事知者不多。"

朱元璋说："元主一门心思沉溺于这些东西，怎么能不断送江山？"

危素说："元主好色亡国，这是历史教训。"

朱元璋说："食色性也，文王是圣人，可后宫美女如云，还生了一百多个孩子。汉高祖也曾说，寡人有疾，寡人好色，朕以为许多人不是好色亡国，而是无道亡国。"

危素已明白了朱元璋的意思，忙说："现在宫中有美女三千，请圣上发落。"

朱元璋笑着说："此事很好办嘛，可以将这些民间女子送回家。"观看完龙舟表演，危素等一批元朝老臣全都离去了，这时朱元璋才对徐达和常遇春说："你们随朕到后宫筛选美女去，可挑几个留在身边，以解行军寂寞。"

常遇春很积极，徐达却不想去，他对朱元璋说："臣对这事不感兴趣呀！"

朱元璋说："你那个谢氏也太厉害了，怕什么，远在千里嘛。"

"我只是担心会影响军纪。"

"你们都是大将军，身边有几名美女，很正常。古人云，英雄爱美人嘛。在这一点上常遇春是独领风骚的，你得向他学习才是。"

徐达找了一个借口回军营了，朱元璋和常遇春等人在后宫精选了百名美女，在深宫行乐。

连续几天朱元璋没有出后宫。

刘伯温对北平这个地方很感兴趣。

他清楚朱元璋说过现在设在金陵的大明首都只是暂时性的，国都建在何处？朱元璋心中有数。刘伯温在北平考察了一个多月，认为此地适宜建都。

有一天，朱元璋将他叫去商谈回金陵的事，刘伯温突然将这个建议提了出来。朱元璋说："朕也有这个感觉，北平地势险要，是藏龙卧虎之地，但也有其不利的一面。"

"圣上认为问题是什么？"

"元顺帝出逃蒙古，仍有后患，此地离蒙古太近了，从这点上来看是不利于建都的，朕还是认为金陵好。"

"金陵也有其不利的一面嘛。"

"是什么？"

"现在中原已基本平定，皇上留在金陵离北平太远，对行使职权有影响。"

"此事问题不大，现在还不是迁都的时候。"

朱元璋找刘伯温还有一件重要事情，那就是想让他从侧面去了解一下北上大军中徐达、常遇春、郭英、傅友德等几员大将之间的关系。常遇春曾给他讲过，说是徐达指挥不力，故意放走了元顺帝。此事不好当面追究，从表面看，徐、常二人是有矛盾的。

刘伯温说："徐达办事老成，常遇春作战勇敢，都对皇上忠诚，各有特点，至于说他们之间有小磨擦，那也是由战事引起的，圣上不必多虑。"

"话是这样讲，但朕仍有点放心不下啊！现在元将扩廓帖木儿还盘踞在山西，准备与我对抗，西北也仍掌握在他人手中。"

"圣上可以召集他们商议一下今后作战的方针，西北可以暂缓，而山西得尽快攻下来。"

"朕也是此意。"

离开北平之前，朱元璋情绪反复无常，对徐达和常遇春等人没有前几天那么亲近了。

他将几员大将叫到一起说："朕得回金陵去了，北方的事还是交由你们去管，所有北方的元军应尽快扫除，徐将军有何意见？"

徐达说："圣上说怎么打，臣就怎么打。"

朱元璋让人拿来一张地图看了一会儿，望着大家说："徐将军仍是北方战事的总指挥，常遇春当助手，你们现在就作准备，一个月之后，也就是秋天到来之时，一定要对山西发起攻击，不得有误。"

朱元璋又接着说："山西一战关系重大，你们一定要打好，建议先头队伍由常遇春带领，从北平西进向太原开进，徐达可后期跟进，只要你们一打响，朕会命令中原的冯胜、汤和从侧面接应你们。"

这个女子是朕赏的

朱元璋走后还不到一个月，常遇春就率五万大军直向山西推进，一路小打小闹攻占了几座城池，还没有到达太原，就把元将扩廓帖木儿引出来了。

正当北方战事吃紧的时候，朱元璋却一纸诏书将徐达从前线召回金陵了。

徐达一路快马往金陵赶去，内心更是不安，他不清楚此时朱元璋叫他回去是什么意思。从朱元璋离开北平时的情况看，他感觉到朱元璋对他有怀疑之心了，他清楚地记得在后来的几天中，朱元璋对他很冷淡。

他一路马不停蹄，望着眼前的秋色不由得想起了自己的过去。他与朱元璋是地道的老乡，家境相似，同样出生于一个农民家庭，童年是在艰难中度过的。那时战争四起，群雄割据，老百姓艰难过活的情景给他留下很深的印象。在牛羊的陪伴下他结束了童年生活，十九岁那年春天，也就是1351年，他又目睹了本地韩山童和刘福通领头起义的壮举。从此，在他的家乡，正式拉开了农民起义的序幕。

1353年秋天，朱元璋受命回到老家凤阳招兵，徐达欣然从军，这时他才二十二岁。

朱元璋对这个老乡是很关照的。他当初并没有想到徐达有着非凡的军事

天才，几仗下来，徐达不仅得到了朱元璋的喜爱，也得到了郭子兴的赞扬。

从此，他就追随在朱元璋身边了。

徐达对朱元璋还有一层更深的关系，据说他就任和州镇守后，另一支起义军孙德崖因缺粮而走投无路，来投奔朱元璋，朱元璋将他所带队伍收留下，没有向老丈人郭子兴报告。郭大动干戈，因他过去曾与孙有成见，不同意收留他们，并命令朱元璋赶走孙德崖，朱元璋左右为难，只好奉命将孙德崖送走，他还没有出城，郭子兴便让他的人马对孙德崖进行追击，孙的部下误认为这一切全是朱元璋安排的，于是就把他扣起来，并扬言要杀了他。

此事传到徐达那里，他十分着急，火速赶来为其说情，并愿意用自己换回朱元璋，后经双方多次周旋，孙德崖才放了朱元璋。从此，朱元璋对徐达更加器重。

郭子兴病死后，朱元璋就名正言顺地成了这支起义军的首领。

在后来的战争中，徐达征战四方，立下了汗马功劳。当徐达在北方的声势越来越大，特别是在军中威信越来越高时，朱元璋疑心渐重，渐渐觉得徐达有功高震主之嫌。

这种怀疑虽然没有公开讲过，但徐达已有所察觉，这次调他突然回来就是一个很鲜明的例证。风雨兼程，徐达很快就到达金陵了。

凶吉未卜，他是有思想准备的，当天晚上秘密来到江浦的水寨中没有进城。他是这里的最高军事指挥官，士兵们对他十分友好，到了半夜他思家心切，又不敢回去，便派人进城将夫人和孩子接到了船上。半年不见，夫妻间自有说不完的话。

徐达将自己这次奉命回来的情况告诉夫人，谢氏本来就对朱元璋有意见，这次更是火上浇油，完全赞同徐达的分析，认为这次是凶多吉少，还是不要急于过江为好。

这时坐在他们身边的小女儿爬到徐达大腿上，睁着天真烂漫的大眼睛问："父亲，你怎么不回我们自己的家？我们住在这里风这么大，难道你不要城里的家了吗？"

徐达笑着说："我们应该四海为家嘛，你就与母亲住在这里，过几天我带你去北平玩玩好不好呀？"

"北平在哪里？"

"很遥远，在北方，是一座美丽的城市。"

"有金陵好玩吗？"

"有，你去了就知道了。"

"我们什么时候去？"

"很快就走。"

夜已经很深了，徐达将一名卫兵叫来，对女儿说："你到前舱睡觉去吧。"

女儿很不情愿地走了。

天越来越冷了，这时后舱只剩下他们夫妻两人。这时谢氏才趴在他的怀里，望着他说道："你这个人就是脾气不好，与皇帝闹翻了吧，此事我早已预料到了。当今皇上对你也只是利用关系，你以为他对你很信任吗？"

"不要乱说了。"

"这怎么是乱说？"

"皇帝只是疑我而已嘛。"

"说得轻巧，你是聪明人。在外混了这么多年，君臣相疑，暗藏杀机，还不懂吗？"

"有这么严重吗？"

"北方战火尚未熄灭，而且正是紧要关头，他突然叫你回来，是想夺军权，而后再……"

船头上传来了脚步声，过了一会儿又消失了，徐达明白这是哨兵在巡逻。

夫人接着说："你不要担心，有我在你身边，你现在有节杖在手，三军可由你调遣，我建议你还是到北方去，大干一场，与他朱某平分天下。"徐达站起来，朝船窗望了一

明代金凤钗

眼，外面漆黑一片，能听到江水的声音，兵士们都已熟睡，对岸金陵城里也只有点点灯火。

他又坐下，说："我虽有三军节杖，但圣上现在深得人心，我若造反，会引火烧身的。"

"无毒不丈夫嘛，大明江山不是他一个人打下的，你在北方称王，也未尝不可。"

"还没有到这一步嘛。"

"你对他一片忠心，将来结果如何，很难说呀！"

"不要讲这些话了，我与他是几十年的交情了，如今又是君臣关系，不能干这种事。"

"那你有何打算？"

"我在这里住几天，看看风声再说。这个江是迟早要过去的，我想有话讲明了，误会自然会消除的。"

"你这个人呀！"

夜已很深了。这一夜谢氏变得百般温柔，颇使徐达欢心。

第二天清早，徐达决定进城。

他只带了三千多人马过江，向宫里走去。

宫门外的卫兵发现是徐达来了，都不敢阻拦，只好让道。进了第一道门，来到第二道，就有卫兵阻拦了。

徐达火冒三丈，对他们说："我有节杖在此，你们怎么敢拦我？"一个认识他的年轻军官："大将军，近日皇上情绪很不好，你可得小心啊！"

徐达没有多说就进来了。

大殿里戒备森严，比门口多了许多卫兵。徐达不由得想起刚才那个军官提醒他的话，可已经到了这里怎么能退回去呢，他对门口的一个老臣说："去回禀皇上，说徐达求见。"

那个老臣进去后就再也没有出来。徐达已等得不耐烦了，又往里走，还是被卫兵拦住了，他很生气，对陪他来的两名卫兵说："走，咱们回去。"

他们转身朝外走，一个老臣跑过来说："皇上有旨，让徐达将军暂不要离宫。"

徐达一行来到奉天殿休息了一会儿，又让人传话，要见皇上。传话的那名大臣来到后宫对朱元璋说："徐达将军已在奉天殿等候多时了。"

朱元璋漫不经心地说："朕知道了。"

"何时宣他进殿？"

"不要着急。"

过了一会儿，一个老臣又进来说："徐将军已经离宫了。"

这时，朱元璋正在床上与那个宫女缠绵。

站在门口的老臣不敢离去，朱元璋隔着纱帐说："你怎么能将他放出去呢？"

"臣已传了令，但徐达持有三军节杖，士兵不敢阻拦。"

"由他去吧，他还会来的。"

朱元璋始终没有下床，老臣听了，只能离去。

一个小时之后，还是那个老臣，头上冒汗，一路小跑进来了。

朱元璋听到脚步，就知道是他，没有起身，又问："你又来了，有何事？"

老臣说："回禀呈上，徐达已过江去了。"

"你说什么？"朱元璋推开怀里的女子，裸露着多半个肥胖的身子，一把掀开白纱，问："他真走了？"

"正在过江。"

朱元璋说："立即通知江面所有的兵马，封锁江面，监视徐达动向，不准他进住对岸水寨。"

老臣离开后，朱元璋穿上龙袍来到了殿里。

刘伯温、李善长等几个亲信已站在殿前了。

朱元璋脸色很不好看，坐下后刘伯温问："听说皇上与徐将军闹翻了？"

"此人脾气太大嘛。"

李善长说："他不是在北方打仗吗？回来干什么？"

朱元璋说："是朕宣他回来的。"

刘伯温问："徐将军在北方攻占了元大都，却放走了元主，皇上这次召他回来，是否要问罪？"

"哪有这个意思，他劳苦功高。这点小事怎能处罚他呢？但此人脾气古怪，有傲骨，又与常遇春有点小矛盾，朕没有及时见他，只是要杀杀他的锐气罢了，不料他却生气了。"

刘伯温说："徐达在北方战功赫赫，虽说放走了元主，但也不必计较，他担心圣上怀疑他不忠，这次离宫时情绪很不好，他是三军将领，皇上还是三思而行呀！"

"我还能对他怎么样，他有节杖在手，可以调遣兵马，如果他真与朕分手，会争夺半壁江山的。"

李善长说："皇上多疑了，徐将军为人你是清楚的，他对大明朝是忠心耿耿的！"

朱元璋说："是他对我有疑心，朕怎么会怀疑他呢？他与朕风雨同舟几十年，可谓患难之交了，朕这次召他回来是有别的要事商谈，没有想到却闹成这样……"

刘伯温说："误会会消除的，还是召他到宫里来吧。"

"这个建议很好，此事就由你办，如他不来，朕只能去见他了。"

刘伯温和李善长从宫里出来就来到了水寨。

江面上微风轻吹，水波荡漾。他们进寨时，徐达没有出来迎接，他正躺在一个大木船上休息。

刘伯温走进去说："听说徐将军来了，我和善长特来看你。"

徐达望着他们说："对不起，我已患病，不能起来了。"

李善长笑着说："大将军患的是心病嘛，听说你与皇上怄气了？"

"兄弟戴罪之身，怎敢和皇上斗气？"

"你这个人呀，就是脾气不好，皇上让我们接你过江。"

"我不去。"

"为什么？"

"皇上疑我呀！"

"没有的事嘛。"

刘伯温很亲切地拍着徐达的肩膀说："大将军不要生气了，还是和我们一起进宫吧。"

徐达以身体不好为由，坚决不过江。刘伯温、李善长二人坐了一会儿就走了。

没有想到第二天中午，江面出现了许多军队，朱元璋带着刘伯温等大臣来看徐达了。朱元璋走上船，徐达假装不知，朱元璋进船后，徐达仍没有起来。

朱元璋说："你既然有病，就进城去休养嘛！"

"这里很好。"

"你是生我的气了？"

"哪里，臣岂敢！"

"不要这么说了，你与朕是兄弟嘛，朕特意来看你。"

谢氏不知从哪里钻了出来，给皇上送来了茶水，她的身后还跟着一个小女孩。

朱元璋说："没有想到你把家也搬来了呀！"

谢氏说："给皇上陪罪了，他身体不好，我是来照顾他的。"

"很好嘛，这个女孩可是徐将军的千金？"

徐达说："正是。"

"长得很标致嘛，你们两人真是好福气呀！"

谢氏说："皇上过奖了。"

室内气氛渐渐缓和了。

徐达坐起来说："我没有抓住元主，请皇上降罪。"

朱元璋挥手说："你说这个干什么，朕何时追问过此事？你是我朝战将，区区小事计较他干什么，不要多心了呀！"

这时，徐达才笑了。朱元璋接着说："朕从来没有怀疑过你的忠心，请你跟朕进城去吧。"

"我没有这个意思。"徐达拿出节杖说："臣近来身体很不好，愿交出节杖。请圣上恩准，退隐还乡。"

朱元璋笑着说："你是怎么了？还有半壁江山还等你来打哩，难道就不想帮朕了？"

徐达终于笑了。

第二天早上，徐达就进宫了。朱元璋对他特别关心，专门为他设宴。席间朱元璋突然说："你那个女孩很是清秀，这样吧，就许配给朕的儿子吧。"

徐达说："皇帝，此事还得容臣与夫人商量。"

"你呀！真是一个怕老婆的人。"

在朱元璋的精心安排下，一个小太监带着三名如花似玉的女子来了。

朱元璋瞅着她们对徐达说："大将军征战辛苦，朕打算将她们赏赐给你，你满意吗？"

徐达说："臣不敢，还是圣上留着吧。"

"不要客气了，是给你的。"

"臣还得与贱内商量。"

"你呀！纳妾都不敢做主，看样子这个谢氏也太过分了。"

"不是这样。"

"你不说朕也清楚，不要怕，有朕替你做主。今天晚上不要回家，就与这几个女子好好享受一下，明天选一名中意的带回家。"

徐达也许是喝多了，也许是被这几名美女迷住了，晚上没有回家，在宫里浪漫了一夜。

第二天早晨，朱元璋对他说："现在北方局势不好，你回去与常遇春一起去平定危素的山西吧。"

徐达说："臣遵旨，今天就动身。"

"还是回去与谢氏再温存一夜，明日动身。"

可以看出一夜风流之后，徐达对那个大眼睛的女子已经有了意思。

朱元璋心明眼亮，送他出宫时将这个女子赏给了他，并交代说："告诉谢氏，就说这个女子是朕赏的，不能让她欺负人家。"

徐达与那女子并肩而去。朱元璋站在大殿门口，望着他们的背影，冷笑着说："哪有英雄不爱美人的？"

皇上送来的怎敢不要

北方的冬天异常寒冷，贫瘠的土地上景色苍茫。常遇春率领大军进入山西，准备向太原府实施围攻时，该城元军最高指挥官却将一部人马调出来，妄图偷袭北平，以解大明军队赶走他们主子的心头之恨。

朱元璋离开北平时布置的进攻山西的三路大军并没有全部到位。徐达被召回南京，另一支友军也未到达指定地点，常遇春坐在太原郊外一个农家小屋的火炕上深感焦虑。

扩廓帖木儿准备偷袭北平的消息他已知道了。

他对副将说："看样子，我们的行动得推迟一下了。"

副将将一只烧鸡大腿递给他，又给他斟满一碗高粱酒，问："太原近在

咫尺，大将军为何不早日下攻打决心呢？"

常遇春端着一碗酒，说道："太原乃兵家必争之地，扩廓帖木儿来到这里后，劳民伤财，构筑了许多城防工事，据查，城里城外暗堡林立，不能掉以轻心呀！"

这时，扩廓帖木儿正率部朝北平扑去，大军一进雁门关就被大明军截住了。他没有想到狙击他的正是名扬中原的徐达将军。原来，徐达在金陵与朱元璋握手言欢之后的第二天晚上就快马加鞭朝北方战场赶来，他明白这里最需要他，就连夫人和孩子也没有来得及带上，军务要紧，容不得有那么多的儿女情长。

一路疾驰，到达真定的当天晚上，他就将已进入山西境内的几名战将召来商议作战对策。

徐达望着大家说："我前几天奉旨回到南京去复命，皇上要我们在一个月内扫平山西，然后挥师西北。我对近来战局的发展变化不是很了解，还是请常将军给诸位讲一下，然后我们制定一个作战方案。"

常遇春用沙哑的声音讲："我军从北平出发进入山西境内，已一月有余，我所率的那五万精兵，先后攻克大小城镇二十余座，歼敌约两万余人，现已布置在太原附近，准备在短期内发起攻击，希望诸位将军多多配合。"

徐达问："将士情绪如何？"

"不是很好。"

"怎么了？"

"天气太冷，军士们衣着单薄，身体状况有明显变化，生活上困难很多。此地很穷，老百姓对我们还不了解，我们派下去征粮的人，收获不大。群众不支持是一个原因，更重要的是生活在这里的百姓也很清苦，许多家庭饥寒交迫，连自己肚子都填不饱，哪有粮食给我们哩？"

"我调查过，山西并不是像你所说的那样，一点儿余粮都没有嘛。"

"耳听为虚，眼见为实。"

"那山西的物资都到哪里去了呢？"

"很简单嘛，在太原府，在扩廓帖木儿手中。我听老百姓讲，几个月前元军就在各个城镇大规模征用了几次粮草，全运到太原城去了。"

"原来是这样，扩廓帖木儿早有防备呀！"

"是的，他还将许多青壮年都抓去充军了。"

"也没有什么，他们的主子都跑了，我们要有战无不胜的决心。"

就在这时，一个卫兵走进来，将一封信交给了徐达。

常遇春接着说："现在山西战局变化很快。据说，扩廓帖木儿这个老贼已派了一部分精兵出城，企图袭击北平。"

徐达说："此事我已知道了，现在他的一万多精兵已到了雁门关附近，正在向这里逼近，我们的队伍已将他们截住了。"

郭英站起来，说："这个老贼很有心计，我们不能小看，他准备用骑兵优势来对付我们。"

关于元军的情况已基本弄清了，下一步怎样办是摆在他们面前的一个重要问题。

各路将领的主张并不一致，常遇春的意见是他的人马原地不动，继续做攻打太原的准备，郭英等人却主张先集中主力围歼已到达雁门关的元军。

满脸麻子的张伙夫，端着一大盆热汤进来，笑着说："诸位大人，对不起，实在没有什么好东西，只能弄点儿这个了，等打了胜仗，缴获了战利品，再精心伺候诸位大人。"

徐达笑着说："不能这样说，这就很好。我们这些人本来就是从苦海中长大的嘛，有东西吃就好。"

"那是，那是。"张伙夫说。

这是一个老实本分的老人，出身贫苦，三年前在杭州城里给一个大地主做饭。当朱元璋的部队打进去后，他没有跑，而是做了一大锅米饭送到大明军队营里，当时徐达问他：

"你为什么不跟着主人逃跑？"

"我光棍一条，跑什么？"

"这里的主人已经跑了，他的财产要分给穷人，你也算穷人了，回去挑一样东西吧。"

"我不要。"

"这是我们的胜利果实嘛，你去拿一样吧。"

院子里人很多，都在争抢地主家的财产。他来晚了，能拿的东西已被人们拿完了，张老头背着锅立在院里发呆。

徐达问："你分了什么物件？"

他说："什么都没有了啊！"

"你是有功之人，这一大锅饭送得很及时，没有一点儿胜利果实怎么行，这样吧，我发现后院西厢房里还有一个老地主的女用人，长相也标致，你就将她领回去吧。"

"大人，不行啊。"

"怎么了，这么一个大活人，你都想不要？"

"她是被老地主过了手的，我虽年纪一把，但尚未破身，怎么能要这种女人？"

"你的条件还很高嘛，还是把她带回去，这是分给你的。"

"我不能要，找女人要有个图头，她跟老财主睡了三四年，连一个孩子都没有生出来，你说我要她干什么，白养活她吗？"

"也许你比那个老地主命好，能生出儿子来呢。"

"不可能的事，我清楚，那老家伙虽说上了年纪，但体力跟壮年人一样，每天晚上都和她折腾，我哪有这个本事！"

"这是命令，她也是孤苦一人，你们俩人就在一起过活。这口锅，也算是分给你们的胜利果实了。"

徐达当天晚上就住进了这个大院。

明代六龙三凤冠

张老头与这个王氏女在院内的一间柴房过了一夜。第二天清晨，他还没有起来，那女子却跟着一个跛腿鞋匠跑了。

张老头没去找她，而是背着那口大锅投奔了大明军。这几年他跟着徐达转战南北，深受几个将军的喜爱。他笑着走出帐房，徐达等人

继续商议。

有几个人还在喝汤，徐达讲道："现在情况紧急，我们有两种选择：一是围剿雁门关到真定一线的元军，保卫北平；二是继续进攻山西，大家看怎么办？"

常遇春放下碗，说："不要怕，元军想攻占北平，也没有那么容易，留部分人马在这里与他们决战，主力还是去攻打太原为上策。攻占了元军的大本营，他们还能往哪里退缩呢？"

郭英站起来，说："我不赞同常将军的意见。"

徐达说："你有何良策？"

"要死保北平，它是元大都嘛，如果让扩廓帖木儿得手，恐怕将来就不好再收复了，如果是这样的话，从北方的整个战局来看，将会对我军不利。"

"你的意思是将主力调过来。"

"我认为可以在此地给元军一个重创，不一定将主力都从山西撤出来。"

常遇春接着说："我们前进一步是很艰难的，还是迅速将主力集中起来。出其不意，猛攻太原，直捣他的老窝！"

徐达没有下这个决心，他已得知太原守敌空虚，扩廓帖本儿已离开太原，正在雁门关一线督战。

这正是攻占太原的良机呀！

但是这个老对手是否真的离开了太原还是很难说的。

徐达站起来，望着大家，宣布："各位连夜赶回驻地去，明天一早向太原进攻，不得有误。此地只留一万兵力，由傅将军指挥拖住敌人就是了，他们不可能强行向北平推进，估计元军准备工作还没有做完，最快需三天，只要我们在太原一打响，他们一定会后撤。"

常遇春走后，徐达就率部出发了。这时天气很不好，下起了小雪，四万多名将土分三个方向前进，一路没有受到什么阻力，沿途百姓因为害怕，大都躲藏起来，部分地方官员都不敢抵抗，只好投降。

徐达与常遇春两部就在太原城下会合了。

雪还在下，徐达到各营地慰劳完部队，回到一个小山村与常遇春等人商

议攻击步骤。这时，常遇春的先锋队押着十多名元军俘虏进来了。

常遇春望着他们问："这是怎么回事？"

押送俘虏的一名年轻军官报告："这是我们的探子在城外抓到的人。"

"你们干得很漂亮，有他们就可以弄清太原的城防情况了。"徐达站起来瞅着他们看了一会儿，严肃地问："你们几位，谁是头儿？"

俘虏低着头，没有人说话，常遇春也站了起来。

徐达又说："凡是头儿都向前一步。"

还没有人站出来，常遇春脸色铁青，从腰里抽出大马刀，在俘虏面前比画了一下，鼓着眼睛说："我们大明军是优待俘虏的，只要能站在我们一边，就不追究过去的罪行，还可以继续当兵，继续做官，但对顽固不化者格杀勿论，听清楚了没有？"

他一挥手，将头顶的一根木柱砍了一刀，顿时室内尘土飞扬，气氛变得更加紧张。俘虏中几名年轻人双腿打战，"扑通"一声，跪在地上。

一名年纪较大，大嘴、大头、大鼻子的俘虏没有下跪，上前一步，瞅着徐达和常遇春说："我就是官人，有事我担着，与他们无关，放了他们吧。"

常遇春说："我就欣赏这种英雄，你叫什么名字？"

"我姓豁，名鼻马，是负责守南城的将军。"

"原来是豁将军呀！"

常遇春搬来一个凳子让他坐下了。

这个黑脸大汉说："请问你们哪位是徐达将军？"

当时徐达正在里屋与一个军官谈话。

常遇春问道："你认识他？"

"不认识，但他的名气很大呀！"

常遇春一挥手，站在他身边的副官心领神会，转身过去把徐达叫了出来。

徐达望着他说："我就是徐达。听说你是守城将军豁鼻马？"

"正是，我是有眼不识泰山啊！"豁鼻马跪在了地上。

徐达笑着将他扶起来说："大将军不要这样嘛。"

"久闻大名，今日得见真是三生有幸，我有罪，请徐将军发落。"

"知道就好，你可听说过此人？"

徐达指着坐在他身边的常遇春问。

豁鼻马望着常遇春摇头。"不清楚。"

"我告诉你，他就是率五万精兵攻打太原城的总指挥常遇春将军。"

"常将军也是威震四方呀！我真是有眼无珠啊！"

"我愿意为大明效劳。"

徐达说："我们很赞赏豁将军。现在大明朝已在金陵建立了，我们奉旨北上，元军节节败退，中原大势已定，你们的皇帝被我们赶下台了，扩廓帖木儿仍与我们对抗，他能有什么结果，豁将军心里是清楚的。"

豁鼻马说："你们一到中原，我就有反叛之意，只是没有机会呀！我曾想办法与你们联系，后来听说你们二位大将军攻占了元大都后打算派人去找你们，扩廓帖木儿却来了，没有办法走开呀！"

常遇春说："现在我们不是站在一起了嘛。"

"是的，这也很不容易，你们可知道，我是故意出城让你们的人抓住的。"

"这是豁将军的明智之举。"

"谈不上，你们不要担心，刚才那几个都是我身边的，绝对听我的话。"

"我不会杀他们，请豁将军放心。"

徐达又给豁鼻马倒了一杯茶，望着他讲道："你们的扩廓帖木儿也是一员战将，可惜他不识时务，都什么时候了还对我们蠢蠢欲动，能有啥好下场？"

"他对元朝相当忠诚呀！"

徐达问："现在扩廓帖木儿在何处？"

豁鼻马说："已于昨天晚上出城了。"

"去向何处？"

"听说到雁门关一线督战去了。"

"城内现有多少守军。"

"大约有六万多吧。"

"我们如何动手？"

"太原城防很坚固，在外围硬打不行。你们先从南门入手，那里防御要薄弱一点，守军也不是很多。"

这时，有人进来报告："扩廓帖木儿已率部杀回来了。"

"没有想到他这么快就回来了！"

豁鼻马说："事不宜迟，他若进城，你们这场仗就不好打了。还是早点动手，我愿意在城内接应你们。"

"豁将军进城危险啊！"

"请放心，此事别人不知道。"

"一言为定，我们里应外合，攻占太原府如何？"

"我愿用性命担保，配合你们。"

三人坐在一起喝了一碗鸡血酒，算是立了盟约。豁鼻马仍带着他的人马进城了，此时天已经黑了。徐达向所有攻城的大军下达了进攻命令。

放走豁鼻马之后，常遇春有点担心，他对徐达说："此人说话不算数怎么办？"

"我看不会。"

"万一他变卦了呢？"

"没有什么，我们这么多人还攻不下这个太原城嘛，我去打头阵好了！"

"使不得呀！我的徐将军。"

"为什么？"

"这个豁鼻马已为元朝卖了二十多年的命了，万一他在城内设了陷阱怎么办？还是让我去吧。"

"我是总指挥，你得听我的。"

"此事关系重大，我可以不听你的。"

他们两人在谁带人去攻打南门的问题上争执起来，常遇春脾气很不好，他本来对徐达的有些命令就不愿执行。尽管他们曾有误会，但在关键时刻，常遇春还是对徐达的安全很关心的。

徐达的语气很强硬，说："这样吧，攻打南城的任务就交给郭英，你我今天晚上都不能到前方去。"

"南城守军不接应我们怎么办？"

"我已和豁鼻马将军商量好了，我们的人马能混进去一部分。"

"他们不会识破？"

"不会。"

进攻的信号发出之后，城外鼓声阵阵，郭英率部在向南城攻击。虽说豁鼻马已做了保证，但扩廓帖木儿走后，太原城的最高指挥官是平章竹，他是扩廓帖木儿的心腹，指挥打仗很有一套，他听到大明军攻城的消息，立即命令各城门守兵死守，他没有想到自己手下的将领豁鼻马已成了徐达的人。

郭英冲在最前面，守城的元军在豁鼻马的暗示下象征性地打了一下，就将他们放了过去。虽说太原不很大，但要冲进去将敌人全部消灭需要时间，也需要人马。

其他方向的战斗也是在同一时间打响的。

这一夜城外战马嘶叫，杀声震天，城内火光四起，到处都在流血。豁鼻马和郭英试图联手去攻太原府，但城内元军实力太强，加之大明军对城里的地形不熟，进攻受阻了，只好停止。

郭英问："我们是否再攻一次？"

豁鼻马说："不能强攻了，这样下去，我们处在重重包围之中，会有更大的危险，其他城门尚未攻破，徐达将军怎么能进来增援我们呢？"

"那你说现在怎么办？"

"天快亮了，平章竹也一夜没有合眼。他们更是疲乏，不会再打下去了，只要我们不主动进攻，等到天亮再说。"

"如我们在这里按兵不动，会不会有危险？"

"不会的，有我在，你怕什么？"

因为是四面出击，城内城外的战斗并没有完全停止，小打小闹时有发生。徐达在城外与扩廓帖木儿交手三个小时，元军全面崩溃，根本撤回不了太原城。后来常遇春又不听劝阻，率部冲向扩廓帖木儿的临时指挥所，也就是山脚下的那个破帐篷时，扩廓帖木儿不见踪影了。

据一名副官供称，扩廓帖木儿已逃跑了，逃往何处他们不清楚。但有一点可以表明：他没有进城。

经过这一夜战斗，外围元军已全部歼灭，城内的守军成了热锅上的蚂蚁，乱作一团，平章竹根本调动不开了。

天渐渐亮了，城外的荒滩上出现了一名骑白马的人，他蓬头垢面，神情沮丧，身后的十多个兵也都精神不好，很疲倦的样子。

他就是元军战将扩廓帖木儿。

他已被徐达逼得走投无路，不知朝哪里走才好。他的一名随从从后边赶来，瞅着他问："大将军，我们已脱离险区，是否休息一下再走？"

他阴沉着脸，说："不行，继续走。"

"我们要去哪里？"

"去大漠啊！"

"我们去那里还有什么前程？"

"现在还讲什么前程？主子都跑了，元朝还有什么？"

天亮之后，徐达已率大军站在城门下。

元军守领平章竹身披一件黑风衣在城头上站着，徐达骑马站在城下，他瞅着平章竹说："你下来！有种我们两人决斗嘛！"平章竹没有说话，他转身点了一下头，一名卫兵从城楼上爬下来了。

这个兵还没有到徐达跟前就被大明军拦住了，问："你来干什么？"

那兵说："我是奉命请徐将军与我们将军讲和的。"

"笑话，你们死到临头讲什么和。"

"这是我们将军的意思。"

"不能通过。"

那兵只好折回去，往城楼上爬。这一幕，平章竹和徐达都看到了，却没有一个带头讲话。

这种大战即将爆发的场景是悲壮而深沉的，两军将士都手握长马矛、大刀，默默地在原地立着，没有主帅发令，他们不会轻举妄动。

风还在刮着，徐达朝前走了几步，勒住马缰，瞅着平章竹说："平章竹。我是大明军总指挥徐达，你们已被我军包围了，你是一个聪明人，现在元朝已被我们推翻了，你们的皇帝元顺帝早已跑了，扩廓帖木儿也被我们打跑了，你为何不顺从天意放下屠刀？"

"我放下屠刀，你们的屠刀怎么办？"

"我主朱元璋是大明天子，他是一个很开明的君主，如果归顺了，自然不会亏待你的。"

"你能代表他吗？"

"当然可以。"

"我看未必吧！"

平章竹往前走了一步，站在城头上，说："我不会上你的当。"徐达说："你想怎么样？"

"让我停战可以，但必须有个条件。"

"你讲吧。"

"从古至今，南北中分，我可与你讲和，我大元驻守陕西、山右、云中等处；大明守江、浙、闽、广、中原、河北、燕京等处，和好如何？"

"中原本人伦之地，被你们乱了百年，现在我主在金陵建都。南征北战，不到一年，几乎统一了中国，天下豪杰都归顺了大明，你这个老贼还想做梦，谈什么条件？"

"就你们这帮蟊贼，还想攻我城池？"

"废话少说，出来应战。"

"你以为我怕你吗？"

徐达大手一挥，对将士们说："这个老贼顽固不化，给我上吧！"话音一落，士兵们就以排山倒海之势冲了过去。

顿时，城下杀喊声四起，浓烟滚滚，出现了混战局面。不到一个小时，平章竹招架不住，率残部而逃。

太原城的又一个城门被打开了。

徐达打进去后，出来应战的元军将领是贺宗哲和李真。这两个人虽说名望在扩廓帖木儿和平章竹之下，但也是杀人不眨眼的元朝战将，过去与大明军交手时出尽了风头。

今天，他们自然不会认输。

贺宗哲老奸巨猾，他发觉扩廓帖木儿已出逃，平章竹也溜之大吉，自己面前只有两条路，一是举手投降，做大明军的俘虏；二是决战到底，将自己的老命搭进去。

选择哪一条路呢？正当他犹豫之时，李真走进来了。这时半个太原城已落到了徐达手里，家里的气氛也不好，几个夫人围着他哭哭啼啼，都被喊杀声吓软了。

李真满脸忧郁，说："不好了，豁将军已经投降。"

贺宗哲问："这是真的？"

"城南已失守，他的队伍已带着大明军打进府衙了。"

"这就叫天意，看样子太原是保不住了！"

他的大夫人跑过来，拉住他的手，哭着说："你还在这儿逞什么能？他们跑的跑了，投降的投降了，你们能有啥能耐？"

李真望着他问："老将军，现在这里只有我们二人了，你说该怎么办，我听从你的指挥。"

"你想过没有，我们都是大明朝要抓的罪犯，他们岂能放过？豁鼻马情形如何？很难说呀！"

"将军的意思是什么？"

"只能死守，要拼到最后。"

"拼是要拼的，这是我个人的主张。军人嘛，胜败乃兵家常事，我担心最后我们没有活路。"

"要灵活机动，现在我们怎么能逃出去？"

"我明白你的意思。"

"明白就好，你先派人去城头抵挡一下，如果真招架不住，就伺机撤出去。"

李真还没有走，贺宗哲的其他几个夫人就怀抱细软，从里屋跑出来，跪在地下说："大人，不能丢下我们不管呀！"贺宗哲瞪着眼睛说："哭叫什么！"她们不敢再哭，但没有起来。

他的大夫人走过来，说："你真打算与这个城共存亡吗？你不为我们着想，也得为这一大群孩子着想，你可以一死了之，孩子怎么办，他们都是你的亲生骨肉，大明军能放过他们吗？"

大夫人一席话，将贺宗哲说得眼泪汪汪。他说："你们就是胡闹，这么大一个太原城，难道就没有你们的藏身之处吗？现在怎么走，能走出去，我还站在这里干什么？"

几个女人似乎明白了这个道理，都站起来不吵闹了。

贺宗哲发现李真并没有离开，仍站在门口发呆，他说："你也先回去，把家眷安排一下。如有办法，就派人将他们送出城去，如没有办法就到我这里来，到时想别的办法吧。"

李真深受感动，说："多谢贺将军，我家里人少，有办法处理。"

"你也是一个忠臣了，可是我们的元朝完蛋了，你带人马到城头杀一条血路冲出去吧，此地不能久留呀！"

李真问："你怎么办？"

"不要管我了。"

从贺宗哲家里出来，李真回府对自己的夫人说："你们赶快逃命吧，大明军已杀进来了。"

大夫人说："怎么才能出去呢？"

"你们衣着朴素一点儿，混在难民中出去欢迎明军，不就跑掉了。"

"你呢？"

"我名气大，认识我的人太多，是混不出去的。"

"那也不能等死呀！"

"放心吧，我会杀出去的，明天下午太阳落山时我们在城外李家河村边的破庙会合。要带好孩子。"

夫妇两人抱在一起，哭了一会儿，他就提着大刀跑出去了，街上的人到处乱跑，败退下来的兵正在民宅抢东西，他走过去，将一名抓老母鸡的老兵从脖领上捉住问：

"你是要命，还是要鸡？"

那兵发现他是大官，慌忙放了鸡，跪在地上说："我要命，我要命……"

"要命就跟我走！"

"大人是去何处？"

"到城东头杀一条血路去。"

"不行，那里危险。"

"不危险能冲出去吗？"

那兵说："我刚从那里逃下来，你不清楚，大明军已在城下，围了好几层，我们先后冲了三次，都没有冲出去，眼看着弟兄们倒下了……"

李真说："你跟我走不走？"

"我？"

"不走算了。"

那兵撒腿就往小巷里跑去，将对面过来的一个老妇人撞倒在地。老妇人躺在地下骂，那兵已消失了。李真一路小跑来到城头，对正在后撤的士兵们说："我是李真，你们谁要后退我就杀了谁。"

士兵们发现他站在城头后，都手举大刀不动，两只眼睛已发红，杀气十足。他带头往前冲，士兵们从后面跟了上来，连战三个回合，李真转身跳上马，将两名明军砍倒，带着几名随从跑了出去。当天下午，徐达和常遇春从东南两个城门骑着战马威风凛凛地进了太原城。

徐达站在太原府的大门前接受本地开明人士的参拜。他笑着对大家说："今天我们大明军队攻克太原，元朝已被我们推翻了。从此，你们都是大明朝的臣民。"

山西平定了，此时正好是洪武二年冬天，1369年。

朱元璋得知这个消息格外激动，他坐在金碧辉煌的宝座上，笑容满面地对前来参拜的一位将军说："北方战争进行得很顺利，我们是旗开得胜，横扫元军，现在朕想交给你一个重要的任务，不知你是否愿意接受？"

将军说："臣愿为圣上效劳。"

"很好，徐达他们已攻克了太原，下一步作战目标就是陕、甘了。你率部北上，协助他们作战吧。"

"臣遵命。"

"你们刚从前线凯旋，应该休养一下再出征。但现在形势紧迫，没有时间了，你还需要什么，尽管说，朕一定满足你。"

"谢皇上恩宠，除需补给粮草外，没有什么困难。"

"这个问题好解决，请你放心。"

"何时出发？"

"三天之后。"

那将军走后，朱元璋将刘伯温找来，说："徐达他们在北方又打了大胜仗，朕准备派几个人前去慰劳，你起草一份嘉奖文书吧！"

刘伯温说："北上大军扬我大明神威，可歌可贺啊，臣马上动笔。"

"要快，要简短，朕准备明天就派人送去。"

"请皇上放心！"

太原攻克后，徐达将几名战将叫在一起商谈下一步进攻陕西和甘肃的作战计划。

常遇春讲道："可先从陇东庆阳、临洮下手，那里守军很少。"

徐达笑着说："这个建议很好，庆阳城是很容易攻打的，西通陇西，北临河湟。得其人民，足以备战；得其地产，足以供军储备。我们大举攻击，李思齐也是没有办法的，我们兵分两路，一路直接入陕，一路挥师陇东，你们看如何？"

大家都表示同意，于是他们便率部离开了山西，朝陕、甘扑去。

就在这次征战中，常遇春将军却突然生病了。在行军的的路上，他躺在担架上对身边的人说："我这次可能是不行了呀！我死后你们还是将我抬到金陵去吧。"

他躺在担架上说了一路疯话，第二天就闭上了眼睛。他的死对将士震动很大。远在金陵的朱元璋得知后失声痛哭，说："朕失去了一只手臂呀……"

这位战将的死对明朝来说的确是一大损失，他还很年轻，正是有为之时，才刚满四十一岁。

徐达是奉命前往金陵参加常遇春的葬礼的。

因为这是明朝的第一位开国将军之死，葬礼规格很高，仪式也相当隆重，朱元璋亲自主持葬礼，许多战将都从前方赶来了。

葬礼结束之后的第二天，朱元璋宣布，李文忠为左副将军，顶替常遇春的职务。这一决定令许多人不服，但又不敢言语，徐达对此事也有看法。虽说他与常遇春过去有不少疙疙瘩瘩，但他对常遇春的战绩是敬佩的。两人北上，相互配合，打了不少漂亮仗。

离开金陵前徐达特意进宫拜见朱元璋，朱元璋很是客气。

朱元璋将徐达带到一个小屋里边喝酒，两人情绪都渐渐好了起来，话题也很广泛，朱元璋一改往日威严，很是随和。

他说："常遇春英年早逝，对我们损失很大！"

徐达说："我们北上的功绩有遇春兄的一半，如今失去他，从指挥上来说，还没有谁能比上他。"

两个人的宴席没有多少气氛，吃山珍海味，喝各种贡酒，谈论天下大

事，大约有一个小时，朱元璋发现徐达喝得面部通红，笑着说：

"你在北方辛苦了，我近日从苏杭选了一批美女，能歌善舞，令人陶醉不已，你想不想欣赏一下？"

一个水蛇腰的宫女又送来一盘菜，徐达的双眼盯在她身上不动。朱元璋笑笑，一招手，宫廷乐队开始表演了。在美妙温柔的乐曲声中，十六名身着白纱的美女上场了，他们很快就将徐达的目光吸引过去。

朱元璋问："怎么样？我的徐大将军。"

徐达说："天下竟有如此赏心悦目的舞女，我还是头一次大饱眼福。"

朱元璋对舞女说："你们表演得很出色，休息一会儿，桃花和水莲过来吧。"

桃花和水莲笑容可掬地提着衣服走过来了。朱元璋笑着在桃花屁股上拍了一下，说："这位是我们的大将军徐达，你们陪他喝几杯好吗？"

这两个女子都说："我愿意。"

此时，徐达变得有点不好意思，两名舞女已分别坐在他的身边，面带微笑向他斟酒。朱元璋接过一名宫女递来的一块热毛巾，在额头擦摸了一把，笑着说："徐将军不必拘谨了，尽情欢乐吧。"徐达红着脸说："谢圣上恩宠。"

"哎，朕与你有言在先，今天晚上不讲君臣关系。"

尽管朱元璋这么讲，但徐达仍显得很拘束，似乎坐在他身边的两位美女是老虎，他接酒喝，没有仔细欣赏的勇气。

朱元璋接过酒，喝了一大口，望着他说："难道徐将军不喜欢她们吗？"

徐达说："喜欢。"

"那为何不多喝几杯呢？"

"我不胜酒力嘛。"

"你的酒量朕是了解的嘛，几杯酒算什么呀！"

"我也不能多喝呀。"

"为什么？"

"臣担心喝多了失态呀。"

"在这个场合，将军的失态也不算什么嘛，这两个女子是朕特意精选来

的，如果你真心喜欢，朕就赏赐给你了。"

这两个女子对朱元璋轻轻一笑，然后有意往徐达身边靠去。

徐达被他们身上散发出的香气弄得神魂颠倒。坐在他左边的桃花又给他斟了一杯酒，徐达很激动，接过来喝了。他已有了几分酒意，坐在对面的朱元璋搂住了桃花。

桃花很兴奋，顺势倒在了他的怀抱。

朱元璋笑了，笑得很开心。

当朱元璋睁开眼睛时，乐队已撤去。那几名美女也退下去了，室内没有一点儿嘈杂声，两名太监没有走，站在朱元璋的左右一动不动。朱元璋揉了一下厚重的眼皮，问："朕刚才是不是睡着了？"

站在他右边的那位小眼睛太监睁着眼睛说瞎话："圣上只是打盹儿而已。"

"是的，朕只是打了一个盹儿嘛。"就在这时又有两名宫女端着铜盆走过来，帮助他们洗脸。朱元璋爱开玩笑，抓住宫女的小手，说："这位徐将军是我们的开国元勋哇，今后他来了你们可得小心侍候。"

"臣妾遵旨。"

洗漱完毕，徐达喝着清茶对朱元璋说："臣今天多喝了几杯，在圣上面前失了大礼，请恕臣有罪。"

"朕讲过今天咱们不讲客气嘛。"

"臣是不是对宫女们有非礼之处？"

"这也没有关系嘛，看样子你的夫人对你管得太严了，不要怕她，我偏要摸一下这个老虎的屁股。"

徐达明白在处理老丈人的问题上他的夫人与朱元璋闹得很不愉快，主上又提此事。于是，急忙解释说："夫人没有什么见识，爱耍性子，还请皇上从轻发落。"

"你这个人哪！又替她说话了，刚才跳舞的那两个女子，你是否有意？"

"他们真是天生丽质，可谓国色天香呢。"

"你喜欢吗？"

"正是。"

"这就好，大丈夫嘛，要敢爱敢恨。这十几名舞女是朕专门挑来准备赐予大臣的，你领一个回去吧。"

"臣不敢有这种非分之想。"

"是朕赐予你的，难道还怕夫人？"

"不怕，只是重任在身，没有时间享受。"

"先留在家里。"

"还是请皇上赐予其他大臣吧。"

"你出生入死，转战南北，是本朝第一大功臣，理应受此殊荣，怎么说不要呢？"

"臣常年在外，如果纳妾会招来是非。"

"不必担心，今后也不会有大的战争了。"

徐达默许，不再为此事推辞，朱元璋转过身对后边的一个太监说："你去把铁券给朕拿来吧。"

"圣上这是什么意思？"徐达望着他说。

"朕让你看一样东西。"朱元璋很是得意。

过了一会儿，那个太监就抱着一大卷金色的东西从里屋走了出来。这种铁券是用来书写宫廷文书的，说是铁券其实没有一点铁，全是竹板。徐达接过来看，只见上面写着朱元璋所封的各种公爵的名字，连同其他爵侯在一起，共有五卷，足有一人多高。

徐达翻看完毕，问："这种字写得很有功力，不是出自一般人之手呀！"

朱元璋哈哈大笑，之后说："你很有眼力嘛，的确出自名家之手，此人你也很熟呀，你猜猜吧。"

"是李大人？"

"那朕就告诉你吧，是刘伯温写的，他先从台州运来唐朝古本，然后进行仿造，朕打算在上面镌刻金字。"

"圣上英明，这将流传百世，堪称千古绝唱。"

"朕还准备在鸡鸣山建功臣庙，生者死者都入庙。"

"是吗？这也许有点不妥吧！"

"为什么？"

"死者立庙祭祀，生者为何进庙呢？"

"这个好办嘛，死者塑像，活者虚其位以示荣褒。"

"圣上这么说，臣也在里面了？"

"当然，你与伯温的像都要给制进去，这样可以激励后人。"

"生者的像也进庙，臣以为还是不妥。"

"你担心什么？历代帝王不都是生前营造陵寝的？百姓也有为生者做棺材的，生前顾后，也是大吉嘛。"

"话是这样讲，但臣以为生者受人膜拜，终有隔世之感啊。"

"人生自古谁无死，真龙天子也有驾崩的时日，哪有万岁之说，全是骗人的！"

从宫内出来，夜幕已经降临，大街上行人越来越少。已处于半醉状态的徐达独自走进家里时，却意外地发现了大厅里站着两名如花似玉的女子。那两名女子略一欠身，望着他说："大人回来了。"

徐达感到这声音有点熟悉，似乎在哪里听过。走近一看，才认出他们，原来正是下午在宫内跳舞的女子。

老管家说："大人，这两名女子是宫里送来的。"

"真有此事？"

"皇上有旨，让你纳妾。"

徐达坐下来，对桃花和荷花说："你们在我这里比不上宫里，要受一点儿委屈。"

大眼睛的荷花说："我们是能吃苦的呀！"

徐达说："我这个相国府人口虽说不多，但夫人持家严谨。你们年纪小，得处处尊敬她，不要惹她生气才是。"

荷花说："请大人放心。"

桃花说："我们也是安心过日子，大人怕什么？"

"不是怕，这话我得先说明。"

荷花说："老爷，如果有人欺负我们，你可得为我们做主呀！"

管家给这两个女子安排房间去了。

徐达感到很累，来到上房去敲夫人的门，敲了半天却没有什么反应，他觉得夫人一定是生气了。

又敲了一会儿，徐达隔着门问："夫人怎么了？"

这时门开了，他走过去坐在床头说："你身体不舒服吗？"

夫人说："老爷已纳妾了，何不去欢乐，还到我房里来干什么？"

徐达笑着说："你不要生气，这并不是我的意思。"

"你现在是开国元勋了，我一个妇道人家怎么敢生气呢？"

"她们是皇上送来的，我怎敢不要？"

"是吗？如果你没有这个意思，皇上为何会将她们送给你？我这个人脾气不好，留下她们日子怎么过呢？"

"这是皇上赐的，怎么能随便送走呢？"

"你不要来这一套！"

男欢女爱起风波

徐达从夫人屋里出来时，桃花正在大厅等着。她关切地问："老爷怎么还没有睡呀？"

"我睡不着嘛。"

"你不要说假话了，刚才夫人又发脾气了？"

"她就这种人嘛，没有什么。"

"看样子，我们真不应该来呀。"

"这不关你们的事。"

"那今晚就到我的房里，让我侍候你吧。"

"你去休息吧，我还有事要办。"

她突然哭了起来，看上去很是伤心。

徐达的心也渐渐软了，他坐下来抚摸着她的秀发，问道："你怎么了？"

"我难过呀。"

"有话就说嘛。"

"我这做妾的还有什么出息呢？"

"不能这样说嘛。"

"我原以为跟了大将军，日子就好过了，没有想到夫人这么厉害。"

"她也是讲道理的人，不要担心。"

桃花很自然地趴在他身上哭泣，屋内很静，其他人都睡觉了，除了大门外的两名哨兵。

她很温情地说："贱妾真想家呀……"

徐达摸着她的前额说："难道这不是你的家吗？"

"我想念家里的父母啊！"

"你父母健在？"

"是的。"

"这样吧，过一段时间我们一起去看他们吧。"

"大人是不是说着玩呢？"

"我怎么会哄你？"

"我觉得此话难以当真。"

"怎么讲？"

桃花揉着眼睛，细声细气地说："你与大夫人恩恩爱爱，我们突然来她怎能高兴呢？今晚她不就给你来了一个下马威吗？"

徐达突然笑了，笑得很勉强。他说："你猜错了，夫人会与你们友好相处的。"

"是吗？她连你都容纳不了呀。"

徐达轻轻地点点头，说："她就是这种人嘛，走，到我房里去吧。"

这一夜给徐达留下了终身难忘的印象。相比之下，这两个年轻美女的确很可爱，很会侍候男人。

第二天早晨，当他还在桃花被窝里做梦时，大厅里却传来了吵闹声。

他急忙穿好衣服，走出来，才知道是夫人在闹。她坐在椅子上，手里拿着一把大剪刀，哭着说："我现在活着还有何用，你们都是这家里的主人了……"

老管家伸手夺过剪刀，说："夫人这是何苦呀，谁也没有惹你嘛。"

"你们都清楚，从宫里来的这两个妖精是成心来与我作对的，她们已把老爷迷住了哇！"

"夫人想开一点，如今这金陵城里，不要说朝廷功臣，就是一般大户人家，也娶了好几个女人，徐将军才收了两个，算得了什么！"

"我知道你们是串通一气，来欺负我。"

第五章 英雄美人

161

桃花和荷花也先后出来了。

此时大厅里全是谢氏的吵闹声，老管家夺过剪刀站在一旁望着徐达。几个孩子也跑了出来，他们还小，不知道发生了什么事，立在母亲身边发呆。

徐达问："你闹够了没有？"

夫人瞪了一眼，说："你这是什么意思？"

"大清早就哭哭啼啼，成何体统？"

"你干的好事，还来问我！"

"我怎么了？"

"谁让你把她们留在家里呢！"

"这是皇上的旨意。"

"不要用皇上来压我了。"

"你想怎么样？"

"这个家，这几年来都是由我在操持，你长年在外东奔西跑，在家里待了多少时间？孩子这么大了，你抱过他们多少次？"

"你很辛苦，我是清楚的。"

"清楚就好，你将她们送走吧。"

谢氏指着桃花和荷花，这两个女子站在原地不敢说什么，她们都希望徐达能站出来说几句有分量的话。

徐达对夫人说："她们是皇上恩赐的，岂能送出这个家门？"

夫人不再哭泣，她伸出左手将搭在前额的一缕长发，朝耳际捋了一下，脸色依旧苍白。

徐达又说："此事已生米做成熟饭了，你还是容忍一下，留下她们吧。"

"留下来，恐怕就没有我说话的地方了。"

"不会的，你是大夫人嘛，一切都好说。"

谢氏脸上的气色渐渐有了好转，她喝了一口茶，问："你说话还算数？"

"当然算数了。"

"那好，她们留下来日后得服从管教。"

"可以。"

桃花和荷花都说："妾日后愿服从夫人管教。"

谢氏望着她们说："记着，你们只有侍候老爷的义务，家里的事务不得插手。"

桃花很不情愿地说："让我管，我也没有这份闲心哩。"

谢氏突然站起来，拉着孩子到后院去了。

徐达也准备出门，荷花却哭着说："老爷日后可得替我们做主，你在家她都那么凶，你一旦离开了，还不知她又生出什么事端来呢？"

"我会给她交代的，没有事。"

徐达没有想到奉皇上旨意纳妾，夫人却大动干戈，这个家今后怎么样，他心中是没数的。几天过去，三个女人相安无事。谢氏一反常态，对他特别热情，简直是关心备至。

这两位年轻女子却很有意见，但又不敢多说什么。

有一天，他们又坐在一起吃饭，徐达的话特别多，但其他人却不愿多说，似乎内心都有一种难以诉说的苦痛。

谢氏只顾低头吃菜，徐达喝了几杯米酒，很动感情地说："记得十五年前我与皇上一起打仗，是他将我带到队伍的。当时我的想法很简单，只想出门混口饭吃，谁也没有想到现在享受这种荣华富贵，这真是天命呀！"

夫人很冷淡地说："是啊，没有想到人一得势就变了。"

"你又讲风凉话了。"

"现在是人情淡如水。"

"你这话是什么意思？"

"难道不是这样吗？"

"大明朝国泰民安，出现了喜人景象。"

"这只是大家，小家怎么样呢？"

"你这人！怎么这样？"

徐达放下筷子，夫人根本不买账，也将筷子使劲往桌子上一放，流着眼泪走了，坐在旁边的人更不敢说话。

他的女儿望着母亲的背影，说："爹真坏，又惹娘生气了。"

徐达没有理她，独自端起一杯酒喝。一杯喝完，他又倒第二杯，坐在他右侧的桃花夺过酒杯，很深情地望着他说："老爷，你不必烦恼，人多了过日子，难免生出许多事端来。"

已站起来的荷花也说："老爷是有身份的人，何必为家事烦恼呢？"

徐达从荷花手里夺过那杯酒，说："清官难断家务事啊。"

荷花拿起一个红手绢，擦去徐达嘴角的脏物，说道："老爷是英雄，为何不早几年开戒，现在想破这清规看样子只好受气了。"

"我怕什么？你们不要胡说了。"

"这才像个男人的样子。"

"不要理她，我们继续吃酒。"

于是，他们三个人很亲热地吃喝了起来。

徐达的女儿不再吃肉，从桌子上溜下来，瞪父亲一眼，跑出去了。

徐达一招手，站在门前的老管家走过来问："老爷有何吩咐？"

"你去看看，夫人干啥去了？"

"是。"

头戴毡帽的老管家提了一下裤子，笑着走了。桃花平时并不喝酒，现在却变得似乎很开心，连续喝了两杯。

荷花说："老爷你看，她今天也能喝酒了。"

"跟我在一起的女人，不会喝的，也会喝了。"

桃花说："老爷还有一句没有说出来呀。"

"是什么？"

"跟我们在一起，老爷从前不会做的，现在也会做了。"

"你这个人呀，真能说会道。"

"老爷是喜爱妾的，对吗？"

"对，你们两个我都喜爱，要不让你们来干什么？"

"你们不要胡说了，小心隔墙有耳啊。"荷花使眼色。

"怕什么，有老爷哩。"桃花朝徐达身上靠去。

饭菜凉了，徐达已喝得双眼通红，他朝后面喊了一声："老管家！"

老管家没有答应，却迈着碎步来了，弯着腰说："老爷，我在这里呢。"

徐达问："夫人呢？"

"已睡了。"

"女儿呢？"

"在门外玩。"

"你也坐过来喝两杯嘛。"

"不用了，我是不能喝酒的。"

"那好，你再去厨房一趟，弄几个菜来。"

"是，不知老爷要热菜，还是凉菜？"

"凉菜，下酒菜嘛。"

已五十多岁的老管家独身一人，对自己分内的事可谓兢兢业业，不但能使夫人满意，也深得徐达信任。他原是一个马夫，只因在一次战斗中腿部受伤，返回老家后，为生计所迫又来到部队，徐达见他老实忠厚就将他带回自己家里。

徐达没有北上，天天在家与这两个风流女子在一起享乐。

谢氏时常惹是生非，但因为这两个年轻女子有徐达保护，也没有发生什么大的事情。过了几天，她发现徐达已不与她同房，见了她也很冷淡，似乎无所谓的样子，她没有办法，很想与他吵架，可他却不理她了。

家里的日子过得很平淡，从此她也不再吵闹了。白天除与其他几个大臣的大夫人在一起看看戏之外，就是带着女儿逛大街，许多不应该买的东西她也买了回来，老管家是过惯穷日子的人，对此很看不惯，可是也不好去说什么。

一天下午，徐达的一个老友跑来找他喝酒，徐达才问老管家："夫人到哪里去了？"

"不清楚。"

"什么时候离开的？"

"早晨起来就走了。"

"你去找找，就说家里来客人了。"

老管家在一个戏院里找到了大夫人，说："老爷叫你回去哩。"

夫人将手绢在眼前一晃，说："家里有好几个女人陪他，还叫我干什么？"

"夫人，家里来客人了。"

"是吗？什么贵客？"

"是那个王大人。"

"我还以为是皇上哩，去告诉他，就说我正在看戏，没有时间回去了。"

"这样不好吧。"

"有什么不好？我怎么说，你就怎么说。"

老管家人虽老实，但也是个聪明人，他回到家里并没有照夫人说的对徐达讲，而是很委婉地说夫人正在市场买东西，过一会儿就会回来。

徐达与这个老友正在喝酒，突然来了一个太监，传旨说让徐达进宫，皇上有要事找他。

徐达只好停止喝酒，跟着太监走了。

中午的阳光很灿烂，街上行人很多，许多做生意的人，发现徐达骑马过来，都伸出头观看。走在道路上的行人主动给他让路，徐达面带微笑谢过这些认识他的人，也许是人家认识他，他却不认识人家。

走出闹市，转了一个大弯，眼看快要进宫了，徐达望着太监问："你知道皇上宣我进宫是什么事吗？"

骑在马背上的胖子太监，摇着硕大的脑袋，说："不清楚。"

徐达一去不返，眼看天已黑了，这时他家里人着急了。

见夫人没有露面，老管家正要派人进宫去打听消息时，夫人却将他叫去说："你快去弄一口棺材来吧。"

他问："弄它何用？"

"当然有用！"

"夫人，此事不能乱来。"

"荷花死了。"

"真的？"

"是的。"

"人在何处？"

"在她屋里，你随我来吧。"

老管家跟着她进屋时才发现荷花真的死了，全身水淋淋的，形象倒不可怕，很平静的样子。

老管家惊慌不安，问："怎么回事？我中午出去买肉时她还与我说笑呢，怎么说死就死了呢？"

夫人很轻松地说："她是自寻短见了。你还是赶紧去办一下她的后事吧！"

老管家只好按夫人的吩咐去办理荷花姑娘的后事，家里仆人都忙乱起来。

这时徐达回来了。他感到家里有点不对劲，老管家正在与其他几个人小声说话，人们脸色都很异常，也看不到夫人的影子。

他问："家里出什么事了吗？"

老管家说："出了……"

徐达对他这种吞吞吐吐的样子很生气，严厉地说："出了什么事嘛？门口这副棺材是为何人准备的？"

老管家低下头不敢多说，这时夫人从里屋走了出来，说："我还以为是谁在这里呢，原来是老爷回来了呀！"

"少费话，家里怎么了？"

夫人说："你问这个呀，荷花不安分守己，与我顶撞了几句，自己跳到水池里去了。"

"人呢？"

"已捞上来了。"

徐达大步走进荷花屋里，看见她双眼微闭，似乎是睡觉了。

他望着夫人说："与你吵几句，怎么就自寻短见了？"

"我也没有想到呀！"

徐达不好再追问，只能让人尽快安葬荷花。

谢夫人虽说希望荷花和桃花早日从她眼前消失，可是当荷花真的死了后她反而害怕了。她心里明白，这个女人非同一般，是皇帝赐予老爷的，如果皇帝知道一定会追究的。

荷花是怎么死的，桃花当然很清楚，她哭着对徐达说："老爷得为我们做主呀，荷花妹子死得不明不白啊……"

徐达摆手说："不要乱说，此事不可张扬出去呀。"

这时出现在徐达面前的谢氏似乎也很悲伤，她说："都是我的不好，不应与她吵架，皇帝也许会拿我问罪。"

"你明白就好，事到如今，都不要乱讲了，皇帝并不知道嘛。"

当天晚上，桃花将徐达叫到自己屋里百般温存一番之后，躺在他怀里，喃喃地说："老爷，家里的情况你是清楚的，我很害怕呀！"

"有我在，还怕什么？"

"你如果走了呢？"

"放心，过几天我到北方打仗一定会带你去的。"

"此话当真？"

"那当然嘛。"

"夫人不会有意见？"

"她有把柄捏在我手里，不会再乱来了。"

"那也不一定呀，我看你是英雄气短。"

"过去是，现在不是了。"

"这还差不多嘛，男人活着就得顶天立地，敢作敢为。"

"没有想到你还很有头脑嘛。"

"这都是给逼出来的呀。"

"话不能这样讲嘛。"

"这都是现实呢。"

"好了，咱们睡觉吧。"

"我能让老爷高兴，那是福气哩，你是朝廷的大将军，许多女人都希望能做你的小夫人，但真正能实现这个愿望的能有多少人？"

徐达亲着她那白皙的脖颈，说："你又夸赞我了，我是一介武夫，大老粗一个，有什么地方可爱的呢？"

"这你就不知道了，从古至今，美人爱英雄。"

"你了解，其实我这个英雄也不是好当的，连一个家都管不了。"

"说得不准确。"

"怎么不准确了？"

"应该说连自己的夫人都左右不了才对呀。"

徐达忍不住笑了，他在桃花嘴上亲了一下，说："你这张利嘴，真是入木三分。"

第二天，朱元璋又召徐达入宫。临行前他有点不安，以为皇帝要过问荷花的事，他硬着头皮来到宫里，朱元璋正在与一名宫女调情，他转身对徐达说：

"近日可有事？"

"回皇上，正在家里待命。"

"你也难得回来，就在这儿好好消遣一下嘛，来与朕下棋吧。"

宫女离开朱元璋怀抱，将围棋端了出来。

刚下了三个子，就有一名宫廷大臣，拿着一份文书让朱元璋过目，朱元璋扫了一眼，很随便地说："不必再立案了，立即斩首！"

听到这话后徐达心里很不安，他不知道这次处决的是何许人，他又把此事与自己的夫人联系到一起了。走了心思，连失两步棋，最后输了。

朱元璋笑着说："徐将军一开始棋势那么好，最后怎么输给朕了呢？"

"是皇上棋艺长进很快嘛。"

"朕没有什么长进，还是不如你嘛，再来一局。"

第二局下来，徐达精力不集中，又连走错了几步，最后还是输了。朱元璋接过宫女送来的茶，喝了一口，望着徐达问："你过去可不是这样，每走一步都很周密，为何今天这么多失误？这是不应该的嘛！我看出来了，你一进来就有心事，肯定荷花和桃花与夫人在家里闹意见了。我早说过，你那个夫人是应该教训一下了，如她再为难你，就将她交由朕处理吧，不能对她太迁就了啊。"

徐达的额上已开始冒汗，他急忙解释说："没有呀，我的夫人与桃花、荷花相处得很友好，我怎能在家受气呢，近日过得很开心嘛。"

"她们俩是朕赐予你的，如果她们不听话，不好好侍候你，就随你发落了。"

"皇上圣明，臣怎么敢怠慢她们嘛。"

"说实话这两个美女是挺招人喜欢的，如果对她们不满意，可以再送回来，朕可赐予别人，但有一条，不能让别人欺负她们。"

徐达的脸色已变了，很是不安，他说："臣近日去北方，准备带桃花同行哩，请皇上放心。"

朱元璋又让宫女给徐达送来一杯茶，站起来说："带上桃花自然是好，但荷花呢？"

"留在家里。"

"留下她与你夫人过活？荷花是一个软心肠的人，又多愁善感，能与夫人和睦相处吗？"

话已说到这里，看样子朱元璋对这两女子仍是很关心。万一他心血来潮，要召见她们怎么办？徐达觉着还是如实说出来为好。

于是，他望着朱元璋忧伤地说："只是荷花她已……"

"她怎么了？"

"皇上啊！"徐达跪在地上，"臣有欺君之罪，请处罚为臣吧。"

朱元璋皱着眉，问："究竟出什么事了，如实说来。"

朱元璋传

"荷花她投井自尽了。"

"有这种事？"

"臣讲的都是实话。"

"何时自尽的？"

"昨天中午。"

"一个温柔女子怎能无端轻生，必定是你那夫人在欺负她嘛。"

"她是与夫人争吵过。"

"真是大胆，荷花收殓了没有？"

"臣已派人安葬了。"

朱元璋咬牙切齿，在室内背着手走了好几个来回，最后挥手将侍候他的宫女撵走，独自坐在宝座上，铁青着脸说："朕是了解她的，好端端的怎能投井自尽，这其中必有嫌疑，朕要派人开棺验尸。"

"臣不敢欺骗皇上，昨天荷花与夫人吵闹了一会儿，夫人一气之下，用剪刀剪掉了她的一只耳朵，她才自尽了啊。"

"大胆泼妇，如此恶毒，朕岂能饶她？"

"还是请皇上对夫人从轻处罚吧。"

朱元璋似乎冷静下来了，他望着徐达，挥手说："起来吧，我不会怪罪你的。是非分明，这是朕办事的原则。"

徐达的双腿还在抖动，朱元璋又接着讲："我朝的法典你是清楚的，你的夫人蔑视法制，连朕喜爱的人都敢杀害，所作所为已不是一般妇道人家所能干的事，不严惩怎么能服众人呢？"

"还是请皇上免她死罪吧，孩子还小哇。"

"你这个夫人今天能做出如

明代精美铜佛像

此残忍的事，你也有责任。”

“是的，臣有责任，都是我平日管教不严。”

“很显然，自从朕杀了她父亲之后，她就对朕怀恨在心，常在外面散布怪论，朕一直在容忍着，没有想到她越发大胆起来，杀人偿命，朕怎能宽恕她呢？”

徐达坐在那里低头不语。朱元璋将一个太监叫来，小声说了几句什么。

过了一会儿，还是那个太监跑进来说：“皇上，杀人凶犯谢翠娥已被处死了。”

朱元璋笑着说：“朕知道了，很好。”

徐达想说什么，但嘴巴张开又合上了。

朱元璋说：“你是一个多情多义的人，没有什么，这样的女人没有什么可惜的。荷花已死，还有桃花，她也是一个很温柔的美人嘛，日后她会带给你欢乐的。”

徐达说：“皇上大概忘了长江之盟了吧？”

“朕怎么会忘，我们有言在先，朕永远不会杀你，你永远不会反朕，对吗？”

“记住就好。”

“这样吧，谢氏虽是罪人，但她毕竟是你的正室，还是按典礼埋葬了吧。”

“臣遵命。”

徐达从宫里出来，天已经快要黑了，街上行人不多，他是一个重感情的人，尽管谢氏很可气，但她与自己生活十多年，从内心来讲他真是很难受。

他朝家里走去，神志有点恍惚，心情很不好。快到家门口了，他收住了脚步，站在那里，望着黑暗的天空，什么也不说，不再往前走了……

第六章　荣登大典

国号大明

元顺帝至正二十七年（1367）十二月，朱元璋的北伐大军已经平定山东，南征军已降方国珍，移军取福建，水陆两路都势如破竹。一片捷报声使应天的文武臣僚欢天喜地，估计着自己的强大的军事力量，各族人民渴望统一的拥护和支持；估计着元朝政府的无能，腐败，元朝将军们正在疯狂地进行你死我活的内战，统一全国已经是算得出日子的事情了。为了适应这新的局面，必须建立全国性的统治政权，从过去历史实际得出的结论，王只是局部地区的统治者，全国性的统治者应该称皇帝，以此，吴王应该改称皇帝，王府臣僚自然应该提高一级作新皇朝的将相了。

一切都商量好了，准备好了，中书省左丞相宣国公李善长领头率文武百官奉表请朱元璋做皇帝，十天后，朱元璋搬进新盖的宫殿，把要做皇帝的意思，祭告于上帝皇祇说：

唯我中国人民之君，自宋运告终，帝命真人于沙漠，入中国为天下主，其君臣父子及孙百有余年，今运亦终。其天下土地人民，豪杰分争。唯帝赐英贤为臣之辅，遂戡定群雄，息民于田野，今地周回二万里广。诸臣下皆曰生民无主，必欲推尊帝号，臣不敢辞，亦不敢不告上帝皇祇。是用明年正月四日于钟山之阳，设坛备仪，昭告帝祇，唯简在帝心：如臣可为生民主，告祭之日，帝祇来临，天朗气清。如臣不可，至日当烈风异景，使臣知之。

这篇祭告文把元朝蒙汉地主阶级联合政权的倾覆和自己皇朝的建立，都推到上帝身上。前朝的建立和倾覆是天命，自己做皇帝也是天命。上帝的意旨是不可违背的，秉承上帝意旨做皇帝的权力自然也是不可违背的，他就凭这个上帝命令来统治全国人民，叫人明白违背他就是违背上帝，把神权和世

俗政权结合在一起。至于挑的日子，当然是经过研究的，刘基是当时有名的天文学家，一直到今天，民间还流传着有关他的许多怪异传说。但据朱元璋对刘基儿子讲的话："他的天文，别人看不着。他只把秀才的理来断，到强似他那等（天文家）。鄱阳湖里到处厮杀，他都有功。"看来刘基对气象预测是有专长的，在他那个时代所达到的科学水平，几天以内的气象变化看来是可以掌握的。刘基预测正月初四是天气好的日子，朱元璋的祭告文里便有充分信心让上帝来选择他配不配当皇帝，承天命了。

即位的礼仪也定了。这一天先告祀天地，即皇帝位于南郊，丞相率百官和都民耆老拜贺舞蹈，连呼万岁三声，礼成。具皇帝卤簿仪仗威仪导从，到太庙追尊四代祖父母、父母为皇帝皇后，再祭告社稷。宗教仪式都做完了，于是皇帝服衮冕，在奉天殿受百官朝贺，这样就算成为合法的正统的皇帝了。

这一天的天气当然很好，风和日丽。烈风异景，连一点儿影子也没有，上帝批准了。

皇帝办公的正殿名为奉天殿，皇帝诏书的开头规定用"奉天承运"四字。原来元朝皇帝诏书的开头用"长生天气力里，长福荫护助里"，文言译作"上天眷命"，朱元璋以为这口气不够谦卑，改为"奉天承运"，表示他的一切行动都是"奉天"而行的，他的皇朝是承方兴之"运"的，谁敢反抗天命？谁又敢于违逆兴运？

洪武元年（1368）正月初四，朱元璋定有天下之号曰大明，建元洪武，以应天为京师。

奉天殿受贺后，立妃马氏为皇后，世子标为皇太子。以李善长、徐达为左右丞相，各文武功臣都加官晋爵，授予庄田。皇族死的活的全都封王。一霎时闹闹攘攘，欢欢喜喜，新朝廷上充满了蓬勃的新气象，新京师里平添了几百千家新地主、新贵族，历史上出现了一个统一的朝代。

皇族和其他文武官僚、地主家族组成新的统治阶级，代表这阶级执行统治的机构是朝廷。这朝廷是为朱家皇朝服务的，为地主阶级的利益服务的，朱家皇朝的建立者朱元璋，给他的皇朝起的名号是大明。

大明这一朝代称号的决定，事前曾经过长期的考虑。

历史上的朝代称号，都有其特殊的意义，大体上可以分作四类：第一类用初起的地名，如秦、汉；第二类用所封的爵邑，如隋、唐；第三类用当地

的物产，如辽（镔铁）、金；第四类用文字的含义，如大真、大元。大明应该属于第四类。

大明的意义出于明教。明教本有明王出世的传说，经过五百多年公开和秘密的传播，明王出世成为民间所熟知的预言。韩山童自称明王起事，败死后，他的儿子韩林儿继称小明王。西系红巾军的别支明昇也称小明主。朱元璋原来是小明王的部将，害死小明王，继之而起，国号大明。据说是刘基出的主意。

朱元璋部下分红巾军和儒生两种人，也就是农民和地主两个系统，到建国以后，原来由农民出身的将帅也都成为新地主了。这一朝代称号的采用，使两个系统的人都感觉满意。就出自红巾军诸将的观点来说，他们大多数起自淮西，受了彭莹玉的教化，其余的不是郭子兴的部曲，就是小明王的故将，或天完和汉的降将，总之，都是明教徒。用大明做新皇朝的称号，第一，表示新政权是继承小明王的，所有明教徒都是一家人，应该团结在一起，共享富贵；第二，告诉人民以明王已经在世，只此一家，其他的全是冒牌，不要相信；第三，使人民安心，老实本分，享受明王治下的和平合理生活。就出自地主的儒生集团的观点来说，他们固然反对明教，和红巾军处于敌对地位，用尽心机，劝诱朱元璋背叛明教，放弃阶级斗争，暗杀小明王，另建新朝代。可是，对于这一朝代称号，却用儒家的看法来理解。明是光明，是火，分开是日月二字，古礼有祀"大明"朝"日"夕"月"的说法，千多年来"大明"和日月都是朝廷的正祀，无论是列作郊祭或特祭，都为历代皇家所重视，儒生所乐于讨论的。而且，新朝是起于南方的，和以前各朝从北方起事平定南方的恰好相反，拿阴阳五行之说来推论，南方为火，为阳，神是祝融，颜色赤，北方是水，属阴，神是玄冥，颜色黑。新朝建都金陵，是祝融的故墟。元朝建都北平，起自蒙古大漠。那么，以火制水，以阳消阴，以明克暗，不是恰好相胜？再则，历史上的宫殿名称有大明宫、大明殿，古神话里"朱明"一词又把皇帝的姓和朝代称号连在一起，尤为巧合。因此，儒生这一系统也赞成用这一朝代称号。这两种人出发点不同，结论却取得一致。

统一南北

朱元璋于洪武元年（1368）称帝，建立新皇帝，但是大一统事业的完成，还得花二十年的时间。

元顺帝北走之后，元朝遗留在内地的军力，还有两大支：一支是云南的梁王；一支是东北的纳哈出，都用元朝年号，秉承元顺帝命令，雄踞一方。云南和蒙古本部距离极远，势力孤单，比较容易解决，所以朱元璋的注意力先集中在西南方面。从洪武四年（1371）消灭了割据四川的夏国以后，便着手经营云南，先后派遣使王祎、吴云招降，都被梁王所杀。到洪武十四（1381），决意用军力进取，派出傅友德、沐英、蓝玉三将军分两路进攻。

这时云南在政治上和地理上分作三个系统：一是直属元朝皇帝，以昆明为中心的梁王；二是在政治上隶属于元朝，但享有内部主权以大理为中心的白族士酋段氏。以上所属地地区都被区分为路、府、州、县；三是在上述两个系统以外、和南部思普一带的许多少数民族，就是明代叫作土司的地区。现代贵州的西部，在元代属于云南行省，东部设八番顺元军民宣慰使司，管理彝族及苗族各土司。元至正二十四年（1364），朱元璋平定湖广，和湖广接界的贵州思南宣慰和思州（今思县）宣抚先后降附。到平定夏国后，四川全境都入版图，和四川接境的贵州宣慰和普定府总管也闻风归附。贵州的土司大部分先后归顺明朝，云南在东北两面便失去屏蔽了。

明兵从东北两面进攻，一路同四川南下取乌撒（今云南镇雄、贵州威宁等地），这地方是四川、云南、贵州三省接壤处，犬牙突出，是一个军事据点，和在昆明的梁王主力军互相呼应，并且是彝族的集中居住区；一路由湖广西取普定（今贵州安顺），进攻昆明。从明军动员那天算起，不过一百多天的工夫，东路军便已打到昆明，梁王兵败自杀。东路军再北上和北路军会攻乌撒，把元军消灭了。附近东川（今云南会泽）、乌蒙（今云南昭通）、芒部（今云南镇雄）诸彝族全部降附，昆明附近诸路也都以次归顺。洪武十五年（1382）二月，设置贵州都指挥使司和云南都指挥使司，建立了军事统治机构。闰二月，设置云南布政使司，建立了政治领导机构。分别派官开筑道路，宽十丈，以六十里为一驿，置驿站，设置驿夫、马匹，把四川、云

175

南、贵州的交通连接起来。在要害地区，屯兵驻守，建立卫，所，责成当地土司供给军食，控扼粮运、交通系统的安全。布置好了，再以大军向西攻下大理，经略云南西北和西南地方，招降摩些、彝、掸、僰诸少数民族，分兵戡定各土司。分云南为五十二府，六十三州，五十四县。为了云南太远，交通不便，特派义子沐英统兵镇守，沐家子孙世世承袭，在云南将近三百年，竟和明朝相始终。

纳哈出是元朝世将，太平失守被俘，朱元璋放他北还。元顺帝北走后，纳哈出拥兵盘踞金山（在今辽宁开原东北，辽河北岸），养精蓄锐，等候机会南下，和元顺帝的中路军，扩廓帖木儿的西路军互相呼应，形成三路钳制明军的军事形势。在东北，除金山纳哈出一军外，辽阳、沈阳、开元一带都有元军屯聚，洪武四年（1371），元辽阳守将刘益降，建辽东指挥使司，接着又建立辽东都指挥使司，总辖辽东军马，以次平定沈、开元等地。同时，又从河北、陕西、山西各地出兵大举深入沙漠，击破扩廓帖木儿军主力，进攻应昌（今内蒙古自治区经棚县西境，捕鱼儿海达尔泊旁）明军破应昌，元主远逃漠北。到洪武八年（1375），扩廓帖木儿死后，元中路和西路的军力日渐衰弱，不能再深入内地抄掠了。朱元璋乘机经营甘肃、宁夏一带地区，招抚西北各羌族和回族落部，分别给予土司名义或王号，使其个别接受政令，处用诸部族军力，阻止元军的入侵。在长城以北今河北和内蒙古自治区地方，则就各要害地方建立军事据点，逐步推进，用强大军力压迫元军退到更北的蒙古大沙漠，不使靠近边塞，采取以攻为守的军事策略。西北方面的问题完全解决了，再转回头来

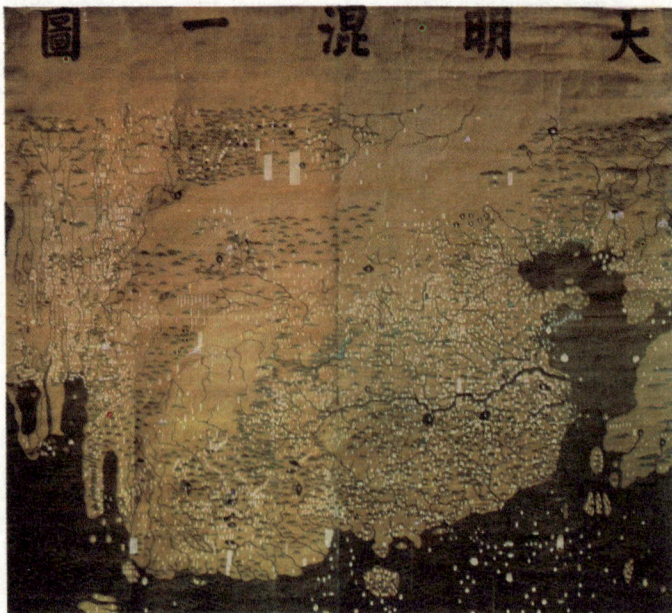

大明混一图

收拾东北。

洪武二十年（1387），冯胜、傅友德、蓝玉诸大将奉命北攻纳哈出。大军出长城松亭关，筑大宁（今河北平泉）、宽河（今河北宽城）、会州（今河北平泉）、富峪（今河北平泉之北）四城，储粮供应前线，留兵屯守，切断纳哈出和元中路军的呼应。明主力军东向从北面包围金山，纳哈出势穷力蹙，孤军无援，只好投降，辽东全部平定。于是立北平和都指挥使司于大宁，东和辽阳，西和大同应援，作为北边边防前线的三大要塞。又向西和开平卫（元上都，今内蒙古自治区多伦县地）、兴和千户所（今内蒙自治区张北县地）、东胜城（今内蒙古自治区托克托县及茂明安旗之地）诸军事据点，联结成长城以外的第一道边防线。从辽河向西几千里地方，都设卫置所，屯驻军马，建立了保卫长城的长城。两年后，元主脱古思帖木儿被杀，部属分散。以后蒙古内部又连续发生政变，叛乱，实力更加衰弱，明朝北边的边防，也因之而获得几十年的安定。

对外对内政策

东北的元军虽然降附，还有女真族的问题亟待解决。女真这一少数民族原是金人的后裔，依地理分布，大致分为建州、海西、野人三种。朱元璋采取军事和政治双管齐下的政策，军事上封韩王于开原，宁王于大宁，控制辽河两头，封辽王于广宁（今辽宁北镇），建立三个军事中心，作为阻止元军和女真族进攻的重镇。政治上采取羁縻政策，对东北地区诸女真部族，遣使用金帛个别招抚分立为若干羁縻式的卫所，使其自成单位，分而治之，给予各部族酋长以卫所军官职衔，许其秉承朝命世袭，并各给玺书，作为进贡和互市（做买卖）的凭证，满足他们物资交换的经济要求。这样，女真族就依地理分布成为若干卫、所，不相隶属，任何一个单位都没有力量单独进攻内地了。到明成祖时代，越发积极推行这个政策，辖地到现在的黑龙江以北，直到库页岛和以北地方，增置的卫所连同旧有的共有一百八十四卫，并设立奴儿干都指挥使司。由朝廷派遣军官镇守。

辽东平定后，大一统的事业完全成功了。和前代一样，这大一统的皇朝和许多邻国建立了交往关系。从东面算起，洪武二十五年（1392）高丽发生政变，大将李成桂推翻亲元的王朝，自立为王，改国号为朝鲜，成为明皇朝

最亲密的邻国。其他有政治，文化和经济交往的国家，东南有琉球国，西南有缅甸、安南、真腊、占城、暹罗和南洋群岛诸岛国。内地和边疆则有许多羁縻的部族和土司。

明皇朝对周围邻国的友好关系建立，是通过使臣的互相聘问，土产物资的互相赠送来进行的。各国的内政都是自主的。为了和海外各国进行物资交换，在沿海地区特开通商口岸，主持通商和接待外国商船的衙门是市舶司。洪武初年指定了三个通商口岸，宁波市舶司通日本，泉州市舶司通琉球，广州市舶司通占城、暹罗和南洋诸岛国。

元朝初期多次对日本、安南、缅甸、占城、爪哇等国的侵略战争，所招致的失败和严重后果，给了朱元璋以深刻的教训。他总结了前朝的失败经验，制定了外交政策，那就是外国来犯我边，就要吃苦头；他不来犯，我也不可兴兵轻犯。他把外国分作两类：一类是不征之国，就是不和他们打仗的国家；一类是必须谨备的敌人，必须区别对待。他特别在皇明祖训中郑重告诫说：

四方诸"夷"皆限山隔海，僻在一隅，得其地不足以供给，得其民不足以使令。若其不自揣量，来挠我边。则彼为不祥。彼既不为中国患，而我兴兵轻犯，赤不祥也。吾恐后世子孙倚中国富强，贪一时战功，无故兴兵，杀伤人命，切记不可。但"胡戎"（指蒙古）与中国边境密迩，累世战争，必选将练兵，时谨备之。

今将不征诸国名列于后：

东北：朝鲜国。

正东偏北：日本国（虽朝实诈，暗通奸臣胡惟庸谋为不轨，故绝之）。

正南偏东：大琉球国、小琉球国。

西南：安南国、真腊国、暹罗国、占城国、苏门答腊国、西洋国、爪哇国、溢亨国、白花国、三弗齐国、渤泥国。

这些国名的列举，显示了当时人对世界的认识，除了亚洲以外，其他各大洲的国家，在明初人的眼光中，都是不存在或者不认识，很少认识的。就当时情况说，中国是一个大国，是一个农业国，工商业不很发达，不需要海外市场；土地面积大，也不需要向外侵略领土；人口众多，也不缺乏劳动力，这是朱元璋坚决反对向外侵略政策的经济根据。历史教训是向海外诸国侵略，"得其地不足以供给，得其民不足以使令"。没有什么好处。而且对外打仗，还得花钱、死人，打胜仗既然没有好处，打败仗就越发划不

明代建筑玲珑塔

来了。因之，朱元璋反复告诫他的子孙，不可倚中国富强，贪一时战功，无故兴兵，杀伤人命。所谓"无故"就是"彼既不为中国患"。反过来，假如有的国家，不自量力，胆敢侵犯皇朝边境，那就坚决予以打击，对于这个国家是不祥的，没有好结果的。他一方面坚持反对无缘无故发动对外战争；另一面也不容许别国的侵略，主张保境安民。从整个历史的发展来说，他的外交政策是进步的，有远见的，应该肯定的。但是从他的政策本质说，把周围各邻国都说成是诸"夷"，僻在一隅。因为"得其地不足以供给，得其民不足以使令"。即使打了胜仗，也还是没有好处，从这个利害观点出发。他的思想认识是大国主义的，功利主义的，和过去曾经发动对外侵略战争的封建帝王是一丘之貉，没有什么上下床之别。

内地土司要定期进贡，酋长的继承要得到朝廷许可，可辖境内的内政也可自主。部族土司领兵的直属兵部，土府土县直属吏部。平时有纳税，开辟并保养道路，战时有调兵从征的义务。土司衙门有宣慰司、宣抚司、招讨司、安抚司、长官司、土府、土县等名目，长官都是世袭，有一定的辖地和土民，总称土司。如土司内部发生纠纷，或反抗朝廷失败后，往往被收回境内统治权，直属朝廷，改用流官治理，叫作"改土归流"。土司和皇朝的关系，在土司方面，假借皇朝所给予的官位威权，震慑部下百姓，便于奴役搜括；在皇朝方面，用官爵赏赐有实力的酋长，使其倾心内向，维持地方安定，以便榨取，可以说是互相为用的。

179

概括说来，明代西南地区各少数民族分布的情况，湖广、四川、贵州三省交界处是苗族活动的中心，向南发展到贵州；广西则是瑶族（在东部）、僮族（在西部，1965年改为壮族）的根据地；四川、云南、贵州三省交界处则是彝族的聚居地区；四川西部和云南西北则有摩些族；云南南部有僰族；四川北部和青海、甘肃、宁夏有羌族、回族；西藏和四川西部有藏族。

在上述各地区中，除纯粹由土官治理的土司而外，还有一种参用流官的制度。流官即皇朝所派遣的有一定任期的非世袭的非土著的地方官，这类地区，大致是以土官为主，派遣流官为辅，流官在实际上执行监督的任务。和这类地区相反，在设立流官的州县，辖境内也有不同部族的土司存在。以此，在同一布政使司治下，有流官的州县，有土官的土司，有土流合治的州县，出有土官的州县；即在同一流官治理的州县内，也有汉族和其他各少数民族人民杂居的情况，情形非常复杂。这种复杂的情况，是由长期的历史发展所造成的。正因为民族问题错综复杂，最容易引起民族间的纠纷以致战争，其核心的根本的原因是阶级压迫，不管是流官也罢，土官也罢，土流合治也罢，都是代表地主阶级或奴隶主阶级对农民或奴隶进行残酷的阶级压迫的，有了阶级压迫，就必然有阶级反抗，阶级斗争。其次是汉族的大汉族主

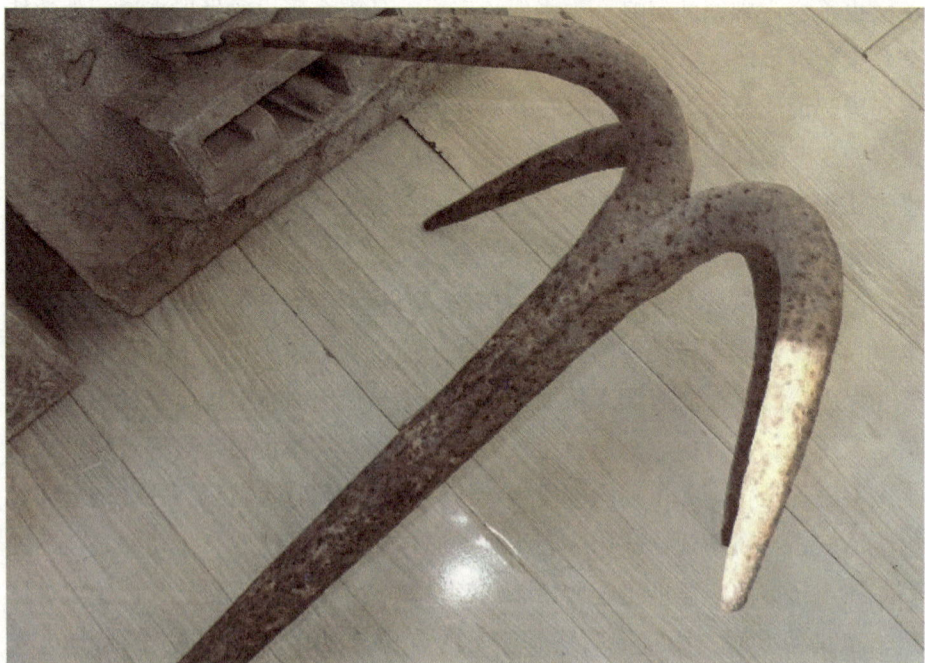

明代四爪八棱铁锚

义在作怪，汉族人民生产技术高，人数多，力量大，他们用经济力量挤，用政治力量抢，用武装力量赶，来夺取各少数民族人民的土地物资。各少数民族人民有的被迫迁徙到山上，过极度艰苦的日子；有的被屠杀消灭了；有的不甘心忍受压迫，组织起来以武力反抗，爆发了地方性的甚至大规模的战争，当然，也还有另外一种情况，那就是有些少数民族的酋长，为了个人的私利，用武力扩张领地。抢劫财物，造成对另一少数民族或汉族的战争的，形式上是民族之间的战争，实质上也还是阶级斗争。

各少数民族人民在元末的反元斗争中，曾经积极参加斗争，起了削弱元朝蒙汉地主统治阶级的作用。在明初洪武一朝，也先后爆发了反对封建地主阶级的斗争。例如洪武十一年（1378）六月五开洞"蛮"吴面儿的起义，这次斗争一直延续到洪武十八年（1385）七月，规模很大。洪武十六年（1383）广东清远县的瑶族，九月四川松、潘二州的羌族，洪武十七年（1384）七月广东儋州宜伦县的黎族，十八年正月广西庆远府东兰州的"蛮"，二月四川松州的无族，广西思州诸洞"蛮"，五月湖广的大庸"蛮"，洪武十九年（1386）正月广西柳州府融县"蛮"，平越卫麻哈苗族，十一月湖广澧州朝纳洞"蛮"，洪武二十年（1387）十月云南剑川土酋杨奴的先后起义。洪武二十三年（1390）十月东川候胡海镇压赣州农民起义，生获"蛮"人三千四百人。洪武二十六年（1393）七月湖广道州永明县"蛮"起义。特别是从洪武二十七年（1394）到洪武三十一年（1398），起义次数更多，洪武二十七年正月的道州瑶族，六月全州及灌阳诸县瑶族，十一月贵州柴江新蓝等处"蛮"的起义，洪武二十八年（1395）十一月贵州西堡土官阿傍被镇压，群"蛮"被擒的五千三百二十六人，十二月征南将军左部阿傍被镇压，群"蛮"被擒的五千三百二十六人，十二月征南将军左都督杨文镇压瑶族起义，"瑶""蛮"被杀的竟达二万八千余人。洪武二十九年（1396）正月贵州清水江"蛮"，二月广东潭源诸洞、广西平川、增益等地的起义，三月清水江中平等寨"蛮"，六月广西思恩等县"蛮"，十二月永宁州、肇庆府瑶，洪武三十年（1397）三月古州上婆洞"蛮"，八月黔阳、辰溪等处"蛮"，洪武三十一年（1398）五月四川新设卫"蛮"的起义，前赴后继，一直没有间断。因为起义的地区不同，是间先后不同，都是孤军作战，都被强大的有组织的明朝军队所镇压而失败。

明皇朝统治各少数民族人民的原则，在边境采取放任政策，只要当地

土司能够服从朝令，便听任其作威作福，世世相承，不加干涉；在内地则采取同化政策，例如派遣流官治理；开设道路驿站；选拔土司子弟到国子监读书，从而使其完粮纳税，服从征调，逐步加强统治，最后改建土司为皇朝直接治理的流官州县。

统治西北羌族的办法分两种：一种是用其酋长为卫所长官，世世承袭；一种因其土俗，建立寺院并赐僧侣封号，通过宗教治理当地人民。羌族的力量分化，兵力分散，西边的边防也就没有问题了。现在的西藏和四川西部，当时叫作乌斯藏和朵甘，居民信奉喇嘛教，僧侣兼管政事，明朝继承元朝制度，设立了军事统治机构，并封其长老为国师、法王，令其抚治人民，定期朝贡。又因西边各族人民对茶叶特别爱好，设立茶课司，用茶叶和他们交换马匹，入贡的赏赐也以茶叶和布匹为主。西边各少数民族的酋长、僧侣，为了入贡的赏赐和做买卖的收益，为了保持世代袭官和受封的权利，都认为维持这种关系有好处，相安无事。明朝将近三百年间，西边边防比较平静，没有发生什么大规模的战争。

对蒙古、色目人，继续贯彻北伐檄文中所提出的"愿为臣民者，与中夏之人抚养无异"的政策，蒙古、色目的官吏和汉人同样进用，在朝廷有做到尚书、侍郎的，在地方做知府、知县、临民办事的。在军队里就更多了，甚至在亲军中也有蒙古军队和军官。由朝廷编置勘合（有骑缝印的执照），赐予汉人姓名，和汉人一无分别。婚姻法令方面，准许和汉人通婚，务要两厢情愿，如汉人不愿，许其同族自相嫁娶。这样，这些居住内地的蒙古、色目人，经过几代，都同化了，其中有几十家军人世家，好几代都做将军，立了功。

北伐檄文中所提出的"复汉官之威仪"，也逐步贯彻了。朱元璋下诏书恢复人民的衣冠如唐朝的式样。蒙古族留下的习俗，辫发、椎髻、"胡"服；男袴褶窄袖及辫线腰褶，妇女衣窄袖短衣，下服裙裳，"胡"语"胡"姓，一切禁止。丧葬作乐娱尸，礼议官品坐次以右首为尊，也废除和改正了。并参酌古代礼经和实际生活，规定了各阶级人民的生活服用、房舍、舆从等等制度，一切都要服从封建等级的约束，凡是违反的都要受到法律的制裁。

建都和分封

朱元璋在称帝建国之后，摆在面前的问题是，第一，怎样建立一个有效能的政治中心地区，即首都建在何处？第二，用什么方法来维持朱家皇朝子子孙孙的统治？

远在初渡江攻克太平时，陶安便建议先取金陵，据形势以监四方。冯国用劝定都金陵，以为根本。叶兑上书请定都金陵，然后拓地江广，进则越两淮以北征，退则划分长江以自守。谋臣策士一致主张定都应天。经过长期考虑之后，龙凤十二年六月，扩大应天旧城，建筑新宫于钟山之南，到次年九月完工，这是吴王时代的都城。

洪武元年（1368），朱元璋称帝，北伐南征，到洪武二十年（1387）辽东全定，南北统一。在这二十年中，朱元璋的地位由王而帝，所统治的版图由南方一部分地区扩大为全国，吴王时代的都城如何适应这扩大以后的局面，便成为问题了。因为元顺帝及其子孙虽然北走沙漠，却仍然称为北元，保有政府机构和强大的军事力量，时时有南下复辟，卷土重来的企图；同时

明代建筑绍兴吕府

沿海一带倭寇侵扰，也是国防上的重大问题。国都的确定和国防计划的安排是密切相关的。是当时朝野所最关心的两件大事。

自然环境是这样，从辽东半岛直到广州，沿海漫长的海岸线，处处时时都有被倭寇侵略的危险。东北、北面和西北面，长城以外便是北元的势力，如不在险要处屯驻重兵，一旦北元铁骑奔驰南下，黄河以北就很不容易守住。防边要用重兵，如把边境军权付托给异姓诸将，邵荣、谢再兴的教训已经够深刻了，而且，即使不出什么问题，边将拥兵过多，尾大不掉，也很可能造成历史上藩镇跋扈的复辙；如以重兵直隶朝廷，则国都必须设在国防前线，才便于统辖指挥，在应天距离北边前线太远，是指挥不了的。东南地区是全国的经济中心，粮饷所出，北方为了边防安全，又必须建立为军事中心。国都如建设在东南，和经济中心结合，则北边空虚，无力阻止北元的南侵；如建立的北边，和军事中心合一，则粮食仍须依靠东南供应，运输费用太大，极不经济。

皇朝都城问题之外，还有皇朝制度问题，是郡县制呢？还是封建制呢？就历史上的经验教训说，秦、汉、唐、宋之亡，没有强大的亲藩支持屏卫，是原因之一。可是周代封建子弟，又闹得枝强干弱，天王威令不行。这两种制度的折衷方案是西汉前期的郡国制，一面立郡县，设官分治，集大权于皇朝；一面又建藩国，封建子弟，付以精兵，使为皇家捍御。把皇朝建都和制度问题一起解决，设国都于东南财赋之区，封子弟于北边边防据点。这样，在经济上，在军事上，在皇家统治权的永久维持上，都可以圆满地解决了。

明初定都于应天的重要理由是从经济上出发的；第一，因为江浙富庶，不但有长江三角洲大谷仓，而且还是纺织工业，盐业的中心，应天是这些物资的集散地，所谓"财赋出于江南，而陵为其会。"第二，是吴王时代所尊定的宫阙，也不愿轻易放弃，而且

明朝镇北台

如另建都城，则又得再加一番劳费。第三，是朱元璋的左右文武重臣都是江淮子弟，也不愿意远离乡土。第一个理由是主要的，后两个是次要的。虽然如此，朝廷上下又觉得不是十分妥当，因为从照应北方军事的观点来说，这都城的地理位置偏在东南，显然是不合适的。洪武元年取下汴梁以后，个朱元璋曾亲自去视察，认为这地方虽然地位适中，但是在军事上却无险可守，四面受敌，论形势还不如应天。只是为了西北未定，要运送粮饷和补充军力，不能不设置一个军事上的补给基地，于是模仿古代两京之制，八月以应天为南京，开封（汴梁）为北京。次年八月，陕西平定，北方全入版图，形势改变了，国都重建问题又再次提出。廷臣中有人主张关中险固，金城天府之国；有人建议洛阳为全国中心，四方朝贡距离相等；也有人提出开封是宋朝旧都，漕运方便；又有人以为北平（元大都）宫室完备，建都可省营造费用。各种各样的意见都引史论今，提出讨论。朱元璋批评这些建议都有片面的理由，但都不全面，都不能够适应当前局势。长安、洛阳、开封过去周、秦、汉、魏、唐、宋都曾经建过都，但从今天的情况说，打了几十年仗，人民还未休息过来，如在这些地方新建都城，供给力役都出于江南，百姓负担不了。即使是北平吧，虽然有元朝的旧宫室，总得有些改变，还是费事。还不如仍旧在南京，据形势之地，长江天堑，龙盘虎踞，可以立国。次之，临濠（濠州）前长江，后淮水，地势险要，运输方便，也是一个可以建都的地方。就决定以临濠为中都，动工修造城池宫殿，从洪武二年（1369）九月起手，到洪武八年（1375）九月，修建工程还在进行。刘基坚决反对，以为临濠虽然是皇帝乡里，但就种种条件说，都不适宜于建都，方才停工。洪武十一年（1378）下诏改南京为京师，蹉跎了十年的建都问题，到这时才下了决心。

决心虽然下了，但是为了防御北元，控制北方边防，朱元璋还是有迁都西北的打算，选定的地点仍是长安和洛阳。洪武二十四年（1391）八月特派皇太子巡视西北，比较两地的形势。太子回来后，献陕西地图，提出意见，不料第二年太子病死，迁都大事只好搁下不谈了。

京师新宫原来是燕尾湖，填湖建宫，地势南面高，北面低，就堪舆家的说法是不合格的，太子死后，老皇很伤心，百无聊赖中把太子之死归咎于新宫风水不好，这年年底亲撰祭光禄寺灶神文说：

朕经营天下数十年，事事按古有绪。唯宫城前昂后洼，形势不称。本欲迁都。今朕年老，精力已倦。又天下新定，不欲劳民。且废兴有数，只得听天。惟愿鉴朕此心，福其子孙。六十五岁的白发哀翁，既迷信，又失去勇气，只好求上天保佑，从此不再提迁都的话了。

分封诸王的制度，决定于洪武二年（1369）四月初编皇明祖训的时候，洪武三年（1370）四月封第二子到第十子为亲王。但是，诸王的就藩，却在洪武十一年（1378）决定以南京为京师之后。从封王到诸王就藩前后相隔九年，原因是诸子有的没有成年，和国都未定，牵连到立国制度也不能决定。到京师决定后，第二子秦王建国于西安；第三子晋王建国于太原。洪武十三年（1380）第四子燕王建国于北平。出镇在沿长城一线的边防重镇。洪武十四年（1381）第五子周王建国于开封，第六子楚王建国于武昌。洪武十五年（1382）第七子齐王建国于青州，洪武十八年（1385）潭王到长沙，鲁王到兖州。以其他幼王先后成年就国，星罗棋布，分驻在全国各军略要地。

就军事形势而论，诸王国的建立分作第一线和第二线，或者说是前方和后方。第一线诸王的任务是防止北元入侵，凭借天然险要，建立军事重点，有塞王之称。诸塞王沿长城线立国，又可分作外内二线；外线东渡榆关，跨辽东，南接朝鲜，北联开原，控扼东北诸部族，以广宁为中心，建辽国。经渔阳（今河北蓟县）、卢龙、出喜峰口，切断北元南侵道路，以大宁为中心，包括今朝阳、赤峰一带，建宁国；北平地势险要，建燕国；出居庸，蔽雁门，以谷王驻宣府（今河北省宣化），代王驻大同；逾河而西，北保宁夏，倚贺兰山，以庆王守宁夏；又西向控扼河西走廊，局嘉峪，护西域诸国，建肃国。东从开原，西到瓜、沙，联成一气。内红是太原的晋国和西安的秦国。后方诸王是对内的，开封有周王，武昌有楚王，青州有齐王，长沙有潭王，兖州有鲁王，成都有蜀王，荆州有湘王，桂林有靖江王等国。

诸王在其封地建立王府，设置官属。亲王的冕服车旗仅下皇帝一等，公侯大臣见亲王都要俯首拜谒，不得钧礼。地位虽然极高极贵，却没有土地，也不能统治人民，不能干预民政。王府之外，便归朝迁所任命的各级官吏治理。另一方面，诸王却有统兵和指挥军事之权，每王府设亲王护卫指挥使司，有三护卫，护卫甲士少者三千人，多的到一万九千人。塞王的兵力尤其雄厚，如宁王所部带甲八万，革车六千，所属朵颜三卫蒙古骑兵，骁勇善

战。秦、晋、燕三王
的护卫特别经朝廷补
充，兵力也最强。皇
明祖训规定："凡王
国有守镇兵，有护卫
兵。其守镇兵有常选
指挥掌之。其护卫兵
从王调遣。如本国是
险要之地，遇有警
急，其守镇兵护卫兵
并从王调遣。"而
且守镇兵的调发，

明代《汉宫春晓图》

除皇帝的御宝文书以外，并须得亲王令旨，方得发兵。祖训规定："凡朝廷调兵，须有御宝文书与王，并有御宝文书与守镇官。守镇官既得御宝文书，又得王令旨，方许发兵。无王令旨，不得发兵。"这一项规定使亲王成为地方守军的监视人，是皇帝在地主的军权代表。平时以护卫军监视地方守军，单独可以应变；战时指挥两军，独当一面，朱元璋把军权托付给亲生儿子，这样就可以放心了。诸塞王每年秋天勒兵巡边，远到塞外，练兵习武，叫作"肃清沙漠"。凡塞王都参与军务，内中晋、燕二王屡次受命将兵出塞，和筑城、屯田，大将如宋国公冯胜、颍国公傅友德都受其节制，军中小事专决，大事才报告朝廷，二王军权独重，立功也最多。

以亲王守边，专决军务。内地各大都会，也都以亲王出镇，每一个王国都是军事中心，这样，国都虽然远在东南，也不会有什么问题了。朱元璋以为这样安排，十分妥帖。但是他没有想到给儿子以过重的军权会造成皇家的内部矛盾。他死后不久，建文帝就怕诸王过于强大，削夺藩王权力，燕王就起兵反对建文帝，发生内战，燕王做了皇帝，迁都北平。把他的建都和边防两桩计划打得稀烂。

加强中央集权

朱元璋总结了长时期治理国家的实际经验和元朝统治九十年的成败教训，经过研究、争论，多次改革，特别是经过残酷的统治阶级内部斗争，逐步建立了统治全国的官僚机构，使之更加集中，更有威权，更加完备起来。

洪武一朝，中央集权制度的加强，是阶级斗争的结果。

大明皇朝的版图广大，必须建立一套有效率的如臂使指的高度中央集权的中央和地方政府机构，才能真正做到统一、集中，才能做到对内镇压、对外保卫国土的强有力的职能。历史发展的趋势和当时客观情况，迫使朱元璋不能不着手进行大刀阔斧的改革。

先说地方机构：元代的行中书省是从大都的中书省分设出去的，中书省有什么官，行中书省也有什么官，中书省统管军政、民政、财政，行中书省也照样管军政、民政、财政，职权过重。到后期四处兵起，地方人自为战，往往大小事都自作主张，元皇朝不能过问，造成地方跋扈，分权；皇朝指挥不灵，调度不动，枝强干弱，割据分裂的局面。朱元璋自己就是从宋的行中书省丞相起家的，他做的什么事从来也没有得到过小明王的批准，一个行中书省实际上是一个独立王国。当他做平章、做丞相的时候，权力越大越好，龙凤皇帝的牵制越少越好，甚至到了羽翼丰满的时候，除了用龙凤的年号以

明代水陆图

外，根本不把小明王的朝廷看在眼里，现在情况倒转过来了，自己做了皇帝，处在元顺帝、小明王的地位了，矛盾发生了。是地方分权呢，还是中央集权呢？是让各行中书省都像他自己当年那样闹独立呢？还是把一切主要权力都抓在自己手上，紧紧控制地方，要他们奉令唯谨呢？这是一个极为严重的问题，必须妥善解决。

小明王的统治制度是因袭元朝的，元

明代竹院品古图

朝朝廷和地方有什么机构，他也照样设立。朱元璋以战功升动江南行中书省丞相，在开拓领土以后，设官分职，也只能继承这个制度。一直到洪武九年（1376），他越来越觉得地方权重的毛病。这些年来，一方面忙于打仗，另一方面正研究如何改革，到洪武九年考虑成熟了，决定把所有大权都集中在朝廷，改行中书省为承宣布政使司，设左右布政使各一人。布政使是皇朝派驻地方的使臣，掌一省之政，主要是管财政和民政。皇朝规定政策、法令，办事程序，临时任务，通过布政使下达各府、州、县地方官执行。全国分浙江、江西、福建、北平、广西、四川、山东、广东、河南、陕西、湖广、山西十二布政使司，洪武十五年（1382）增设云南希政使司。布政使司的地理分区，大体上继承元朝的行中书省，布政使的职权却只管财政和民政和元朝行中书省的无所不统，轻重大不相同了。由于行中书省这一名词已经叫惯了，虽然改成布政使司，朝廷和民间在口头上还是叫作行省，简称为省。而且就地位论，行中书省是从皇朝中书省的机构分设于地方，是中书省的分出

机关，体制很重，布政使则是皇朝派驻地方的使臣，事事都须秉承朝廷意旨，前者是中央分权于地方，后者则是地方集权于中央，性质起了根本的变化。此外，各布政使司掌管法庭、监狱的机构，设提刑按察使司，长官为按察使，主管一省刑名按察之事。布按二司和掌军政的都指挥使伺合称三司，是皇朝派遣到地方的三个派出机关。这样，民政、税收，法庭，常备军三个管理机关分别独立，不相统辖，直接由朝廷指挥，达到收回大权的目的，达到集中、强化皇朝权力的目的，也便于这三个机构互相牵制，便于垂直统治，布政使之下的地方政府分两级：第一级是府，长官为知府；有直隶州，即直隶于布政使司的州，长官是知州，其地位等于知府。第二级是县，长官是知县；有州，长官是知州，其地位与知县同。州县是直接管理人民的政治机构，所谓"亲民之官"，这个改革也把元朝的路、府、州、县的三级制简化了，政令的下达减少了层次，指挥更方便、灵活了。

朝廷统治机构的改革稍晚于地方。地方的民政、财政、法庭、监狱、常备军的控制指挥权都集中到中书省了，中书省的职权越重，威权越大，和皇帝的冲突、矛盾也就日益严重、尖锐，愈益不可调和。洪武十三年（1380）政治危机爆发，皇帝和丞相争权的结果，朱元璋直接控制着禁军和特务机构，消灭和打击了和他争夺领导权的淮西新地主集团，丞相胡惟庸和许多元勋宿将被杀。朱元璋趁此取消中书省，表面上仿周官六卿之制，提高原来在中书省之下六部的地位，以六部治国：吏部、户部、礼部、兵部、刑部、工部，每部设尚书一人，侍郎（分左右）二人。吏部管全国官吏任命、考绩、升降、惩处；户部管农业税、商税、盐税和人力征调；礼部管典礼、宗教、祭祀、教育、考试和外交；兵部管常备军军官的任免和军令；刑部管法律、法庭和监狱；工部管工程造作（武器、货币、土木营建等）、水利、交通等。都直接对皇帝负责，奉行皇帝的意旨。丞相没有了，朱元璋以皇帝兼行丞相的职权，中央集权发展到高峰，朱元璋成为历史上权力最大的君主。

军事机关也最费脑筋，关键是军队和统帅的关系问题。要打仗必须任命统帅，总不能每次战争都由皇帝自己统率。但是任命了统帅，统率了大军，在战事结束以后，如何收回这个统帅之权呢？不收回，将帅有固定的直属的大军，一旦有变故，他的统治是不牢靠的。要收回，采取什么方法？谢再兴之投敌，就是因为他临阵易帅的缘故，记忆犹新，这个复辙决不可重蹈。因此，朱元璋把元朝的枢密院改为大都督府，节制中外诸军事，任命兄子朱文

明代铁炮

正和可靠将领做都督。过了些时候，还是觉得大都督府权重了，洪武十三年（1380）分大都督府为中、左、右、前、后五军都督府。一分为五，每府以左右都督为长官，各领所属都指挥使司和卫所，职权和兵部互相配合，也互相牵制。兵部有军令、铨选军官之权，却不能指挥军队。都督府虽管军籍、军政，却不直接统率军队。在有战事时，皇帝做了决定，兵部颁发调兵命令，都督府长官才奉令出为将军总兵官，带领所调集的军队，指挥作战。在军中还有皇帝所派的御史或给事中监军（后来又加派监军的太监），直接向皇帝送递军中情报。到战事结束，这个统帅就应该交还帅印，回到原职办事。所调集的军队也立即归还原来卫所建制。

　　光是这两个系统的政、军管理机关还不够，如何能保证这些机构的官员都忠心尽职，完善地执行皇帝命令呢？还得另外有一套监察机构。

　　监察机关原来是元朝的御史台。洪武十五年（1382）改为都察院，长官是左右都御史，左右副都御史、左右佥都御史。下有监察御史一百一十人，按照布政使司的设置，以一布政使司所辖地区为一道，分掌十三道。职权是纠劾百司，辨明冤枉，凡大臣奸邪，小人构党作威作福乱政，贪污舞弊，"学术不正"，和变乱祖宗制度的都可随时举报弹劾。监察御史是七品官，品级和外任的知县一样，但是很有权力，皇帝利用他们来钳制大官，以小制大，以内制外，赋予他们以什么话都可以说，什么意见都可以提，什么大官以至王公都可以告发的权力。这衙门的官员被皇帝看作是耳目，替皇帝听，替皇帝看，随时向皇帝报告，也被皇帝看作是鹰犬，替皇帝追踪、搏击不忠于皇朝的官民。一句话是替皇帝监视官僚的机关，是替皇帝保持传统的思想、纲纪的机关。监察御史在朝监察一切官僚机构；出使到地方

的，有巡按、清军、提督学校、巡盐、茶马、监军等职务，其中巡按御史算是代替皇帝巡查地方，按临所部，小事立断，大事奏裁，是最有威权的一个差使。

行政、军事、监察三个机关分别独立，不相统属，都单独对皇帝负责。官吏内外互用，交流，其地位以品级规定，自从九品到正一品，共九品，十八级，官和品一致，内外官升迁、考绩、调免都有一定制度。系统分明，职权清楚，法令详密，组织严紧，定员这额，有条不紊，比之唐宋时代的官和职不相符，职权又有行、守、试等区分的混乱情况，大大提高了一步。在整个官僚机构中，又互相钳制，以监察机关监视一切臣僚，以特务组织镇压一切官民，以六部管政事，以都督府管军，大将平时不指挥军队，动员复员之权属于兵部，供应粮秣的是户部，供给武器的是工部，决定政策的是皇帝。把所有权力都集中在皇帝手上，六部、府、院直接隶属于皇帝，不但官僚机构更加完备了，效率提高了，皇帝的威权也大大提高了，发展了。同时，全国统一的基础也比过去时代更加牢固了，坚强了，扩大了。在整个历史发展来说，从统一国家的逐步巩固来说，这是一个不可低估的进步。在这个进步过程中，朱元璋是起了积极作用的。

明太祖朱元璋

法律是确定阶级压迫关系的书面文件，确定统治阶级的特权和强加于被统治阶级种种约束的记录，保护、巩固统治阶级和镇压被统治阶级的具体条文。元朝以法例为条格，非常烦冗，而且，阶级关系和民族关系到了明代都已起了巨大的变化，旧条格不能适应新时代的客观形势要求了。为了运用法律达到保护和镇压的目的，巩固皇朝的统治，朱元璋于吴元年指令台、省官立法要简要严，选用深通法律的学者编订律令，经过缜密的研究、商讨，在三十年内，更改、删订了四五次，编成大明律。条例简于唐律，精神严于宋律，是中国法律史上极重要的一部法典。编成后，他又叫人把这部法典里和人民生活有关部分用口语译出，叫作"直解"，分发给各府、县，目的是让老百姓都能懂，都遵守他的法令，立纲陈纪，达到阶级统治的目的。

历史的教训使朱元璋深切明白宦官和外戚对于政治的祸害。他以为汉朝唐朝的祸乱都是宦官作孽。这种人在宫廷里是少不了的，但只能做奴隶使唤，洒扫奔走，人数不可过多，也不可用做心腹耳目，做心腹，心腹病；做耳目，耳目坏。驾驭的办法，要使之守法，守法就做不了坏事；不要让他们有功劳，一有功劳就难以管束了。他立下规矩，凡是内臣（宦官）都不许读书识字。又铸铁牌立在宫门，上在刻着："内臣不得干预政事，犯者斩。"不许内臣兼外朝的文武职衔，不许穿外朝官员的服装，做内廷官品级不许过四品，每月领一石米，穿衣吃饭公家管。并且，外朝各衙门不许和内官监有公交往来。这几条规定条条针对着历史上所曾经发生过的弊端，使宦官名副其实地做宫廷的仆役。对外戚干政的预防措施是不许后妃参与政事。洪武元年（1368）三月即命儒臣修女诫，纂集古代贤德妇女和后妃的故事，来教育宫人。规定皇后只能管宫中嫔妇之事，宫门之外不得干预。宫人不许和外边通信，犯者处死。外朝臣僚命妇按例于每月初一、十五朝见皇后，其他时间，没有特殊缘由，不许进宫。皇帝不接见外朝命妇。皇族婚姻选配良家子女，有私进女口的不许接受。朱元璋的母族和妻族都绝后，没有外家。后代子孙也都遵守祖训，后妃必选自民家。皇戚只给予高爵厚禄，做大地主，不许预闻政事。在洪武一朝三十多年中，宦官小心守法，宫廷和外朝隔绝，和过去的历史朝代相比算是家法最严的了。

其次，元朝以吏治国，法令极为烦冗，档案堆积如山，吏员从中舞弊，无法追究。而且，正因为公文条例过于琐碎，办公文办公事成为专门技术。各衙门的掌印官（长官）有一定任期，刚懂得一点儿又调职了，而吏则一般是终身职业，结果治国治民的都是吏，不是官了。小吏唯利是图，不顾封建统治阶级的利害，政治——其实是吏治就越闹越糟，吏治损害了官僚地主集团的利益，危害了蒙汉统治阶级的利益。朱元璋于洪武十二年（1379）立"案牍减烦式"颁发各衙门，简化了公文，使公文明白好懂，文吏无法舞弊弄权。从此吏员在政治上被斥为杂流，不能做官。官吏完全分开，吏只能管

事务性技术性的工作，官则主持政令，和元代的情形也大不相同了。

和简化公文相关联的还有文章格式的问题。唐、宋以来的政府文字，从上而下的制诰，从下面上的表奏，照习惯都用骈俪四六文体，华而不实。尽管有多少文人主张复古，提倡改革，所谓古文运动，在民间是成功了，政府却没有动，还是老一套。同一时代用的是两种文字，政府是骈偶文，民间是散文。朱元璋很不以为然，以为古人做文章，讲道理，说世务和经典上的话，都明白好懂。像诸葛亮的《出师表》，何尝雕琢文字，立意做文章？可是有内容，有感情，有肉有血，到如今读了还使人感动，想念他的忠心耿耿。近来的文士做文章，文字虽然艰深，意思却很浅近，即使写得和司马相如、扬雄一样好，人家读了不懂，又有什么用！以此，他要秘书（翰林）做文字，只要能够说明白道理，讲得通世务就行，不许用浮辞藻饰。他又批评群臣所进笺文："颂美之辞过多，规戒之言未见，殊非古者君臣相告以诚之道。今后笺文只令文章平实，勿以虚辞为美也。"对臣下一味歌功颂德，不提规戒意见，加以申斥。到洪武六年（1373），索性下令禁止政府文字用对偶四六文体，并选唐柳宗元代柳公绰所作谢表和韩愈的贺雨表作为笺表法式。这一改革使政府文字简单、明白，把庙堂和民间打通，现代人用现代文字写作，对当时文风和文学作品的影响很大。

朱元璋不但提倡古文，反对骈偶文字，还提倡用口语写成文字，叫作"直解"，用这种方式对各阶层人民进行教育工作。龙凤十二年儒士熊鼎、朱梦炎修公子书和务农技艺商贾书，公子书是给公卿贵人子弟读的，这些公子们虽然读书的机会较多，但一般还不能通晓比较深奥的道理，不如编集古代忠良奸恶事实，用通俗话直解，使读者易读易懂，将来即使学业无成就，知道了古人如何立身行事，也有好处。同样，民间农工商贾子弟，也把他们应该知道的业务知识，用直辞解说，编成书本，用以化民成俗，便于统治。书印成后，颁行全国。

唐、宋两代还有一样坏风气，皇朝任命官员的命令发表以后，被任用的官员照例要上辞官表，一而再，再而三，甚至辞让到六七次，皇帝也照例不许，用文字一劝再劝，直到这人上任才罢休。辞的劝的都在玩文字游戏，费时误事，浪费纸墨，还养成虚伪不诚实的风气。朱元璋认为这样做毫无道理，也下令废止了。

唐、宋以来，皇帝上朝照例用女乐，吴元年六月也废止了。

第七章　立国之道

地主阶级政权

红巾军起义的目的是推翻蒙汉地主阶级的联合统治，就这一点来说，任务是完成了，蒙汉地主阶级的联合统治确是被推翻了。但是，更进一步，解除阶级对阶级的压迫，却失败了。广大各族人民共同斗争的胜利果实被朱元璋所吞没了。在朱元璋二十年血战的过程中，他最初掌握的主要军事力量是地主武装部队，后来一部分旧地主参加了他的政权，还陆续招降了一批地主武装部队，出身农民的红巾军将领，也由于取得政权而转化成新的地主阶级了。其中，朱元璋和他的家族便是地主阶级的代表人物。这种变化是由阶级本质决定的，家民是小土地所有者，勤劳朴素，一生在饥饿线上挣扎，在遭残酷的压迫、剥削时他们会奋不顾身起而反抗，但是还有小私有者的一面，他们渴望能有更多的土地，过更好的日子，在取得胜利以后，他们中间的一些立了功的将领，就蜕变了，成为过去他们所坚决反对的地主阶级分子了，事物的发展使他们走到了自己的反面。

元末红巾军起义对旧地主阶级发生了淘汰的作用，特别是中原地区，一部分大地主被战争所消灭了，遗留下数量很大的空闲的土地，元代后期土地过分集中的现象消失了，这些土地由无地少地的农民耕种，在一个历史时期内，中原地区的土地呈现出分散经营的过程，阶级矛盾缓和了。但在另一方面，东南地区一部分旧地主却由于战争而巩固和上升了他们的地位。同时，从战争中又涌现出一批新的地主阶级，他们占有的土地主要在东南人口较为密集的地区，旧新地主占有的土地越多，无地少地的农民也就越多，就这样，这些地区的阶级关系又紧张起来了。

这两部分地主，旧地主阶级的残存力量和新兴的地主阶级构成朱元璋统治集团的基本力量，统治基础。

此外，还由于土地分散经营的结果，农业经济的恢复和发展，滋生了为

数广大的中小地主阶层。这部分人民经济力量不大，却人数众多，有文化，有知识，在政治上没有特权，因而不能不拥护、支持新的统治阶级，企图取得政治上的特权，来保障和扩大自己的财富。这个阶层的代表人物，当时的知识分子——儒士，是新朝官僚机构所需要的官僚的主要来源。

朱元璋和他的绝大部分将领都是贫苦农民出身的，过去都曾亲身经受过地主的剥削和压迫。但是，他初起时掌握的主要军力却是原来的地主武装，在渡江以后，地主阶级的知识分子大量参加了，浙东的几家地主大族参加了，各地的许多地主武装降附了，他的政权也就逐步变质，走到了反面，成为地主阶级的政权了。

朱元璋由农民起义领袖逐步转变成为地主阶级的政治利益的代表，他当然是尊重、维护地主阶级的利益的。但是，事情并不如他所想望的那样，大地主他也有两面性，一面同样尊重、维护他的统治；另一面，随着农业经济的恢复和发展，大地主们家里有人做官，倚仗政治力量，用隐瞒土地面积、荫蔽漏籍人口等手段来和皇家统治集团争夺土地和人力，直接影响到皇朝的财政、税收和人力使用，"捐税体现着表现在经济上的国家存在"。"赋税是政府机器的经济基础。"由于大地主们的隐瞒、荫蔽、强占、舞弊，皇朝的经济基础发生问题了，地主阶级内部矛盾发展了，激化了，为了保障自己的经济基础，非对大地主加以狠狠的打击不可。

朱元璋从渡江以后就采取了许多保护地主阶级利益的措施，例如龙凤四年取金华，便选用金华七县富民子弟充宿卫，名为御中军。这件事一方面表示对地主阶级的尊重和信任；另一方面也是很重要的军事措施，因为把地主们的子弟征调为禁卫军人，随军作战，等于做人质，就不必担心这些地些地主的军事反抗了。洪武十九年（1386）选取直隶应天诸府州县富民子弟赴京补吏，凡一千四百六十人。也是同样作用。对地主本身，洪武三年（1370）做了调查，以田税多少比较，浙西的大地主数量最多，以苏州一府为例，每年纳粮一百石以上到四百石的四百九十户；五百

明代三眼铁火铳

石到一千石的五十六户，
一千石到二千石的六户，
二千石到三千八百石的二
户，共五百五十四户，每
年纳粮十五万一百八十四
石。三十年又做了一次调
查，除云南、两广、四川
以外，浙江等九布政司，
直隶应天十八府州，地
主们田在七顷以上的共
一万四千三百四十一户。
编了花名册，把名册藏于
内府印绶监，按名册以次
召来，量才选用。应该看
到，田在七顷以上，在长

朱元璋之妻马皇后像

江以南的确是大地主了，但在长江以北，就不一定是大地主，而是中小地主了。

　　地主对封建统治集团和农民来说，也是有两面性的。一面是他们拥护当前的统治，倚靠皇朝的威力，保身立业。朱元璋说："孟子说：有恒产者有恒心。富民中多有素行端洁，通达时务的。"叫户部保荐交租多的地主，做命为官员、粮长。一面他又指出："富民多豪强，故元时此辈期凌小民，武断乡曲，人受其害。"因此他对地主的政策，也是两面性的，双管齐下，一是选用作官僚，加强自己的统治基础；一是把他们迁到京师，繁荣首都，同时也削弱了地主在各地方的力量。在科举法未定之前，选用地主做官，叫作税户人才，有做知县、知府的，有做布政使以至朝廷的九卿的。例如，浙江乌程大族严震直就以税户人才一直做到工部尚书。又以地主为粮长，以为地方官都是外地人，不熟悉本地情况，容易被宿豪蒙蔽，民受其害。不如用有声望的地主来征收地方赋税，负责运到京师，可以减少弊病。洪武四年（1371）九月命户部计算土田租税，以纳粮一万石为一区，选占有大量土地纳粮最多的地主为粮长，负责督收和运交税粮。如浙江布政使司人口一百四十八万七行一百四十六户，每年纳粮九十三万三千二百六十八石，设粮长一百三十四人。粮长下设知数（会计）一人，斗级（官斗斛秤量的）

二十人，运粮夫千人。并规定对粮长的优待办法，凡粮长犯杂犯、死罪和徒流刑的可以纳钞赎罪。洪武三十年（1397）又命天下郡县每区设正副粮长三名，编订次序，输流应役，周而复始。凡粮长按时运粮到京师的，朱元璋亲自召见，谈话合意的往往留下做官。

除任用地主做官收粮以外，同时还采用汉高祖徙天下豪富于关中的政策，洪武三年（1370）称江南民十四万户于凤阳（这时凤阳是中都），其中有不少是地主。洪武二十四年（1391）徙天下富户五千三百户于南京。洪武三十年又徙富民一万四千三百余户于南京，称为富户。朱元璋告诉工部官员说："从前汉高祖这样做，我很不以为然，现在想通了，京师是全国根本，事有当然，确实不得不这样做。"

江南苏、松、杭、嘉、湖一带的地主被迫迁住凤阳，离开了原来的乡里田舍，还不许私自回去。这一措施对于当时东南地主阶级是极大的打击。旧社会的地主阶级离开了原来占有土地，也就丧失了社会地位和政治地位了。相对的以朱元璋为首的新地主阶级却可以因此而加强对这一地区人民的控制了。这些家地主从此以后，虽然不敢公开回到原籍，却伪装成乞丐，以逃荒为名，成群结队，老幼男女，散入江南诸州县乞食，到家扫墓探亲，第二年二三月间又回到凤阳。年代久了，也就成为习惯。五六百年来凤阳花鼓在东南一带是妇孺皆知的民间歌舞，歌词是：

> 家住庐州并凤阳，
> 凤阳原是好地方，
> 自从出了朱皇帝，
> 十年倒有九年荒。

地主们对做官、做粮长当然是很高兴，感激和支持这个维护本阶级利益的政权。

地主把自己的负担通过舞弊手段转嫁给"细民""小户""小民"，也就是贫苦农民，结果是富的更富，穷的更穷了。地主阶级侵占了皇家统治集团应得的租税和人力，贫苦农民加重了负担，皇朝一方面田赋收入和徭役征发都减少了；另一方面贫苦农民更加穷困饥饿，动摇和侵蚀了统治阶级的经济基础，阶级内部发生矛盾，斗争展开了，地主不再是良民，而是"奸顽豪富之家"，是"豪猾"了。

朱元璋斗争的对象是地主阶级中违法的大地主，办法有两条，一条是用严刑重法消灭"奸顽豪富之家"；一条是整理地籍和户口。

洪武时代大地主被消灭的情况，据明初人记载，如贝琼说：

> 三吴巨姓享农之利而不亲其劳，数年之中，既盈而覆，或死或徙，无一存者。

方孝孺说：

> 时严通财党与（胡惟庸党案，见后文）之诛，犯者不问实不实，必死而覆其宗。当是时，浙东、西巨室故家，多以罪倾其宗。

吴宽说：

> 吴……皇明受命，政令一新，富民豪族，划削殆尽。长洲情况：城东……遭世多故，邻之死徙者殆尽，荒落不可居。
>
> 洪武之世，乡人多被谪徙，或死于刑，邻里殆空。

有的大地主为了避祸，或则"晦匿自全"或则"悉散所积以免祸"，或则"出居外地以避之"，或则"攀附军籍以免死"，但是这样的人只占少数。江浙的"富民豪族，划削殆尽"。统治阶级内部的斗争是十分残酷的。

另一方面，经过元末二十年的战争，各地田地簿籍多数丧失，保存下来的一部分，也因为户口变换，土地转移，实际的情况和簿籍不相符合。大部分田地没有簿籍可查，大主们便乘机隐匿田地，逃避皇朝赋役；有簿籍登载的田地，登记的面积和负担又轻重不一，极不公平合理。朱元璋抓住这中心问题。对大地主进行了长期的斗争。方法是普遍丈量田地和调查登记人口。

丈量田地所用的方法，是派使臣到各州县，随其税粮多少，定为几区，每区设粮长，会集里甲耆民，量度每块田亩的方圆，作成简图，编次字号，登记田主姓名和田地丈尺四至，编类各图成册，以所绘的田亩形像鱼鳞，名

明代四眼铜火铳

为鱼鳞图册。

人口普查的结果，编订了赋役黄册。把户口编成里甲，以一百一十户为一里，推丁粮多的地主十户做里长，余百户分为十甲。每甲十户，设一甲首。每年以里长一人，甲首一人，管一里一甲之事。先后次序根据丁粮多少，每甲输值一年。十甲在十年内先后输流为皇朝服义务劳役，一甲服役一年，有九年的休息。在城市的里叫坊，近城的叫厢，农村的都叫作里。每里编为一册，里中有鳏寡孤独不能应役的，带管于一百一十户之外，名曰畸零。每隔十年，地方官以丁粮增减重新编订服役的次序，因为册面用黄纸，所以叫作黄册。

鱼鳞图册是确定地权（所有权）的根据，赋役黄册是征收赋役的根据，通过田地和户口的普查，制定了这两种簿籍，颁布了租税和徭役制度，不但大量的漏掉的田地户口被登记固定了，皇朝从而增加了物力和人力，稳定和巩固了统治的经济基础，同时，也有力地打击了一部分大地主，从他们手中夺回对一部分田地和户口控制，从而大大增强了皇家统治集团的地位和权力，更一进一步走向高度的集中、专制。朱元璋的政权比过去任何一个皇朝，都更加强大、集中、稳定、完备了。

对城乡人民，经过全国规模的田地丈量，定了租税，在册上详细记载田地的情况，原、坂、坟、衍、下、湿、活、瘠、沙、卤的区别，并规定凡买田置地，必须到官府登记及过割税粮，免掉贫民产去税存的弊端，同时也保证了皇的财政收入；十年一次的劳役，使人民有轮流休息的机会，这些措施，当然都是封建剥削，但比之统一以前的混乱情况，则确实减轻了一些人民的负担，鼓舞了农民的生产情绪，对于社会生产力的推进，是起了显著的作用的。

朱元璋虽然对一部分大地主进行了严重的斗争，对广大农民作了一些必要的让步，一部分大地主被消灭了，一部分大地主的力量削弱了，农民生产的积极性增加了。但是，这个政权毕竟是地主阶级的政权，首先是为地主阶级的利益服务的，即使对农民采取了一些让步的措施，其目的也还是为了巩固和强化整个地主阶级的统治权。

官员的任用制度

在统治阶级内部斗争中，朱元璋无情地打击了一部分大地主，那么，朱家政权的支柱是广大的中小地主的富农。在他的官僚机构中，官员的来源主要来自这个阶层。

官员的任用制度，有荐举、学校和科举三种。

荐举就是任用地主作官，地主有文化，有历史知识，能够办事，更重要的是他们的利益和皇家一致。远在下金陵时，就录用了儒士夏煜、孙炎、杨宪等十几人。龙凤十年三月，命中书省引拔卓荦奇伟之才，地方官选民间俊秀年二十五以下，资性明敏，有学识才干的荐举到中书省，和年老的官员参用。十年以后，年老的退休了，年轻的也学会办事了。从此州县每年荐举人到中书省。朱元璋还不时派使臣到各地访求贤才，名目有聪明正直、贤良方正、孝悌力田、儒士、孝廉、秀才、人才、耆民、富户、税户人才等，而以儒士为最多。朝廷和地方大小官员都可以举荐，被举荐的又可以转荐，有一举出来便做朝廷的大官，如尚书、侍郎和地方的布政使、参政、参议的。最多的一次到过三千七百多人，次多的一次为一千九百多人，至于几个人，几十个人一批的，那就不胜枚举了。

荐举只是选用中小地主中会办事的人才，为了培养新的统治人才，还得创办学校，设立国子监。

国子监的教职员由吏部任命。学生有两类：一类是官生；一类是民

生。官生又分两类，一类是皇朝品官子弟；一类是外国留学生，如日本、琉球、暹罗等国的学生，和内地西南各土司酋长的子弟。官生是由朝廷指派分发的。民生是由各地地方官保送的府、州、县的生员。官生民生总共名额一百五十名，其中民生只占五十名。可见国子监原来是以培养官生为主的学校。后来官生入学的日少，民生保送的日多，以洪武二十六年（1393）在学人数为例，学生总数八千一百二十四名，官生只占四名，国子监已经成为广泛训练民生做官的机构了。

功课内容分御制大诰、大明律令、四书、五经、刘向说苑等书。其中最重要的是大诰。

从洪武二年到三十一年（1369—1398）这一时期国子监生任官的情形来看：第一，监生并没有一定的任官资序，最高的有做到地方大官从二品的布政使，最低的做正九品的县主簿，以至无品级的教谕。第二，监生也没有固定的任官性质，朝廷的部院官，监察官，寺方的民政财政官，司法官，以至无所不管的府州县官和学校官，几乎无官不可做。第三，除做官以外，在学的临生，有奉命出使的，有奉命巡行州县的，有稽核百司案牍的，有到地方督修水利的，有大批地去执行丈量、记录田地面积、订定粮额的任务的，有清查黄册的（第一年一千二百人），有写本的，有在各衙门办事的，有在各衙门实习的，几乎无事不可作。第四，三十年来，监生的任用官阶，以洪武二年（1369）和二十六年（1393）为最高，二年用监生为行省左右参政、各道按察司佥事及知府等官。二十六年用监生六十四人为行省布政、按察两使及参政、参议、副使、佥事等官。这是因为洪武二年建国不久，官员很缺；二十六年蓝玉党案，杀了很多地方官，需要补充的缘故。任用人数以洪武十九年（1386）为最多，"命祭酒、司业择监生千余人送吏部，除授知州、知县等职"。这也是因为洪武十八年（1385）发生郭桓盗官粮案、洪武十九年逮捕官吏积年为民害者（均见后文），官员缺额多，必须大量补充的缘故。历史家总结说"故其时布列中外者，太学生最盛"。

地方的府、州、县学和国子监一样，都有一定的生员名额和考试制度。地方学校之外，洪武八年又诏地方立社学——乡村小学。此外，也还有地主们私人创办、和贫困知识分子赖以维持的生活的私塾。

府、州、县、社学都以御制大诰和律令作主要必修科目。

除立学以外，还派遣教师到各地任教，洪武初年因为北方经过长期战争破坏，念书的人少，特别派国子监生三百六十六人到北方各府、县办学校。这制度后来也推广到其他各布政使司，选用壮年能文的做教谕等官。

各级学校的普遍设立，教育事业发展了，这比过去任何历史时期都有了显著的进步。目的性是很清楚的，从这些机构中培养大量的中小地主、富农出身的年轻的一代，作为官僚机构的后备力量。同时，由于印刷术的进步和洪武元年颁布的书籍免税令，和科举制度的定期举行，读书、中举、做官，便不再局限于贵族、官僚、和地主阶级的子弟，一部分中农、手工业者和小商小贩的子弟，为了改换门庭，为了取得比较舒适、尊荣的地位，为了保护家族免于遭受残酷的剥削压迫，在"万般皆下品，唯有读书高"，社会风气鼓励之下，在家庭宗族支持之下，买得了书本，进了私塾、社学，参加了考试，其中有一部分人公然闯进了统治阶级，成为驾于人民之上的官僚了。他们改变了阶级成分，做了官，成为地主，扩大了统治阶级的社会基础，加入了新血液，也对封建统治阶级的巩固起了作用。同时，又以阶级成分的改变，改变了他们家属以至亲戚的社会地位、政治地位，这样，就或多或少地引起各阶级的重新组合和分化。

除国子监以外，皇朝官僚的来源是科举制度。国子监生可以不由科举，直接任官，而从科举出身的人则必须是学校的生员。府、州、县学的生员（通称秀才），每三年在省城会考一次，称为乡试，及格的为举人。各布政使司的举人名额，除直隶（今江苏、安徽）百人最多，广东、广西二十五人最少，其他九个布政使司都是四十人。第二年全国举人会考于京师，称为会试。会试及格，再经一次复试，地点在皇帝的殿廷，叫作廷试，亦称殿试。复试不过是形式，意思是由皇帝亲自主持这最高级的考试，选拔之权，出于一人。发榜分一二三甲（等），一甲只有三人：状元、榜眼、探花，赐进士及第。二甲若干人，赐进士出身。三甲若干人，赐同进士出身。民间又称乡试第一名为解元，会试第一名为会元，殿试二甲第一名为传胪。乡试由布政使司，会试由礼部主持。状元授官翰林院修撰，榜眼、探花授官翰林院编修，二三甲考选为庶吉士的都是翰林官，其他或授给事、御史、主事、中书、行人、评事、太常国子博士；或授府推官、知州、知县等官。举人、贡生多次参加会试不及格的，可以改入国子监，也可选做小京官，或做府佐和

203

科举各级考试，专用四书、五经出题。交体略仿宋经义，但要用古人思想行文，并且只能根据几家指定的注疏发挥，绝对不许有自己的见解。格式排偶，叫作制义。这制度是朱元璋和刘基制定的。规定子午卯酉年乡试，辰戌丑未年会试，乡试在八月，会试在二月。每试分三场，初场试四书义三道，经义四道；二场试谕一道，判五道，诏诰表内科（选）一道；三场试经史时务策五道。

学校和科举并行，学校是科举的阶梯，科举是生员的出路。生员通过科举作了官以后，平日不但用不着制义，也用不着书本了。中小地主阶级子弟要作官必须通过科举，中不了举人进士是不能做官的。但是在中举之前，名为生员，却不一定真要上学，后来学校制度日益松弛，生员只需参加定期考试，平时根本不在学校，学校名存实亡，这样，科举日重，学校的地位也就日轻。学校和科举都是培养和选拔官僚的制度，学习和考试的范围完全一样，都是四书五经，不但远离实际生活，并且还禁止接触现实生活，过问政治。

科举人才一般不读四书、五经以外的书，不知时事，学校没有学生，是普遍现象。特别是这种考试制度强制盲从古人的书本，不许有新的思想，不许有和古人不同的思想，结果只能是进步的思想被扼杀了，科学的发展停滞了。在政治上，那个时代所培养的是合于统治阶级需要的驯服忠顺的官僚在学术文化上，却长期被古代的阴魂所垄断，停留在几百年前以至千多年前的水平上，这个损失是非常巨大的。

常备军

高度集中的以中小地主阶级为基础的朱元璋封建社统治政权，通过庞大的常备军，起着镇压人民反抗和保卫国防的作用。

常备军在国内的任务是镇压人民起义。

朱元璋所建立的常备军是和农业生产密切结合，逐步建成的。在攻克集庆以后，厉行屯田政策，广积粮食，供给军需。他和刘基研究古代的兵制，总结历史经验，征兵制的好处是全国皆兵，有事召集，事定归农，失员素质好，来路清楚，平时军费开支少；缺点是兵员都出自农村，如有长期战争，便影响到农村的生产。募兵制的好处是应募的多为无业游民，当兵是职业，训练的时期较长，作战能力较高，兵员数量和服役时间，不受农业生产的限制；缺点是平时要维持大量的军队，军费负担很重，而且招募的兵大部分来路不明，没有宗族家庭的牵挂，容易逃亡，也容易叛变。较好的办法是折中于两者之间，吸收其好处，避免其缺点，主要的原则要做到武装力量和生产力量结合起来，既可以灵活指挥，又避免财政上过重的负担。

刘基根据实际情况，经过讨谕研究，创立的办法是卫所制度。

卫所的兵源有四种：一种是从征，即起事时所指挥的部队，也就是郭子兴的基本队伍和他自己所招收的各地地主武装；一种是归附，包括削平群所得的部队和元朝投降军队；一种是谪发，指因犯罪被罚当军的，也叫作恩军；一种收垛集，取征兵，按人口例，一家有五丁或丁出一丁为军。前两种是建立制度时原有的武装力量，后两两则是补充的武力，特别是垛集军在数量上占了很大的比例。这四种来源的军人都是世袭的，为了保障固定员额的满员，法律规定军人必须娶妻，世代继承下去，如无子孙继承，则由其原籍家属壮丁顶补。种族绵延的原则被应用到武装部队来，兵营成为武装的集体家庭了。

明代建筑瞿昙寺

军人有特的社会身份。在明代户籍中，军籍和民籍、匠籍是主要的户口。军籍属于都督府，民籍属于户部，匠籍属于工部。军人不受普通地方行政官吏的管辖，在身份上、法律上、经济上的地位，都和民户不同，军和民是截然地分开的。民户有一丁被垛为军，可以优免一丁差役，作为补偿。军士到戍地时，由宗族替他治装。在卫所的军士除本身为正军外，其子弟称为余丁或军余，将校的子弟即称为舍人。军士的生活费用概由皇朝就屯田得粮食支给，按月发米，称为月粮。规定马军月支米二石，步军总旗一石五斗，小旗一石二斗，步军一石。守城的照数支给，屯田的支一半。恩军家四口以上一石，三口以下六斗，无家口的四斗。衣服岁给冬衣棉布棉花，夏衣夏布，出征时依例给胖袄鞋裤。

朱元璋渡江以后，降附的将领都用原来的称号，有叫枢密、平章的，有叫元帅的，有叫总管、万户的，形形色色，名不称实，高下不一。龙凤十年四月，立部伍法，根据所带的队伍人数来定将领称号，经过点编，有兵五千的做指挥，满千人的做千户，百人的做百户，五十人为总旗，十人为小旗。在这个基础上，常备军的组织分作卫、所两级：大体上以五千六百人为一卫，卫的长官是指挥使。卫又分五个千户所，每各记所一千一百二十人，长官是千户。千户所下分十个百户所，每百户所一百一十二人，长官是百户。百户下有总旗二，小旗十，一个总旗领五个小旗，小旗领军士十人。大小联比以成军。卫所的分布，根据地理险要，小据点设所；关联若干据点的设卫，集合一个军事地区的若干卫、所，设置都批军使司，作为军区的最高军事统率机构，长官是都指挥。卫所陆续建置，到洪武二十五年（1392），全国共有十七个都指挥使司，京师和外地共有三百二十九个卫，六十五个守御千户所。

全国卫所军总数为一百二十万人。十七都指挥使司分别隶属于皇朝的五军都督府。

军食出于屯田，

明代官吏朝服

大略学汉朝赵充国的国法，在边境开屯，一部分军士担任守御，一部分军士受田耕种。目的在于开垦荒地，增加生产，充裕军食，省去运输费用，减轻财政负担。边地开屯有了成绩以后，内地卫所也先后开屯耕种，以每军受田五十亩作一分，官给耕牛农具，开头几年免纳租税，到成为熟地后，每亩收税一斗。规定边地守军十分之三守城，七分屯种，内地则二分守城，八分屯种。全国各地共有军屯田八十九万三千多顷，相当于全国垦田总数十分之一左右。

除军屯外，还有商屯。边地守军遇有意外，粮食发生困难的时候，朝廷用"开中法"来接济。封建王朝控制着大量粮食和食盐，但从粮食产地运粮到边进，运费往往为所运粮食的五六倍，费用太大，极不经济。商人有资本，贩卖食盐利润很大，但是食盐是由皇朝专卖的，商人得不到手。"开中法"责成商人运一定数量的粮食到边境，拿到收据就可到产盐地领到等价的食盐，自由贩卖，从而获取厚利。商人是最会打算盘的，边境有的是荒地，索性雇人在边境开立屯田，就地交粮，这样就可以省去几倍的运费。在这种特定的交换过程中，边军粮食就够吃了；封建王朝不但省去大量运费，也省了事；商人发了财；边境荒地开垦得多了，增加了生产，也建立了许多居民点。

在作战时，虽在派有大将军做统帅，但朱元璋还亲自指导攻取方略，根据所得军事情报和实际经验决定前方的行动，即使对最亲信的将领徐达、李文忠也是如此。例如，吴元年四月十八日给徐达的手令，在处分军事行动以后，接着说："我的见识只是如此。你们见得高强便当处，随你们意见行着，休执着我的言语，恐怕见不到处，教你每难行事。"洪武三年（1370）四月："说与大将军知道。这是我家中坐着说的，未知军中便也不便，恁只拣军中便当处便行。"给李文忠的手令："说与保儿、老儿：我虽这般说，计量中不如在军中多知备细，随机应变的勾当，你也斟活落些儿也，那里直到我都料定。"洪武元年（1368）北伐军出发后，他亲自画了征进阵图，派使送给徐达。提出自己的意见给前方统帅，说明只是参考性质，如不符合军中实际情况，可以拣军中便当处执行。但是在涉及有关原则性问题的时候，所下的命令就很坚决，不能改变了。例如，处理降将降官降兵的原则，龙凤十一年十一月初五日令旨：吴王亲笔："着内使朱明前往军中，说与大将军左相国徐达、副将军平章常遇春知会：十一月初四日捷音至京城，知军中获

冠军及首目人等陆万余众，然而俘获甚众，难为办禁。今差人前去，教你每军中将张（士诚）军精锐勇猛的留一二万。若系不甚任用之徒，就军中暗地除去了当，不必解来。但是大头目，一名名解来。"洪武十二年（1379）三月且严厉责备徐达不多杀敌军头目："吴王令旨：说与总兵官徐达，攻破高邮之时，城中杀死小军数多，头目不曾杀一名。今军到淮安，若系便降，系是泗州头目青旛黄旗招诱之力，不是你的功劳。如果三月里，淮安未下，你不杀人的缘故，自说将来者。依奉施行！"对元朝降将的处理，更是十分注意，再三嘱咐，吴元年十二月十天内接连三次派使人到徐达、常遇春军前传谕，第一次说："将军统率将士，下齐、鲁数十城，求之于古，虽韩信功能不过是也。然事机合变之际，不可不虑。今山东诸将虽旨欵附，而未尝遣一人至此，若留降将布列旧地，所谓养虎遗患也。昔汉光武命冯异平三辅营垒，降者遣其渠帅诣京师，散其小民，令就农桑，坏其营垒，无使复聚，古人之虑深矣，将军其思之。"都督同知张兴祖连下山东州、县，得士马万计，就用降将领旧兵随军北伐，朱元璋得到报告，认为不妥，指出："此非良策。闻兴祖麾下降将至有领马军千骑者，若一旦临敌，势不足以相加，因而生变，可以制之？"遣告诉兴祖，今后得一降将及官吏儒生，才有可用的，通通送到京师，不许留下。又遣使告诉徐达、常遇春："闻大军下山东，所过郡县，元之省、院官来降者甚多，二半军皆留于军中，吾虑其杂处我军，或昼遇敌，或夜遇盗，将变生不测，非我之利。盖此辈初屈于势力，未必尽得其心，不如遣来，使处我官属之间，日相亲近，然后用之，可无后患。"这是因为接受了去年十一月沂州王宣、王信父子降而复叛的教训，叮咛反复，要诸将提高警惕。后来的事实也证明了朱元璋的远见，洪武元年（1368）二月降将乐安俞胜叛，闰七月降将乔金院叛于济南，虽然都及时平定了，到底还是扫致了军事和政治上的损失。

有一道命令是整饬军队纪律的，龙凤十二年三月，朱元璋大发脾气："（张士诚军）男子之妻多在高邮被掳，总兵官为甚不肯给亲完聚发来？这个比杀人那个重！当城破之日，将头目军人一概杀了，倒无可谕。掳了妻子，发将精汉来我这里，赔了衣粮，又费关防，养不住。杀了男儿，掳了妻小，敌人知道，岂不抗拒？星夜叫冯副使去军前，但有指挥、千户、百户及总兵官的伴当掳了妇女的，割将首级来。总兵官的罪过，回来时与他说话。"冯副使是冯胜。从下和州时候起,朱元璋就十分注意军队纪律,发还掳获妇女。经过了十二年,西吴的军队纪律是所有起事群雄中较好的。但是,随着战争的不断胜利,疆土的日益扩大,许多地主武装的降附,军队的成分日益复杂化了,违反军队纪律的事件也就不断发生,高邮的杀掠受到了严厉的处置以后,全军的纪律也因而提高了。高邮战役违反军纪案件的经过情况是这样的:总兵官徐达围攻高邮未下,还师救援宜兴,令冯胜督军猛攻,高邮守将诈降,冯胜令指挥康带几百人入城,高邮守将关了城门,杀个干净。朱元璋怒极,叫冯胜回来,打了十大板,还罚他走回高邮。冯胜又羞又气,用全力攻城,徐达也从宜兴回兵合攻,取下高邮。一打进城,要报这怨仇,就忘了多年来的约束了。

特务网

特务网主要由检校和锦衣卫组成。

检校是朱元璋特设的特务人员,职务是:"专主察听在京大小衙门官吏不公不法,及风闻之事,无不奏闻。"最著名的头子之一叫高见贤,和金事夏煜、杨宪、凌说等,专作告发人家阴私的勾当,"伺察搏击"。兵马司指挥丁光眼巡街生事,凡是没有路引(通行证)的人都捉拿充军。朱元璋尝

明代观榜图

时说："有这几个人，譬如人家养了恶犬，则人怕。"高见贤建议："在京犯脏经断官吏，不无怨望，岂容辇毂之下居之？及在外犯赃官吏，合发江北和州、无为住坐，彼外荒田甚多，每人拨与二十亩开垦，亦且得人纳粮当差。"这个意见就当时情况说来，是正确的，合理的，朱元璋接受了。但是触犯了官僚们的众怒，后来他自己也被杨宪举劾，发和州种田，先前在江北种田的都指着他的脸骂："此路是你开，今亦到此，是报也。"不久被杀。夏煜、丁光眼也犯法先后被杀。这几个人得势时，连朱元璋最亲信的元勋李善长等人也怕他们，日夜提心吊胆。

禁卫军官派作检校的：有金吾后卫知事靳谦，从朱元璋数说他的罪状可以看出是一个亲信："朕以为必然至诚，托以心腹，虽有机密事务，亦曾使令宪焉。"有何必聚，龙凤五年派帐下卫士何必聚往探江西袁州守将欧平章动静，以断欧平章家门前二石狮尾为证，占袁州后，查看果然不错。有小先锋张焕，还在初克婺州时，就做朱元璋的亲随伴当从行先锋。一晚，朱元璋出去私访，遇到巡军拦阻唤问是谁，张焕回答："是大人。"巡军发怒："我不知道大人是什么人，但是犯夜的就逮住。"解说了半晌才弄清楚。乐人张良才说平话（即说书），擅自写省委教坊司帖子，贴市门柱上，被人告发，朱元璋大怒说；"贱人小辈，不宜宠用！"叫小先锋张焕捆了乐人，丢在水里。龙凤十二年以后，张焕经常被派特使，到前方军中传达命令和察事。徐达入大都，封元故宫殿门，令张焕以兵千人守之。又有毛骧，耿忠，毛骧是早期幕僚毛骐的儿子，以舍人做亲随，用作心腹亲信，和耿忠奉命到江浙等处察访官吏，问民疾苦。毛骧从管军千户积功作到都督佥事，掌锦衣卫事，典诏狱，后来被牵连到胡惟庸党案被杀。耿忠做官到大同卫指挥使，也以贪污案被处死。

除文官武将做检校以外，和尚也有被选用做这工作的。吴印、华克勤等人都是和尚，因为察事有功，都还俗做了大官。给事中陈汶辉上疏力争，以为"自古帝王以来，未闻缙神缁流杂居同事而可以共济者也。"今勋旧耆德咸思辞禄去位，而缁流憸夫乃益以逞间，如刘基、徐达之见猜，李善长、周德兴之被谤，视萧何、韩信、其危疑相去几何哉！刘基、徐达、李善长、周德兴等人或见猜，或被谤，封建统治集团的核心内部矛盾展开了，矛盾越深化，到了不两立的地步，便酿成一系列屠杀惨案。

检校的足迹是无处不到的，朱元璋曾派人去察听将官家属，有女僧引诱华高、胡大海妻敬奉西僧，行"金天教"法，朱元璋下令把两家妇人连同女僧一起丢在水里。吴元年得到报告，要前方总兵官把一个摩尼（摩尼教徒）取来。洪武四年（1371）手令："北平城内有个黑和尚出入各官门下，如常与各官说些笑话，好生不防他。又一名和尚系是江西人，秀才出身，前元应举不中，就做了和尚，见在城中与各官说话。又火者一姓崔，系总兵官庄人……又有隐下的高丽不知数。造文书到时，可将遣人都教来。一名太医江西人，前元提举，即自在各官处用事。又指挥孙苍处有两上回回，金有让孚家奴也教发来。"调查得十分清楚确凿。钱宰被征编孟子节文，罢朝吟诗："四鼓冬冬起着衣，午门朝见尚嫌迟，保时得遂田园乐，睡到人间饭熟时。"第二天，朱元璋对他说："昨天作的好诗，不过我并没有'嫌'啊，改作'忧'字如何？"钱宰吓得出了一身汗，磕头谢罪。宋濂性格诚谨，有一次请客喝酒。隔天，朱元璋问他昨天喝酒了没有，请了哪些客，什么菜？宋濂老老实实回答，朱元璋才笑着说："全对，没有骗我。"国子祭酒宋讷独坐生气，面有怒容。朝见时，朱元璋问他昨天生什么气，宋讷大吃一惊，照实说了。朱元璋叫人把偷着给他画的像拿来看，他才明白。吏部尚书吴琳告回黄岗，朱元璋派人去察听，远远见一农人坐小杌上，起来插秧，样子很端谨。使者前问："此地有吴尚书这人不？"农人叉手回答："琳便是。"使者复命，朱元璋很喜欢。南京各部皂隶都戴漆巾，只有礼部例外，各衙门都有门额，只有兵部没有，据说这也是皇帝干的事。原来各衙门都有检校暗地里伺察，一天礼部的一个皂隶睡午觉，被取去漆巾。兵部有一晚没有人守夜，门额给人抬走了。发觉后都不敢作声，也就作为典故了。公侯伯功臣赐卒一百一十二人做卫队，设百户一人统率，颁有铁册，说明"俟其寿考（死亡），子孙得袭，则兵皆入卫"。称为铁册军。事实上也是防功臣有二心，特设铁册军监视的。

朱元璋不但派检校侦查官民，有时他还亲自侦查。例如罗复仁是陈友谅旧臣，投降后，官为弘文馆学士，说一口江西话，为人耿直朴素，朱元璋叫他作老实罗。一天，朱元璋突然跑到罗家，罗家在城外边一个小巷子里，破破烂烂，东倒西歪几间旧房子。老实罗正扒在梯子上粉刷墙壁，一见皇帝来，着了慌，赶紧叫他女人抱小杌子请皇帝坐下。朱元璋见他实在穷得不

堪，过意不去，说："好秀才怎能住这样破烂房子！"即刻赐予城里一所大宅邸。

检校是职务，不是正式机构，只能执行察听、侦察工作，并无扣押人犯和处刑之权。胡惟庸案发以后，统治阶级的内部斗争越发尖锐了，洪武十五年（1382）特别设立了一个特务机构，有瑞门的法庭和监狱，叫锦衣卫。

锦衣卫的前身是吴元年设立的拱卫司，洪武三年（1370）改为亲军都尉府，管左、右、中、前、后五卫军士，洪武十五年（1382）改为锦衣卫。

锦衣卫有指挥使一人，正三品，同知二人，从三品，金事三人，四品，镇抚二人，五品，十四所千户十四人，五品，副千户从五品，百户六品，所统有将军、力士、校尉，掌侍卫、缉捕、刑狱之事。凡盗贼奸宄要秘密缉访，街涂沟洫要经常注视，是一个组织完备的军事特务机构，和皇朝的府、部、院都没有隶属关系，由皇帝直接指挥，只对皇帝负责。

锦衣卫设经历司，掌文移出入，设镇抚司，掌本卫刑名，兼理军匠，也就是民间所称"诏狱"。朱元璋从洪武十五年（1382）以后，运用这批特务、法庭和监狱，把全国所有政治性的重罪犯人，都交给它审判和处刑。过了六年，镇压"不轨妖言"的任务告一段落了，洪武二十年（1387）下令焚毁锦衣卫刑具，把犯人移交给刑部。又过了六年，胡惟庸和蓝玉案的罪犯都已处理完毕了，又再次申明以后一切案件都由朝廷法司处理，内外刑狱公事不再经由锦衣卫。但是这条法令并没有维持多久，明成祖即位后，又重新利用锦衣卫来镇压建文帝的臣下，恢复了诏狱。以后历代皇帝都倚仗锦衣卫做耳目爪牙，用内官提督东、西厂（诏狱），东西厂和锦衣卫的职权日益扩大，人员日益众多，造成残酷的恐怖气氛，一直延续到明亡。

和锦衣卫有密切关系的一种刑罚叫廷杖，就是在殿廷杖责官员。锦衣卫学前朝的诏狱，廷杖则学的是元朝的办法。著名的例子，朱元璋亲族被杖死的有亲侄朱文正，勋臣被鞭死的有永嘉侯朱亮祖父子，大臣被杖死的有工部尚书薛祥，部曹被廷杖的有茹太素。这个办法也被他的子孙当作祖宗制度的一直继承到朱家统治权被推翻的时候。

地方则设置巡检司，凡在外各府州县关津要害处普遍建立，设巡检和副巡检，都是从九品官，带领差役、弓兵、警备意外。职权是缉捕盗贼，盘诘奸伪。在交通要冲去处，则专一盘诘往来奸细及贩卖私盐犯人，逃囚、无引面生可疑之人。

引是路引，朱元璋发展了古代"传""过所""公凭"这套制度，制定了路引，即通行证或身份证。法律规定："凡军民人等往来，但出百里即验文引，如无文引，必须擒拿送官。"仍许诸人首告，得实者赏，纵容者同罪。处刑的等级："凡无文引私度关津者杖八十；若关不由门，津不由渡而越度者杖九十；若越度缘边关塞者杖一百，徒三年，因而出外境者绞。"军和民的区别："若军、民出百里之外不给引者，军以逃军论；民以私度关津论。"这个制度把军、民的行动范围限制在百里之内。路引是要向地方官请领的，请不到的，行动便不能出百里之外。

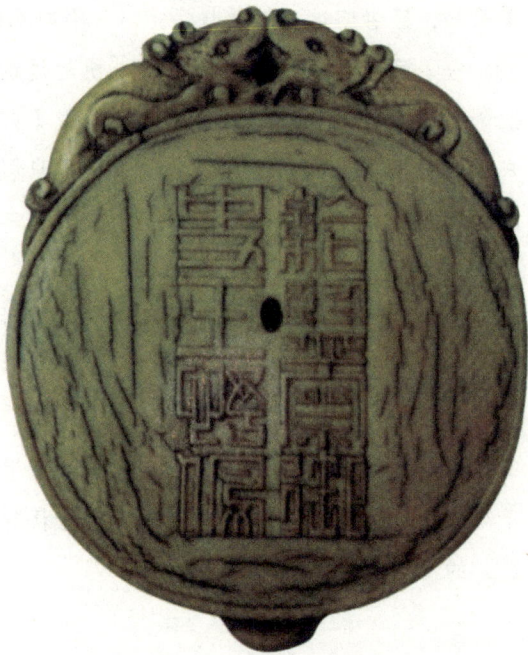

明代王忬象牙腰牌

巡检司只设在交通冲要去处，要全面地约束人民的行动，是办不到的。于是里甲便被赋予辅助巡检司，执行检查的任务。洪武十九年朱元璋手令要"人民互相知丁"，知是了解情况的意思，他说：

诰出，凡人民邻里互相知丁，互知务业，俱在里甲。县、府、州务必周知。市村绝不许有逸夫。若或异四业而从释道者户下除名。凡有夫丁，除公占外，余皆四业，必然有效。

一、知丁之法，某民丁几，受农业者几，受士业者几，受工业者几，受商业者几。且欲士者志于士，进学之时，师友某氏，习有所在，非社会学则入县学，非县必州，府之学，比其所以知士丁之所在。已成之士为未成士之师，邻里必知生徒之所在。庶几出入可验，无异为也。

一、农业者不出一里之间，朝出暮入，作息之道互知焉。

一、专工之业，远行则引明所在，用工州里，往必知方，巨细作为，邻

213

里采知，巨者归迟，细者归疾，出入不难见也。

一、商本有巨微，货有重轻，所趋远近水陆，明于引间。归期艰限，其业邻里务必周知。若或轻年无信，二载不归，邻里当觉（报告）之询故。本户若或托商在外非为，邻里勿干。（本户假托经商，在外边作坏事，邻里不负连带责任。）

逸夫，指的是无业游民。法令规定里甲邻里要负责逮捕逸夫，如不执行，要受连坐处分。他接着说：

一里之间，百户之内，仍有逸夫，里甲坐视，邻里亲戚不拿，其逸夫或于公门中，或在市间里，有犯非为，捕获到官，逸夫处死，里甲四邻化外之迁，的不虚示。

又强调告诫：

此诰一出，自京为始，遍布天下。一切臣民，朝出暮入，务必从容验丁。市井人民舍客之际，辨人生理，验人引目。生理是其本业，引目相符而无异，犹恐托业为名，暗有他为。虽然业与引合，又识重轻巨微贵贱，倘有轻重不伦，所赍微细，必假此而他故也，良民察焉。

明代观榜图

"异为，非为、他为、他故"都是朱元璋的法律术语，异为、非为是不轨、不法的意思，他为、他故是有秘密、有问题的意思。前一手令是里甲、邻里互相知丁的义务和对逸夫的连坐法，后一手令则是专指流动人口的，特别是对手工业者和商人的。他的前辈彭莹玉在淮西秘密传教所引起的后果，对他来说是最现实的教训。他接受了这个教训，把路引制和里甲制结合在一起，对巡检司起了辅助作用，也对反对封建统治的人们起了管制和镇压的作用。

　　要组织这样的力量、机构，进行全国规模的调查、登记、发引、盘诘的工作，必须付出极大的努力和准备周密的计划以及必需的监督工作。差不多经过三十年的不断斗争，朱元璋和他的助手们积累了丰富的经验，把自己的统治机构，威慑力量，逐渐发展，巩固，使之比前代更为完备。

第八章　与民休息

农业生产

明初社会生产力的发展是元末农民起义，农民战争的结果，它大大地打击了大地主阶级，并且大大地教训了新王朝的统治者朱元璋，迫使他对农民做出一定让步。这个让步的结果就是与民休息，首先表现在农业生产的恢复和发展方面。

经过二十年长期战争的破坏，人口减少，田地荒芜，是明朝初年的普遍现象。例如，唐宋以来的南北交通要道、繁华胜地的扬州，为青军（又名一片瓦、长枪军，是地主军队）元帅张明鉴所据，军队搞不到粮食。龙凤三年朱元璋部将缪大亨攻克扬州，张明鉴投降，城中居民仅余十八家。新任知府以旧城虚旷难守，只好截西南一隅筑而守之。如颍州，从元末韩咬儿在此起义以后，长期战乱，民多逃亡，城野空虚。特别是山东、河南地区，受战争破坏最重，"多是无人之地"。洪武元年（1368）闰七月，大将军徐达率师发汴梁，狥取河北州县，"时兵革连年，道路皆榛塞，人烟断绝"。有的地方，"积骸成丘，居民鲜少"。洪武三年（1370），济南府知府陈修和司农官报告，"北方郡县近城之地多荒芜"。洪武四年（1371）二月，大同卫指挥耿忠报告："大同地边沙漠，元季孛罗帖木儿、扩廓帖木儿等乱兵杀掠，城郭空虚，土地荒残，累年租税不入。"到洪武十五年（1382），晋府长史致仕桂彦良还说："中原为天下腹心，号膏腴之地，因人力不至，久致荒芜。"洪武二十一年（1388）河北诸处，还是田多荒芜，居民鲜少。南方许多地方情况也是如此，如洪武三十年（1397）常德府武陵县报告："武陵等十县，自丙午（1366）兵兴，人民逃散，长或复业，而土旷人稀，耕种者少，荒芜者多"。江西瑞金则因农民起义，户口亡绝过半："初民户在籍者六千一百九十三户，今亡绝过半，田多荒芜，租税无所从出。"名城开封，以户粮数少，由上府降为下府。洪武十年（1377），以河南、四川等布政司所属州县，户粮多不及数，凡州改县者十二，县并者六十。洪武十七年（1384）令凡民户不满三千户的州改为县者三十七。

租税收入减少，劳动力严重不足，情况是很严重的。为了迅速改变这种残破面貌，增加财政收入，朱元璋只能对农民做了让步。吴元年五月下令，凡徐、宿、濠、泗、寿、邳、东海、襄阳、安陆等郡县，及今后新附土地、人民，桑、麻、谷、粟、税粮、徭役，尽行蠲免三年。让老百姓喘一口气，休息过来，把力量投入生产。以后新得的州县，也采用这办法，蠲免几年的租税和徭役。他集中力量，振兴农业，用移民屯田，开垦荒地的办法调剂劳动力的不足；用兴修水利、种植桑、棉的办法，增加农业生产的收入；用官给耕牛种子，垦荒地减免三年租税，遇灾荒优免租粮等措施，解决农民的困难。此外，还设立了预备仓、养济院等救济机关。

他常说："四民之中，农民最劳最苦。春天鸡一叫就起床，赶牛下田耕种。插下秧子，得除草，得施肥，大太阳里晒得汗水直流，劳碌得不成人样。好容易巴到收割了，完粮纳税之外，剩不了多少。万一碰上水旱虫蝗灾荒，全家着急，毫无办法。可是国家的赋税全是农民出的，当差做工也是农民分内的事，要使国家富强，必得让农民安居乐业，才有可能。"封建政权的财政收入，主要来自农村，粮食、棉花、布帛、劳动力都靠农民供给，农业生产如不恢复和发展，这个政权是支持不下去的。

移民的原则是把农民从窄乡移到宽乡，从人多田少的地方移到人少地广的地方。洪武三年（1370）六月，徙苏州、松江、嘉兴、湖州、杭州无业农民四千多户到濠州种田，给牛具种子，三年不征其税。又移江南民十四万户于凤阳。洪武九年（1376）十月徙山西及真定民无产者于凤阳屯田。洪武十五年（1382）九月，迁广东番禺、东莞、增城降民二万四千四百余人于泗州屯田。洪武十六年（1383）迁广东清远瑶民一千三百七人于泗州屯田。以上皆为繁荣起义根据地及其附近的措施。洪武二十一年（1388）八月，以山东、山西人口日繁，迁山西泽、潞二州民之无田者往彰德、真定、临清、归德、太康诸处闲旷之地，置屯耕种。洪武二十二年（1389）以两浙民众地狭，务本者少而事末者多，命杭、湖、温、台、苏、松诸郡民无田者，许令往淮河迤南滁、和等处起耕。山西贫民徙居大名、广平、东昌三府者，凡给田二万六千七十二顷。洪武二十五年（1392）徙山东登、莱二府贫民五千六百三十五户就耕于东昌。洪武二十七年（1394）迁苏州府崇明县无田

民五百余户于昆山开种荒田。洪武二十八年（1395）青、兖、登、莱、济南五府民五丁以上及小民无田可耕者起赴东昌，编籍屯种，凡一千五十一户，四千六百六十六口。到洪武二十八年（1395）十一月，东昌三府屯田迁民共五万八千一百二十四户，朝廷收租三百二十二万五千九百八十余石，棉花二百四十八万斤。彰德等四府屯田凡三百八十一处，屯田租米二百三十三万三千三百一十九石，棉花五百零二万五千五百余斤。凡移民垦田都由朝廷给予耕牛、种子和路费。洪武三年（1370）定制，北方郡县荒芜田地，召乡民无田者垦辟，户给十五亩，又给地二亩种蔬菜，有余力的不限顷亩，皆免三年租税。其马驿、巡检司、急递铺应役者，各于本处开垦，无牛者官给之。若王国所在，近城存留五里以备练兵牧马，余处悉令开耕。这一条法令使北方广大无地少地的农民得到了田地，投入了生产，改变了这些地区的荒凉面貌，也改善了一部分人民的生活。为了解决土地的产权问题，又令凡开垦荒田，各处人民先因兵燹遗下田土，他人开垦成熟者听为己业。业主已还，有司于附近荒田拨补。复业人民见（现）在丁少而原来田多者，不许依前占护，只许尽力耕垦为业。见（现）今丁多而原来田少者，有司于附近荒田验丁拨付。这条法令规定贫民垦熟的荒田即为己业，明确了产权，解除了开垦者的顾虑。同时，原来逃亡在外的地主复业的，也只许依丁拨田，不许多占，这样，就把战前的地主产权整个否定了，是对旧地主阶级的一个极大的打击。洪武二十四年（1391）令公侯大官以及民人，不问何处，唯犁到熟田，方许为主。但是荒田，俱系在官之数。若有余力，听其再开。把全国荒田都用法领规定为封建王朝所有，只要有劳动力的就许报官开垦。又令山东概管农民，务见丁著役，限定田亩，著令耕种。敢有荒芜田地流移者，全家迁发化外充军。洪武二十八年令，洪武二十七年以后新垦田地，不论多寡，俱不起科（收田租），若地方官增科扰害者治罪。鼓励农民大力开垦。这一系列法令执行的结果，数量众多的穷苦农民依法开垦了大量荒地，自耕农的数量大大增加了，元朝后期土地大量集中的情况改变了，这些地区的阶级矛盾较之以前也就大大缓和了，这就是上文所列举的洪武一朝的农民起义，江南地区很多而北方很少的经济原因。

也有从居庸关西北地区移民到内地屯垦的，如徐达平沙漠，徙北平山后民三万五千八百余户散处诸府卫，充军的给衣粮，为民的给田土。又以沙漠迁民三万二千八百多户屯田北平，置屯二百五十四，开地一千三百四十三顷。

此外，吴元年十月，徙苏州富民到濠州居住，因为他们帮着张士诚拒守，还不断说张王好话的缘故。洪武十五年（1382）命犯笞杖罪的犯人都送到滁州种苜蓿。洪武二十二年（1389）命户部起山东流民居京师，人赐钞二十锭，俾营生业。洪武二十八年（1395）徙直隶、浙江民二万户于京师，充仓脚夫。

朱元璋在攻克集庆后，便注意水利。到建国以后越发重视，进行了一系列大规模的水利建设工程。洪武元年（1368）修和州铜城堰闸，周回二百余里，洪武四年（1371）修治广西兴安县灵渠，可以溉田万顷。洪武六年（1373）开上海胡家港，从海口到漕泾千二百余丈，以通海船。洪武八年（1375）开山东登州蓬莱阁河，浚陕西泾阳县洪渠堰，溉泾阳、三原、醴泉、高陵、临潼田二百余里。洪武九年（1376）修四川彭州都江堰。洪武十二年（1379）修陕西西安府甜水渠，引龙首渠水入城，居民从此才有甜水可吃。洪武十四年（1381）筑江南海盐海塘，浚扬州府官河。洪武十七年（1384）筑河南磁州漳河决堤，决荆州岳山坝以通水利，每年增官田租四千三百余石。修江南江都县深港坝河道。洪武十八年（1385）修筑黄河、沁河、漳河、卫河、沙河堤岸。洪武十九年（1386）筑福建长乐海堤。洪武二十三年（1390）修江南崇明海门决堤二万三千九百余丈，役夫二十五万人。疏四川永宁所辖水道。洪武二十四年（1391）修江南临海横山岭水闸，宁海、奉化海堤四千三百余丈，筑上虞海堤四千丈，改建石闸，浚定海、鄞二县东钱湖，溉田数万顷。洪武二十五年（1392）凿江南溧阳银墅东坝河道四千三百余丈，役夫四十万人。二十七年（1394）浚山阳支家河，凿通广西郁林州相隔二十多里的南北二江，设石陡诸闸。洪武二十九年（1396）修筑河南洛堤。洪武三十一年（1398）修治洪渠堰，浚渠十万三千余丈。这些规模巨大

明代玉器

用人力到几十万人的工程，没有统一的安定的全国力量的支持，是不可能设想的。除此而外，朱元璋还要全国各地地方官，凡是老百姓对水利的建议，必须即时报告。洪武二十七年（1394）又特别嘱咐工部官员，凡是陂塘湖堰可以蓄水泄水，防备旱灾涝灾的，都要根据地势，一一修治，并派国子监生和税户人才到各地督修水利。洪武二十八年（1395）共计全国府县开塘堰四万九百八十七处。河四千一百六十二处，陂渠堤岸五千四十八处。

移民屯田，开垦荒地，承认自耕农开成熟地的产权，旧地主复业只能依丁拨田，和兴修水利是增加谷物产量，增加皇朝租税收入，强化国家机器的主要措施，也就是经过元末农民大起义的阶级斗争以后，新皇朝不得不稍为对农民让步的具体表现。此外，朱元璋还特别着重经济作物的增产，主要是桑、麻、大棉和枣、柿、栗、胡桃等等。龙凤十一年六月下令，凡农民有田五亩到十亩的，栽桑、麻、木棉各半亩，十亩以上的加倍，田多的照比例递加。地方官亲自督视，不执行命令的处罚；不种桑的使出绢一匹，不种麻和木棉的出麻布或棉布一匹。洪武元年又把这法令推广到各地，并规定科征之额，麻每亩科八两，木棉每亩四两，栽桑的四年以后再征租。二十四年于南京朝阳门钟山之麓，种桐、棕、漆树五千余万株，岁收桐油棕漆，为修建海船之用。二十五年令凤阳、滁州、庐州、和州的农民，每户种桑二百株，枣二百株，柿二百株。令全国卫所屯田军士每人种桑百株，并随地宜种柿、栗、胡桃等树木，以备荒年。二十七年令户部教全国百姓务要多种桑、枣和棉花，并教以种植之法。每一户初年种桑、枣二百株，次年四百株，三年六百株。多种棉花的免税。栽种的数目都要造册报告，违令的全家发遣充军。执行的情况，如湖广布政司洪武二十八年（1395）的报告，所属州县已种果木八千四百三十九万株。全国估计，当在十亿株以上。洪武二十九年（1396）以湖广诸府

朱元璋

县宜于种桑，而种之者少。命于淮安府及徐州取桑种二十石，派人送到辰、沅、靖、全、道、永、宝庆、衡州等处，各给一石，使其民种之，发展这一地区的蚕丝生产和丝织工业。为了保证命令的贯彻执行，下诏指出农桑为衣食之本，全国地方官考课，一定要报告农桑的成绩，并规定洪武二十六年（1393）以后栽种的桑、枣果树，不论多少，都免赋税。把栽种经济作物作为官吏考绩的内容之一，违者降罚，又设置老人击鼓劝农，每村置鼓一面，凡遇农种时月，五更擂鼓，众人闻鼓下田，该管老人点闸（名）。若有懒惰不下田的，许老人责决，务要严切督并，见丁著业（每人都得干活），毋容惰夫游食。若是老人不肯劝督，农民穷窘，为非犯法到官，本乡老人有罪。平时老人每月六次手持木铎，游行宣讲劝农务本的道理。朱元璋还颁发教民榜文说：

今天下太平，百姓除粮差之外，别元差遣。各宜用心生理，以足衣食，如法栽种桑、麻、枣、柿、棉花，每岁养蚕，所得丝织绵，可供衣服，枣、柿丰年可以卖钞，俭年可当粮食，里老尝督，违者治罪。

对农民吃饭穿衣问题的关切，从历史上封建帝王加以比较，朱元璋是较为突出的。

为了鼓励农业生产，洪武元年（1368）下诏田器不得征税。洪武四年（1371），洪武二十五年（1392）两次派官员到广东、湖广、江西买耕牛以给中原屯种之民。洪武二十八年（1395）命乡里小民或二十家或四五十家团为一社，每遇农急之时有疾病，则一社助其耕耘，庶田不荒芜，民无饥窘。户部以此意广泛晓谕。各地方报告修城垣、建营房、浚河道、造王宫等工程，都反复告以兴作不违农时的道理，一定要在秋收农隙时兴工。对农业增产有成效的地方官，加以擢升：如太平知府范常积极鼓励农民耕作，贷民种子数千石，到秋成得了大丰收，官民都仓廪充实。接着兴学校，延师儒，百姓很喜欢。召为侍仪。陶安知饶州。田野开辟，百姓日子过得好，离任时，百生拿他初来时情况比较，歌颂他："千里榛芜，侯来之初；万姓耕辟，侯去之日。"南丰百姓也歌唱典史冯坚："山市晴，山鸟鸣，商旅行，农夫耕，老瓦盆中洌酒盈，呼嚣躁突不闻声。"久经丧乱，生产雕敝的农村经济，逐步得到恢复了。

东南地区苏、松、嘉、湖四府是盛产粮食的谷仓，但是租税特别重，自耕农负担不了。洪武七年（1374）五月下令减租，如亩税七斗五升者除其半，以苏民力。洪武十三年（1380）三月又减了一次，旧额亩科七斗五升至四斗四升者减十之二，四斗三升至三斗六升者俱止征三斗五升，以下仍旧。凡各地闹水灾旱灾歉收的，蠲免租税。丰年无灾荒，也择地瘠民贫的地方特别优免。灾重的除免交二税之外，还由官府贷米，或赈米、布和钞。各地设预备仓，由地方耆老经管，存储粮食以备救灾。设惠民药局，凡军民之贫病者，给予医药。设养济院，贫民不能生活的许入院赡养。月给米三斗，薪三十斤，冬夏布一匹，小口给三之二。灾伤州县，如地方官不报告的，特许耆民申诉，处地方官以死刑。二十六年又令户部，授权给地方官，在饥荒年分，得先发库存米粮赈济，事后呈报，立为永制。三十多年来，赏赐民间布、钞数百万，米百多万石，蠲免租税数量也很大。但是这些措施都有其局限性，因为政权是属于地主阶级的，蠲免、减少租额，受益最多的是地主，贫雇农是没有分的。预备仓、惠民药局、养济院等公益机构也掌握在地主的手里，他们用以假公济私，贪污剥削，名义上是为了贫苦人民，实质上是起不了多大作用的。

解放奴隶

元朝蒙汉地主阶级的联合统治，带来了落后的奴隶制度，驱、奴的数量很大，大量的劳动力被掌握在私人手里，这对农业生产是非常不利的。在元末长期战争中，也有不少丁壮被迫为奴隶。红巾军起义以后，打击的矛头针对着蒙、汉地主，这一批地主被消灭了，所役使的大量奴隶也得到了解放；有些奴隶参加了革命斗争，从而改变了阶级成分。面对这种社会变革的新形势，朱元璋的立场是矛盾的，为了掌握更多的劳动力，有利于农业生产的发展，他下令解放奴隶，同时，他还立下法令，不许庶民蓄奴，明律规定："庶民之家，存养奴婢者，杖一百，即放为良。""福建两广等处，有豪户阉割人驱使者，以阉割抵罪，没官为奴。"庶民不许蓄奴，奴隶的数量当然大大减少了。但是，他是地主阶级利益的代表人，贵族、官僚、乡绅的蓄奴权利，则是被法律承认、保护的。他解放了一大批奴隶，并且不许庶民蓄养奴隶，是为了争取更多的农业生产劳动力，同时又肯定了地主阶级蓄养奴隶的合法地位，则是为了保护自己本阶级的利益。

僧道还俗

对僧道的政策也是从农业生产出发的，尽管他自己当过和尚，做了皇帝以后，却用法令限制僧道数量的发展。洪武六年（1373）十二月，他认为释老教行，伪道日多，蠹财耗民，莫此为甚。下令全国府、州县只存大观、寺一、僧道并处之。非有戒行通经典者不得请给度牒。又禁女子年四十以下为尼者。洪武十七年（1384）全国僧道数二万九百五十四人，他以为太多了，其中有很大一部分是为了逃避差役的，规定三年一次出给度牒，严加考试。洪武二十年（1395）八月做了更严格的规定："民年二十以上者不许落发为僧。年二十以下者来请度牒，俱令于在京诸寺试事三年，考其廉洁无过者，始度为僧。"洪武二十七年（1394）正月，又命礼部榜示全国："僧道有妻妾者，诸人许捶逐，相容隐者罪之。愿还俗者听。亦不许收民儿童为僧，违者并儿童父母皆坐以罪。年二十以上愿为僧者，亦须父母具告，有司奏闻，方许，三年后赴京考试，通经典者始给度牒，不通者杖为民。"洪武二十八年十月，以全国僧道数多，皆不务本教，令赴京考试，不通经典的一律开除。年六十以上的免试。规定一步步加严，僧道的数目比元朝大大地减少了，用于僧道的朝廷和民间的费用，也大大地减少了，农业生产劳动力相应地增加了。并且，僧道从此不许有妻有妾，和世俗人民有了显著的区别了。

明代铜亭

223

国力大增

几十年此较安定的生活，休养生息，积极鼓励生产，解放劳动力的结果，社会生产力不但恢复了，而且大大发展了。

第一，表现在垦田数目的增加，以洪武元年到十三年（1368—1380）的逐年增加的垦田数目为例：

洪武元年　七百七十余顷

　　二年　八百九十八顷

　　三年　二千一百三十五顷（山东、河南、江西的数字）

　　四年　十万六千六百六十二顷

　　六年　三十五万三千九百八十顷

　　七年　九十二万一千一百二十四顷

　　八年　六万二千三百八顷

　　九年　二万七千五百六十四顷

　　十年　一千五百十三顷

　　十二年　二十七万三千一百四顷

　　十三年　五万三千九百三十一顷

十三年中增加的垦田数字为一百八十万三千一百七十一顷。到洪武十四年（1381）全国官民田总数为三百六十六万七千七百一十五顷。十三年来增垦面积的数字占十四年全国官民田总数的二分之一。由此可知，洪武元年的全国已垦田面积不过一百八十多万顷（不包括东北、西北未定地方和夏的领土四川和云南、贵州等地），荒废田地的数量是极为巨大的。再过十年，洪

明代青花八吉祥纹菊瓣大碗

武二十四年（1391）的全国已垦田数字为三百八十七万四千七百四十六顷。经过多年的垦辟，更重要的是经过大规模的田地丈量，被地主豪强所隐匿的田地大量地被清理出来了，只隔两年时间，洪武二十六年（1393）的全国已垦田数字就激增到八百五十万七千六百二十三顷。比十四年的数字又增加了四百八十四万顷，此洪武元年则增加了六百七十万顷，将近增加四倍。按全国人口平均计算，每人约有耕地十六七亩。

第二，表现在本色税粮收入的增加，洪武十八年（1385）全国收入麦、米、豆、谷二千八十八万九千六百一十七石。洪武二十三年（1390）为三千一百六十万七千六百石。洪武二十四年为三千二百二十七万八千九百八十三石。洪武二十六年（1393）为三千二百七十八万九千八百石。洪武二十六年比十八年增加了三分之一的收入。和元代全国岁入粮数一千二百十一万四千七百余石相比，增加了差不多两倍。历史家记述这时期生产发展的情况说："是时宇内富庶，赋入盈羡，米粟自输京师数百万石外，府县仓廪蓄积甚丰，至红腐不可食。岁歉，有司往往先发粟赈贷，然后以闻。"这个叙述并不夸大，有实例做证，例如洪武二十年（1387）七月，守大宁前军都督金事商暠报告："所筑大宁等四城，见贮粮粟，大宁三十一万石，松亭关五十八万石，会州二十五万石，足供数年边用。"又如洪武二十八年（1395）九月户部尚书郁新报告："山东济南府广储、广丰二仓粮七十五万七千石有奇，只给临清训练军士月粮……二仓蓄积既多，岁久红腐……其今年秋粮宜折棉布，以备给赐。"可见"蓄积甚丰"，是有事实根据的。

第三，表现在人口数字的增加，洪武十四年（1381）统计，全国有户一千六十五万四千三百六十二，口五千九百八十七万三千三百五。洪武二十六年的数字为户一千六百五万二千八百六十，口六千五十四万五千八百十二。此之元朝极盛时期，元世祖时代的户口：户一千六十三万三千二百八十一，口五千三百六十五万四千三百三十七。户增加了三百四十万，口增加了七百万。

第四，表现在府县的升格，明朝制度以税粮收入多少定府县等级：县分上、中、下三等，标准为田赋十万石、六万石，三万石以下。府也分三等，标准为田赋二十万石以上，以下，十万石以下。从洪武八年（1375）起，因为各地方农业经济的恢复和发展，垦田和户口的增加，田赋收入增加了，不

断地把一些府县升格，例如开封原为下府，因为税粮数超过三十八万石，洪武八年正月升为上府。河南怀庆府税粮增加到十五万石，陕西平凉府户口田赋都有所增加，三月升为中府。十二月以太原、凤阳、河南、西安岁收粮增加，升为上府，扬州、巩昌、庆阳升为中府，明州之鄞县升为上县，等等。扬州残破情况最为严重，只经过八年时间，已经恢复到岁收田赋二十万石下的中府了，从这个名城的恢复，可以推知全国各地社会生产力的恢复和发展的情况。

第五，由于粮食的增产，特别是经济作物桑、麻、棉花和果木的普遍种植，农民的收入比过去时代有了一些增加，生活比起那蒙汉地主联合统治时代好了一些，比之战争年代就更不用说了，当然社会购买力也相应提高了。农业生产的恢复和发展，一方面为纺织工业提供了原料；另一方面农民所增加的购买力又促进了刺激了商业市场的繁荣，出现了许多以丝织、棉布纺织工业为中心和批发绸缎棉布行号的城市。

棉花的普遍种植

棉布传入中国很早，南北朝时从南洋诸国输入，称为吉贝、白叠。国内西北高昌（今新疆吐鲁番）产棉，唐灭高昌，置西州交河郡，土贡氍布，氍布就是白叠。宋、元间已有若干地区种棉了，但是在全国规模内普遍种植和纺织技术的提高，则是明朝初年的事情。

在明朝以前，平民穿的是布衣，这布衣指的是麻布的衣服。冬衣南方多用丝绵做袍，北方多用毛皮做裘。虽然也有用棉布做衣服卧具的，但因为"不自本土所产，不能足用。"唐人元稹诗："木绵温暖当棉衣。"元太祖、世祖遗衣皆缣素木绵，动加补缀。"宋人谢枋得诗："洁白如雪积，丽密过锦纯，羔缝不足贵，狐腋难比伦。剪裁为大裘，穷冬胜三春。"可见棉布到宋朝末年还是很珍贵的物品。

宋朝福建、广东的一些地区已经有人种棉花了。琼州是那时候的一个手工纺织业中心，当地妇女以吉贝织为衣衾，是黎族的主要副业生产。元朝从西域输入棉花种子，试种于陕西，拈织毛丝，或棉装衣服，特为轻暖。灭南宋后，浙东、江东、江西、湖广诸地区也提倡棉花的种植，生产量增加了一些，棉布成为商品，服用的人也就多起来了。元世祖至元二十六年（1289）四月置浙东、江东、江西、湖广、福建木棉提举司，责令当地人民每年输纳木棉布十万匹，以都提举司总之。至元二十八年（1291）五月罢江南六提举司岁输木棉。元成宗元贞二年（1296）始定江南夏税输以木棉布绢丝绵等物。

工商业的发展

由于种棉面积的增加，种植和纺织的技术需要总结和交流，元世祖至元十年（1273）司农司编印《农桑辑要》这部书，以专门篇幅记棉花的种植方法。纺绩的工具和技术由于各地方劳动人民的创造和交流，日益进步。据12世纪80年代间的记载，雷、化、廉州、南海黎峒的少数民族，采集棉花后，"取其茸絮，以铁筋辗去其籽，即以手握茸就纺"。稍后的记载提到去籽后，"徐以小弓弹令纷起，然后纺绩为布"。到13世纪中期，诗人描写纺绩情形说："车转轻雷秋纺雪，弓弯半月夜弹云"。纺织工具已经有了纺车、弹弓和织机了。江南地区的织工，"以铁铤辗去其核，取如绵者，以竹为小弓，长尺四五寸许，牵弦以弹绵，令其匀细，卷为小篇，就车纺之，自然抽绪如缫丝状"。但是所织的布，不如闽、广出产的丽密。琼州黎族人民所织的布，上出细字，杂花卉，尤为工巧。黄河流域主要陕西地区的纺织工具和技术都比较简陋，只有辗去棉籽的铁杖和木板，棉花的用途只是拈织粗棉线和装制冬衣。一直到13世纪末年，松江乌泥泾的农民，因为当地土地硗瘠，粮食不够，搞副业生产，从闽、广输入棉花种子，但是还没有踏车、椎弓这些工具，只能用手剖去棉籽，用线弦竹弧弹制，

明代人物图

工具和技术都很落后，产品质量不高，人民生活还是很艰苦。

元成宗元贞年间（1295—1297），乌泥泾人黄道婆从琼州附海舶回到故乡，她从小就在琼州旅居，带回来琼州黎族人民的先进纺织工具和技术，教会家乡妇女以做造、捍、弹、纺、织之具，和错纱，配色、综线、絜花的技术、织成被褥带帨，其上折枝、团凤、棋局、字样，粲然若写。一时乌泥泾所制之被成为畅销商品，名扬远近，当地人民由于有了这样一种大受欢迎的农村副业，生活水平大大提高了，靠纺织生活的有一千多家。诗人歌咏她："崖州（琼州）布被五色缲，组雾紃云絜花草，片帆鲸海得风回，千柚乌泾夺天造。"当地妇女参加纺织生产的情形，诗人描写："乌泾妇女攻纺绩，木绵布经三百尺，一身主宰身窝低，十口勤劳指头直。"到了明朝初年，不但江南地区的农村妇女普遍参加纺绩劳动，连有些地主家庭的妇女，也搞起副业生产，纺纱绩布，以给一岁衣资之用了。松江从此成为明代出产棉布的中心，"其布之丽密，他方莫并"。产品畅销全国，衣被天下。松江税粮，宋朝绍兴时只有十八万石，到明朝增加到九十七万石，其他杂费又相当于正赋，负担特别重，主要是依靠纺织工业的收入，"上供赋税，下给俯仰"。

黄道婆传入琼州制棉工具和技术之后二十年，王祯所著农书，列举制棉工具有一是搅车即踏车，是去棉子用的。二是弹弓，长四尺许，弓身以竹为之，弦用绳子。三是卷筳，用无节竹条扦棉花成筒。四是纺车。五是拨车，棉纱加浆后稍干拨于车上。六是轾车，用以分络棉线。七是线架。到元末又有了檀木制的椎子，用以击弦。生产工具更加完备和提高了，为明代纺织工业的发展准备了工具和技术条件。

朱元璋起事的地区，正是元代的种植棉花中心之一。灭东吴后，又取得东南绵纺织业中心的松江，原料和技术都有了基础，使他深信推广植棉是增加农民副业收入和皇朝财政收入的有效措施。龙凤十一年，下令每户

明代瓷器

农民必须种木棉半亩，田多的加倍。洪武元年（1368）又把这一法令推广到政令所及的一切地区。由于这个法令是具有强制性质的，是符合农民发展生产，提高生活水平要求的，种植棉花从此成为全国性的事业，纺织技术水平也由于千百万人的实践而不断提高，到明代中叶以后，棉布成为全国流通的商品，成为人民普遍服用的服装原料，人不论贵贱，地不分南北，都以棉花棉布做衣服御寒，百人之中只有一人用茧绵，其余都用棉布。过去时代人穿的缊袍，用旧絮装的冬衣，被用木棉装的胖袄所代替了。过去时代叫没有做官的平民为布衣，那布衣是麻布，现在却指的是棉布了。就全国而论，北方河南、河北气候宜于植棉，地广人稀，种植棉花的面积最大，是原料的供给中心。南方特别是长江三角洲一带，苏州、松江、杭州等地的农民纺绩技术较高，是棉纺织工业的中心。这样又形成了原料和成品的交流情况，原棉由北而南，棉布由南而北。商业市场也扩大了，棉花的普遍种植从经济上把南方和北方更紧密地联系起来了。

明初除了松江之外，另一棉纺织业中心是杭州。松江的棉纺织业只是农民的副业，主要劳动者是农村家庭妇女，是不脱离农业生产，也不离开家庭，个体、分散地进行生产的。这种情况可以概括其他地区，具有普遍性质。但是在杭州，却出现了新的生产组织，由于简单商品经济的发展，杭州出现了置备生产工具和原料的大作坊主，和除双手以外一无所有出卖劳动力的手工业工人。大作坊主雇用手工业工人，每天工作到夜二鼓，计日给工资。这种新的剥削制度的出现，正表示着社会内部新的阶级的孕育，这样，除了封建地主对农民的剥削以外，又产生了大作坊主对手工业工人的剥削关系。明朝初年曾经做过杭州府学教授的徐一夔所写的织工对一文，典型地记述了这种新现象：

钱塘杭州相安里有饶于财者，率居工以织，每夜至二鼓。老屋将压，机杼四五具南北向，列工十数人，手提足蹴，皆苍然无神色。日佣为钱二百缗，衣食于主人。以日之所入，养父母妻子，虽食无甘美而亦不甚饥寒。于凡织作，咸极精致，为时所尚。故主之聚易以售，而佣之直亦易以入。

有同业者佣于他家，受直略相似。久之，乃曰：吾艺固过于人，而受直与众工等，当求倍直者而为之佣。已而他家果倍其直。佣之主者阅其织果异于人，他工见其艺精，亦颇推之。主者退自喜曰：得一工胜十工，倍其直不

吝也。

由此可见，元朝末年和明朝初年手工业大作坊的一般情况。值得注意的是：在同一里巷，有若干同一行业的大作坊；大作坊主同时也是商人；从个体生产到大作坊的集体生产，有了单纯协作；出品精致畅销，经营这种大作坊有利可图，大作坊主很赚钱；大作坊多了，付给技术高的工人工资虽为一般工人工资的两倍，但大作坊主仍可得到五倍的剩余价值。手工业工人虽然工时很长，很劳苦，但是因为别无出路，干运行业可以"不甚饥寒"，也就愿意出卖劳动力。更重要的是这些手工业工人的人身是自由的，可以从这一作坊转到另一工资较高的作坊作工，和过去封建制的工人，没有人身自由的有着根本的差别。从"日佣为钱二百缗"来看，工资发的是钞，二百缗数目很大，明朝初年大明宝钞的实值很高，这里指的一定是元钞，数目大而实值极小，文中所描述的情况虽是元朝末年的事情，明朝初年也应该是同样情况。

棉花棉布的生产量大大增加，皇朝的税收也随之增加了。以税收形式缴给国库的棉花棉布，成为供给军队的主要物资，和必要时交换其他军需物资的货币代用品了。洪武四年（1371）七月诏中书省："自今凡赏赐军士，无妻子者给战袄一袭；有妻子者给棉布二匹。"每年例赏，如洪武二年（1369）六月以木棉战袄十一万赐北征军土。洪武四年七月，赐长淮卫军士棉布人二匹，在京军士十九万四百余人棉布人二匹。洪武十二年（1379）

明代建筑

给陕西都指挥使司并护卫兵十九万六千七百余人棉布五十四万余匹，棉花十万三千三百余斤。北平都指挥使司卫所士卒十万五千六百余人布二十七万八千余匹，棉花五万四千六百余斤。洪武十三年（1380）赐辽东诸卫士卒十万二千一百二十八人，棉布四十三万四百余匹，棉花十七万斤。洪武十六年（1383）给四川等都司所属士卒五十二万四千

明大福船模型

余人棉布九十六万一千四百余匹，棉花三十六万七千余斤。洪武十八年（1385）给辽东军士棉布二十五万匹，北平、燕山等卫棉布四十四万三千匹，太原诸卫士卒棉布四十八万匹，等等。平均每年只赏赐军衣棉布一项已在一百万匹上下。用作交换物资的如洪武四年七月以北平、山西运粮困难，以白银三十万两，棉布十万匹，就附近府县易米，以给将士。又以辽东军卫缺马，发山东棉布贳马给之。洪武十三年（1380）十月，以四川白渡、纳溪的盐换棉布，遣使入"西羌"买马。洪武十七年（1384）七月诏户部以棉布往贵州换马，得马一千三百匹。洪武三十年（1397）以棉布九万九千匹往"西番"换马一千五百六十匹。皇族每年供给，洪武九年（1376）规定，亲王冬夏布各一千匹，郡王冬夏布各一百匹。在特殊需要的情况下，临时命令以秋粮改折棉布，如洪武六年（1373）九月诏"直隶府州和浙江、江西二行省，今年秋粮以棉布代输，以给边戍"。从这些具体史实，可以看到洪武时代棉纺织业发展的概况。

朱元璋对种植棉花极力提倡、推广，对采冶工业却采取听任人民自由开采的方针。磁州临水镇产铁，元朝曾在此地设置铁冶，炉丁万五千户，每年收铁百余万斤。洪武十五年（1382）有人建议重新开采，朱元璋以为利不

在官则在民，民得其利则利源通而有利于官，官专其利则利源塞而必损于民。而且各地铁冶铁数尚多，军需不缺，若再开采，必然扰民。把建议人打了一顿，流放海外。济南、青州、莱州三府每年役民二千六百六十户，采铅三十二万三千多斤，以凿山深而得铅少，也命罢采。洪武十八年（1385）以劳民罢各布政司煎炼铁冶。洪武二十五年（1392）重设各处铁冶，到洪武二十八年（1395）内库储铁三千七百四十三万斤，军需后备物资已经十分充足，又命罢各处铁冶。并允许人民自由采炼，岁输课程，每三十分取其二。洪武三十一年（1398）以内库所贮铁有限，而营造所费甚多，又命重开铁冶。综计洪武时代设置的铁冶所，江西进贤、新喻、分宜，湖广兴国、黄梅，山东莱芜，广东阳山，陕西巩昌，山西交城、吉州、太原、泽、潞，共十三所。此外还有河南均州，新安，四川蒲江，湖广茶陵等冶，每年输铁一千八百四十余万斤。由于允许人民自由开采矿冶，明代的民间采冶工业有了蓬勃的开展，铁、铜、铅、锡等矿产数量增加了，对于其他工业起了推进作用。

宫廷和军队所需的一切物品，都由匠户制造。匠户是元明两代的一种

明代金束发冠

特殊制度，元朝把有技艺的工匠俘获、征调编为匠户，子孙世袭，分为民匠、军匠二种，数量很大。明初匠户的户籍，依据元代的旧籍，不许变动。洪武十一年（1378）五月，命工部凡在京工匠赴工者，月给薪水盐蔬，休工者停给，听其营生勿拘。准许休工时期的匠户，可以自由经营生产，解放了一部分劳动力，对民间手工业的发展起了有益的作用。洪武十九年（1386）又制定工匠轮班的法令。原来工部议定，各地匠户，验其丁力，定以三年为班，更番赴京轮做三个月，如期交代，名曰轮班。商量好了，没有执行。这时工部侍郎秦逵又再次提出，量地远近，以为班次，编订簿籍，给予勘合（合同文书），匠户到期带勘合到工部服役，皇朝则蠲免应役匠户家里的徭役，以为补偿。这样一来，外地匠户每三年只须到京服役三个月，而且还可以免掉家里应服的徭役，匠户对皇朝的负担大大地减轻了，人人欢喜。洪武二十六年（1393）规定每三年或二年轮班到京役作的匠户名额为二十三万二千八十九名。由工部管辖。固定做工的叫住坐匠户，由内府内官监管辖。军匠大部分分属于各地卫所，一部分属于内府兵仗局，军器局和工部的盔甲厂。属各地卫所的军匠总数二万六千户。每户正匠做工，得免杂差，仍免家内一丁以帮贴应役。余丁每年出办（缴纳）工食银三钱，以备各衙门因公务取役雇觅之用。住坐正匠每月工作十天，月粮由公家支给。正匠每月有二十天可以为自己生产，比元朝一代的负担减去三分之二。在这个制度下，无论轮班匠还是住坐匠都只有一部分时间应役，大部分时间可以参加社会上的生产，二十几万有专门技艺的工匠以大部分时间投入社会生产，对这个时代的手工业发展，无疑是起了巨大的作用的。

轮班匠包括六十二行匠人。后来又细分为一百八十八种行业，从笺纸、表背、刷印、刊字、铁匠、销金、木、瓦、油、漆、象牙、纺棉花，到神箭、火药等等，每种人数由一人到八百七十五人不等。内廷有织染局，神帛房，和后湖（今南京玄武湖）织造局，四川、山西诸行省和浙江绍兴织染局，规模都较大。留在地方的匠户除执役于本地织染局以外，如永平府就有银、铁、铸铁、锡、钉铰、穿甲等二十二行。

匠户人数多，分工细，凡是宫廷和军队所需用的手工业制造品，都由匠户执役的官手工业工场的各局制造供给。这种落后的奴隶制度的生产，使得消费量最大的宫廷和军队，不需倚靠市场，便可得到满足；同时，它所生产的成品，也不在市场流通，这样，就直接对社会上的私人手工业作坊的扩

大生产起了束缚和阻碍的作用，延缓了社会的向前进展。并且，官手工业工场的生产，是不须计较成本的，因为一切劳动力和原料都可以向人民无代价征发或由全国各地以贡品的方式供应，不受任何限制，官手工业工厂的产品即使有部分作为商品流入市场，私人手工业作坊的产品也不能和它竞争。在另一方面，自元初以来，把技术最好的工人签发为匠户，子孙世袭，连技术也被宫廷垄断了，私人手工业作坊所能雇用的只是一般工人，技术提高受到了一定的限制。明初把匠户分作住坐、轮班两种，轮班的除分班定期轮流应役以外，其余的时间归自己支配，住坐的也有三分之二的时间归自己支配，制成的产品可以在市场出售，对于市场商品的扩大，技术的交流和改进，都发生了一定的刺激作用。以此，明初对匠户生产力的解放尽管是不彻底的，但比之元朝的奴隶制生产，却是一个大大的进步，有其积极意义。另一方面，因为解放是不彻底的，还保留着部分的变相奴隶制劳动，这种无偿的强制的劳役，不能不引起匠户的反抗，除了逃亡之外，唯一可以采取的手段便是怠工和故意把成品质量降低。以此，匠户制度束缚和阻碍生产技术的不断提高；妨碍私人手工业工场的发展；隔绝商品的流通，对社会生产力的发展和原始资本的积累都是起着扼制、停滞的消极作用，我国封建社会的长期停滞，止足不前，看来匠户制度是要负一些责任的。

对于商业，朱元璋也十分重视，远在和张士诚对峙时期，便派遣专人到敌境做买卖："西淮、浙盐场俱系张士诚地面，朱元璋以军民食盐难得，令枢密院经历司给批与将官家人，驾船往高駅沙界首，以货易盐，到京货卖军民食用。后得诸暨，于唐口关立抽分所，得处州于吴渡立抽分所，许令外境客商就两界首买卖。于是绍兴、温州客人用船载盐于唐口、吴渡

明代《货郎图》

交易，抽到盐货，变作银两，及买白藤琉黄等物以资国用。"平陈友谅后，在江西、湖广设官办课（税），每年得谷一百余万石。平张士诚、方国珍后，在浙江及直隶府州设官店，设官收课。在江州设茶运司，抽取茶税。规定凡商税三十分取一，过此者以违令论。税收机构在京为宣课司，府县为通课司。洪武元年（1368）诏中书省，命在京兵马指挥司并管市司，三日一次棱勘街市斛斗秤尺，稽考牙侩姓名，规定物价。在外府州各城门兵马，一体

明代壁画

兼管市司。洪武十三年（1380）谕户部，自今军民嫁娶丧葬之物，舟车丝布之类都不征税。并大量裁减税课司局三百六十四处。南京人口密集，军民住宅连廊栉比，没有空地，商人货物到京无处存放，有的停在船上，有的寄放城外，牙侩从中把持价格，商人极以为苦。朱元璋了解这情况以后，就叫人在三山门等门外，盖了几十座房子，叫作塌坊，专存商货，上了税后听其自相贸易。并禁止对贫民负贩的科税。为了繁荣市面，洪武二十七年（1394）命工部建十五座楼房于江东诸门之外，令民设酒肆其间，以接四方宾客，名为鹤鸣，醉仙、讴歌、鼓腹、来宾、重译，等等。修好后还拿出一笔钱，让文武百官大宴于醉仙楼，庆祝天下太平。

　　棉花的普遍种植，棉布质量的不断提高，工资制手工业作坊的出现，新的蚕丝纺织工业区的开辟，轮班匠住坐匠的产品和技术的投入市场等，加上税收机构的减缩和轻税。保护商业政策的刺激，商业市场大大活跃了，不但联系了南方和北方，也联系了城市和乡村以及边远地区，繁荣了经济，在一

定程度上改善了提高了人民的生活，进一步加强了国家的统一。

商品的生产和吐纳的中心，手工业作坊和批发行号的所在地，集中着数量相当巨大的后备手工业工人和小商摊贩，城市人口剧烈地增加了。明初的工商业城市有南京、北平、苏州、松江、镇江、淮安、常州、扬州，仪真、杭州、嘉兴、湖州、福州、建宁、武昌、荆州、南昌、吉安、临江、清江、广州，开封，济南，济宁、德州、临清、桂林、太原、平阳、蒲州、成都、重庆、泸州等地。

统一货币

随着农业生产的恢复和发展，工、商业的活跃，作为贸易媒介的全国统一货币的需要是愈来愈迫切了。

在朱元璋称王以前，元朝的不兑现纸币中统交钞因为发行过多，军储供给，赏赐犒劳，每日印造，不可数计，舟车装运，舳舻相接，发生了通货膨胀的严重危机，京师用钞十锭（一锭为五十贯，一贯钞的法定价格原为铜钱一千文）换不到一斗米。至正十六年（1356）中统交钞已为民间所拒用，交易都不用钞，所在府县都以物货相交易。至正十七年（1357）铸至正之宝大钱五品称为权钞，以硬币代替纸币，由于第一不能兑现，第二也没有储备相当物资来交换，结果纸币也罢，大钱代钞也罢，人民一概不要。人民嘲笑权

洪武通宝

钞，歌谣中说："人吃人，钞买钞，何曾见？"

朱元璋占了集床以后，首先铸造大中通宝钱，以四百文为一贯，四十文为一两，四文为一钱。平陈友谅后，命江西行省置货泉局。即帝位后，发行洪武通宝钱，分五等：当十，当五，当三，当二，当一。当十钱重一两，当一钱重一钱。在应天置宝源局，各行省都设宝泉局，专管铸钱，严禁私铸。洪武四年（1371）改铸大中、洪武通宝大钱为小钱，虽然有了统一的货币，但是铜钱分量重，价值低，不便于数量较大的贸易，也不便于远地转运，并且，商人用钞已经有了长期的历史，成为习惯了，用钱感觉不方便，很有意见。

因为铜钱不便于数量较大的贸易，便决定发行纸币。洪武七年（1374）设宝钞提举司，下设抄纸、印钞二局，宝钞、行用二库。洪武八年（1375）命中书省造大明宝钞，以桑穰为纸料，纸质青色，高一尺，广六寸，外为龙文花栏，上横额题"大明通行宝钞"，其内上栏之两旁各篆文四字，右旁篆"大明宝钞"，左旁篆"天下通行"。其中图绘钱贯形状，以十串为贯，标明币值一贯，下栏是"中书省（洪武十三年后改为户部）奉准印造大明宝钞，与铜钱通行使用，伪造者斩，告捕者赏银二十五两（洪武十三年后改为赏银二百五十两），仍给犯人财产，洪武　年　月　日"。背和面都加盖硃印。一贯的画钱十串，五百文的画五串，以下是四百文、三百文、二百文、一百文，共六种。规定每钞一贯准钱千文，银一两。四贯准黄金一两。洪武

明朝天启通宝背十一两小型

二十一年（1388）加造从十文到五十文的小钞。

为了保证大明宝钞的流通，在发行时就以法律禁止民间不得以金银物货交易，违者治罪，告发者就以其物给赏。人民只准以金银向朝廷掉换宝钞，并规定商税钱钞兼收，比例为收钱十分之三，收钞十分之七，一百文以下的只收铜钱。在外卫所军土每月食盐给钞，各盐场给工本钞。洪武十八年（1385）命户部凡天下官禄米以钞代给，每米一石给钞二贯五百文。

大明宝钞的发行是适应当时人民需要的，对商业的繁荣起了作用。但是朱元璋照样抄袭了元朝的钞法，他只学了元朝后期中统钞崩溃时期的办法，没有懂得元朝前期钞法之所以能够通行，受到广大人民喜爱的道理。原来元朝初年行钞，第一有金银和丝为钞本（准备金），各路无钞本的不发新钞；第二印造有定额，计算全国商税收入的金银和烂钞兑换数量作为发行额数；第三朝廷有收有放，丁赋和商税都收钞；第四持钞人随时可以向钞库兑换等值的金银。相反，元朝后期钞法之所以溃崩，是因为把钞本动用光了；无限制滥发造成恶性通货膨胀；只发行不收回；不能兑换金银；烂钞不能换新钞。洪武钞法以元朝后期钞法作依据，因之，虽然初行的几年，由于发行数量少，行用方便和习惯，还能保持和物价的一定比例，但是后来由于回收受限制，发行额没有限制，发行过多，收回过少，不兑现纸币充斥于市场，币值便不能维持了。

洪武宝钞发行的情况，以洪武十八年二月二十五日到十二月止为例，宝钞提举司钞匠五百八十名所造钞共九百九十四万六千五百九十九锭。明朝以钞五贯为一锭，这一年的发行额约为五千万贯，合银五千万两。明初国库银的收入，每年不过几万两，一年的宝钞发行额竟相当于银的收入一千倍左右，加上以前历年所发，差距就更大了。更由于印制的简陋，容易做假，伪钞大量投入市场，币值就越发低落了。洪武二十三年（1390）两浙市民以钞一贯折钱二百五十文，洪武二十七年（1394）降到折钱一百六十文。到洪武三十年（1397）杭州诸府商贾，不论货物贵贱，一律以金银定价，索性不用宝钞了。朱元璋很着急，三番五次地下令申明钞一贯应折钱一千文；旧钞可以换新钞；禁用铜钱；禁用金银交易等措施，还是不济事，钞值还是日益低落，不被人民所欢迎。到成化时（1465—1487）洪武钱民间全不通行，洪武宝钞只在官府间流转，一贯仅值银三厘，或钱二文，跌到原来法定价格的千分之二。

洪武宝钞成为明朝的形式货币，民间交易只用金银。大约百年以后，由于对外贸易的发展，白银流入国内的一天天增多了。这样，在官府和市场就同时使用两种货币，皇朝给官员的薪俸，一部分是宝钞，大部分是米，给军队的赏赐用银子，征收商税和罪犯处刑折赎一部分是宝钞，田赋改折则全收银子；至于市场出入则都用银子。银子终于取代宝钞成为全国通用的通货。

第九章　严苛治国

整肃官纪

以朱元璋为首的淮西农民武装集团，在起事时是坚决反对当时占统治地位的蒙汉地主阶级的，但在取得胜利以后，便都转化为拥有大量土地、佃户的大地主，成为皇帝、国公、列侯，高官显爵，治理六千万臣民的封建统治阶级了。

洪武四年（1371）统计，韩国公李善长、魏国公徐达、郑国公常茂（常遇春的儿子）、曹国公李文忠、宋国公冯胜、卫国公邓愈六个国公和延安侯、吉安侯等二十八个侯，都拥有大量庄田，佃户凡三万八千一百九十四户。

皇帝是淮人，丞相李善长、徐达和功臣汤和、耿君用、炳文父子、郭兴、郭英、周德兴、郑遇春、陆仲亨、曹震、张翼、陈桓、孙恪、谢成、李新、何福、张龙、张赫、胡泉、陈德、王志、唐胜宗、费聚、顾时、唐铎、马世熊，幕僚李梦庚、单安仁、郁新、敦景祥等都是凤阳人，其中汤和、周德兴还是朱元璋同村子的人。绝大部分公、侯和朝廷重要官员都是淮人。到了朱元璋建国称帝以后，淮人在政治上军事上经济上越发占压倒的优势，非淮人被排挤、压抑，他们不甘心，也想尽一切办法取得朱元璋的信任，就这样，封建统治阶级内部展开了非淮人和淮西集团争权夺利的斗争，矛盾越来越尖锐，朱元璋就利用这种矛盾，重用淮人而又运用非淮人来监视淮人，加强和巩固自己的权力。

功臣以血战立功封公侯，拥有部曲、义子和大量奴仆，他们又和各地卫所军官有过统率关系，在和平环境里，这种虽然数量不大的武装力量和袍泽关系，却有可能成为倾覆皇家统治的因素。

管理全国政事的机构中书省这个制度，是从元朝继承下来的。中书省丞相综理政务，职权很重。相权重了，皇帝的权力就相对地削弱了，朱元璋是个权力欲极强的人，凡事都要自己做主。但是有长期历史传统的丞相制度，却对皇帝的至高权力起了牵制作用。

贵族地主对人民的非法剥削，对皇朝赋役的隐蔽侵占；淮西集团对非淮人的排挤、打击；军事贵族可能发生叛变的威胁；相权和君权的矛盾，这些内部矛盾的因素随着国家机构的加强而日益发展，冲突日益严重，最后达到不可调和的地步。朱元璋倚靠中小地主的支持，运用检校和直接掌握的军队，采取流血手段，巩固了自己的政权。洪武十三年（1380）杀丞相胡惟庸，洪武二十六年（1393）杀功臣蓝玉，胡惟庸和蓝玉的关联人犯被杀的称为胡党、蓝党，人数在四万人左右。

贵族地主侵犯人民和皇朝利益，破坏法纪的情况，是由来已久的。龙凤十年朱元璋就曾当面向徐达、常遇春等人说："尔等从我起身，艰难成此功勋，匪朝夕所致。"比闻尔等所蓄家童，乃有恃势骄恣，逾越礼法，小人无忌，不早惩治之，或生衅隙，宁不为其共所累。洪武三年（1370）："时武臣恃功骄恣，得罪者渐众。"洪武四年（1371）："时诸勋臣所赐公田庄佃，多倚势冒法，凌暴乡里，而诸勋臣亦不禁戢。"洪武六年（1373）五月朱元璋以功臣多倚功犯法，奴仆杀人，隐匿不报，封建统治集团的核心破坏了皇朝的法纪，侵犯了人民和皇朝的利益，情况日益严重，只好采取内部约束的办法，特别命令工部制造铁榜，铸了申诫公侯的条令：

凡公侯之家强占官民山场、湖泊、茶园、芦荡及金、银、铜场，铁冶；

凡功臣之家管庄人等，倚势在乡欺殴人民；

凡功臣之家屯田佃户，管庄干办、火者、奴仆，及其他亲属人等，倚势凌民，夺侵田产财物者；

凡公侯之家除赐定仪仗户及佃田人户，已有名额报籍在官，敢有私托门下影蔽差徭者；

凡公侯之家，倚恃权豪，欺压良善，虚钱实契，侵夺人田地房屋孳畜者；

凡功臣之家受诸人田土，及朦胧投献物业。

逐项规定了处罚和处刑的法律。其中公侯家人倚势凌人，夺侵田产财物，和私托门下，影蔽差徭都处斩罪，很清楚，前者破坏了皇朝的保护私有

明代昭化寺壁画

财产的法纪，后者破坏了皇朝的徭役政策，都是非严厉制裁不可的。从朱元璋必须制定专门法律条例来约束淮西集团的公侯功臣和他们的管庄人等，说明了铁榜所列举的罪状已经是带有普遍性和严重性，也说明了朱元璋和这个集团的首脑人物，尽管在过去同生死，共患难，但并不是铁板一块，而是随着内部矛盾的产生、滋长、发展，逐步走到了对立面。具体事例如汤和的姑夫隐瞒常州的田土，为朱元璋所杀。立铁榜以后，蓝玉专恣暴横，畜庄奴假子数千人，出入乘势渔猎。尝占东昌民田，百姓向御史告状，御史依法提审，蓝玉一顿乱棍把他打走。以令家人私买云南盐一万余引，倚势兑支，侵夺民财，阻坏盐法。郭英私养家奴百五十余人，又擅杀男女五人。周德兴营第宅逾制。朱亮祖镇岭南，作为擅专，贪取尤甚。可见封建王朝的法律对这批淮西集团的贵族地主的约束力是并不大的。

朱元璋为了巩固自己的统治权力，极力维护为统治阶级服务的法纪，触犯、违反法律的绝不宽狗。早在取金华，因为缺乏粮食，严令禁酒，这时大将胡大海正领兵围绍兴，其子胡三舍王舅等三人犯酒禁，朱元璋下令处死刑，都事王恺劝他："胡大海见总兵攻绍兴，可以本官之故饶他。"朱元璋发怒说："宁可胡大海反了，不可坏我号令！"自己抽刀把这几人杀了。渡江旧将赵仲中守安庆，陈友谅遣大军围攻，城破，仲中遁走，朱元璋大怒，命按失陷城池律处死，常遇春劝说："仲中系渡江旧人，姑用赦之。"朱元璋说："不依军法，无以戒后。"给弓弦一条，令其自缢。谢再兴叛降张士诚后，其弟谢三、谢五守余杭，李文忠率军围城，叫他们投降，谢五于城上拜说："保得我性命，便出降。"文忠指天起誓："我是总兵官，不得杀你。"谢五兄弟投降后，朱元璋命押送南京，文忠以为如杀二谢，恐失信人，后无肯降者。朱元璋说："谢再兴是我亲家，反背我降士诚，情不可恕！"还是把谢三、谢五杀了。为了保护封建法纪，他宁肯让前敌领兵将领叛变，也非处死犯禁者不可，朱元璋一直坚持这种精神，并且总结成为理论，他说："奈何胡元以宽而失，朕收平中国，非猛不可！"以猛、以严治国，这样，也就不能不日益和淮西集团分裂以至对立，用流血手段解决问题了。

皇权与相权

1368年，朱元璋建立大明帝国之初，中央政府官僚机构基本上沿袭了元朝官制。设中书省，指挥和控制全国的民政、财政、司法和军队，其行政长官为丞相，负责统率百官，总理天下政务的重任。作为最高行政长官的宰相，只对皇帝一人负责，是皇帝的助理，对政务有专决的权力。中书省、中书丞相在为皇帝代劳分忧，同时也就从皇帝那里分割了权力。元朝末年伯颜等丞相擅权专政的教训像一个幽灵纠缠得朱元璋不得安宁，他对中书省，中书丞相的戒心一刻也没有放下。中书省内外的攘夺与撕斗仍然时起波澜。

吴元年（至正二十七年，1367年），有杨宪排挤张昶的事件。

张昶以元朝户部尚书奉命联络方国珍，被朱元璋截获，做了西吴的中书省都事，升为参政。张昶熟悉历代典故，更熟知元朝制度，为朱元璋政治制度建设出了不少主意，很受上下器重。中书省内还有朱元璋的一个宠臣，名叫杨宪，字希武，原籍太原阳曲，因为他的父亲在江南做官，便落籍江南。朱元璋渡江克集庆时投奔而来。杨宪伶牙俐齿，写一手好文章，处理政务也很快捷，又特别会察颜观色，因为受到朱元璋的宠信，命他监视将帅臣僚的检校。张昶在学识能力方面的优势，使杨宪满腹醋意，便时时窥测他的隐私。这时，元将扩廓帖木儿还拥有不弱实力，元顺帝还占据北方半壁江山。张昶出使被困，腼颜事敌，以朝廷大员屈居敌国二三流的小角色，心中未免

郁闷。一天，他对好友杨宪倾诉说："我如能回到元朝，仍不失富贵。"又说："我是元朝旧臣，勉强留在这里，实在是思念故居。我的妻子儿女都在北方，不知现在怎么样。"其实元臣守节不辱被朱元璋放回的事例很多，且杨宪又是同衙的朋友，故而张昶并未提防，但他不知道这个表面上的朋友，正是朱元璋所豢养的那种人见人怕的恶狗。

至正二十七年（1367），李文忠收复杭州，将元中书平章长寿丑的遣送应天。为瓦解元军，朱元璋把长寿丑的放还大都。张昶偷偷托长寿丑的带去给顺帝的表章和给儿子的家书。这家书和表章的底稿竟然被杨宪所得。这些材料一报上去，朱元璋立即逮捕了张昶。张昶也自知断无生理，便横下一条心，在供词上写道："身在江南，心思塞北。"于是被杀。杨宪的这一举动为不少人所不齿，但他由此更得朱元璋青睐，便自我感觉良好，认为是为国除奸，功勋卓著，俨然吴王嫡系。他在中书省趾高气昂，令群僚侧目而视。这一天，他忽发奇想，自己刻了一方篆文印章，叫作"一统山河"。他拿给群僚看，试试他们对自己的态度。可惜那些阿谀的人都不知道他葫芦里卖的什么药，只好胡乱恭维一番。这天，朝林编修陈柽拜访，杨宪又拿印章给他看，陈柽端详一会儿，不禁贺道："这方画押的字真是大富大贵，这是所谓'只有天在上，更无山与山齐'者也。"杨宪喜不自胜，几天之后就奏请陈柽做了翰林待制。

杨宪的骄横，渐渐为李善长所察觉与厌恶。但此时杨宪正得皇帝恩宠，李善要等侍合适的时机。

杨宪有一弟弟叫杨希圣，在中书省任参议。他有一个未婚妻熊氏，貌美年轻，被朱元璋看中，要接到宫里来。书生气十足的员外郎张来硕劝谏说："这熊氏已许嫁参议杨希圣，若接进宫来，似乎于理未妥。"朱元璋听罢很生气，便怒斥道："熊氏又没有出嫁，有什么不妥？谏君之道有这样做的吗？你是毁君还是谏君？"于是武士动手，说话之中，张来硕就被打死了。打死张来硕，朱元璋心里更觉得别扭，总感到丢失的比挽回的要多。不久，李善长在朱元璋面前从从容容地谈起中书省内参议杨希圣弄权不法的几件事，为了不动声色，还搭上参议李饮冰陪衬。这个李饮冰正是揭露朱元璋的侄子朱文正的那个人。这是很容易唤起离间人的骨肉、居功自傲那样一种厌恶情绪的。听到这二人的名字，朱元璋果然找到了出气筒，决定施以污辱性惩罚。先将他们刺面，刺文曰："奸狡百端，谲计万状。"而后，割了李饮

冰的乳，削了杨希圣的鼻子。随后，又把杨宪叫了去，说道："你的弟弟弄权，我给他以黥、劓之刑，已经是相当宽大了。我听说熊氏曾经许配给他，既然如此，理应归还。"杨宪吓得连连叩头，说："臣弟犯法，罪当万死。哪里敢再纳熊氏。"朱元璋把脸一沉，说："一定要给他。"于是拂袖而去。这杨宪跪在那里，半晌没缓过气来。

洪武二年（1369）九月，杨宪升任右丞，成为李善长的主要助手。到洪武三年（1370）年初，朱元璋又把汪广洋从陕西参政调到中书省任左丞。当时官位"尚左"，左丞就排在右丞的前面。杨宪与汪广洋长期共事，官品一直比汪广洋高。现在汪广洋压在自己头上，心中便很是不快，因而遇事每每不相谦让，甚至有意摩擦顶撞。汪广洋性情柔弱，常常退后三分，不与计较。杨宪得寸进尺，步步相逼。他唆使御史刘炳弹劾汪广洋奉母不孝。朱元璋顺水推舟，罢免了汪广洋，命他回到老家高邮奉母思过。杨宪再落一石，让刘炳奏请贬谪汪广洋于海南，以断绝其复职之路。朱元璋觉得这里面似有蹊跷，便突然逮捕了刘炳，遂勾出了杨宪。这时，李善长趁机全面揭发了杨宪种种不法罪状。杨宪与刘炳一同被处死。汪广洋因祸得福，不但官复职，还晋封为忠诚伯。

李善长是最早投奔朱元璋的人，淮西集团诸将领都尊之为"李先生"。朱元璋每次率部出征，都安排善长做留守。善长总能使后方镇静贴服，有条不紊，保证粮秣辎重源源供给。所以朱元璋把善长比作刘邦手下的萧何。从至正二十四年（1364）起，就任命李善长为第一丞相洪武三年（1370）大封功臣，授开国辅运推诚守正文臣，特进光禄大夫、左柱国、太师、中书左丞相，韩国公，子孙世袭，给予铁券，免二死，子免一死。列开国功臣之首。李善长毕竟不是萧何，他千方百计固爵保禄，贪恋富贵权势，甚至不惜结党营私，利用淮西集团的势力打击江南文人集团。淮西集团多是追随朱元璋的弟兄，是一批被压在社会下层的庄稼汉，通过沙场征战，成为一批新贵。文士集团则是渡江后招集的一帮文人幕客以及开国前后征召的一些士大夫。淮西集团暴发户早已引起江南文人的侧目。明朝开国，京城正月十五闹元宵，还有人作了这样一个灯谜：

画了一个妇女，赤着双脚，怀里抱着一个大西瓜。这个以虐为谑的讽刺漫画，竟至引起一场血案。原来围观的人审视这个灯谜之后，不禁哈哈大笑起来。这时，朱元璋微服观灯恰恰走到这里，他问大家笑什么，有人告诉

明代建筑武报恩寺

他：这叫淮（怀）西女子好大脚。朱元璋非常生气，以为这是骂他的马皇后，第二天下令把附近的居民通通杀了。这个事件反映了江南文人百姓对淮西暴发户的嫉妒。这种心理状态正是两个集团矛盾斗争的客观依据。当然，江南文士集团的门第与知识的优势是暂时的。这种优势在武人集团的刀剑和实力地位面前不堪一击。文人集团在整体上无法与武人集团相抗衡。但在建国之初，双方的这种斗争却是或明或暗，曲曲折折地反映在各个方面。杨宪与李善长的矛盾就是其中一个场面。

开国之后，冲突又在李善长与刘基之间爆发了。洪武元年（1368）五月，朱元璋到河南开封巡视并布置北伐事宜，命丞相李善长和御史中丞刘基做京城留守。临行前，特意召见刘基，让他放心地督察奸恶，整肃朝廷，对宫内的事也予以纠举。刘基十分感动。他一直主张从建国伊始就应该严肃法纪，校正自宋元以来对官吏放纵优容造成的吏治腐败的恶习。于是命令各御史勇敢地负起责任，对所有不法官吏和事件都要上章弹劾，宫内侍卫和宦官则秉承皇太子处理。这首先就引起李善长的反感，认为是冲着他和中书省来的，甚至怀疑这是代表江南文士集团的一次进攻。正巧，中书省都事李彬贪赃枉法的事实被揭露出来。李彬是善长的亲信，善长亲自说情，希望暂缓处理。刘基不准，坚决主张严办。双方僵持不下。刘基派飞骑呈报朱元璋，请诛李彬以肃法纪。这时京城大旱，善长等人正准备祷神祈雨，而杀李彬的批文恰恰到来。善长问刘基："正在求雨的时候难道可以杀人吗？"刘基回答"杀李彬，天必雨。"遂杀了李彬。

刘基与善长的矛盾于是公开化。八月，朱元璋回到南京，宦官们纷纷在朱元璋面前说刘基的坏话，李善长也攻击刘基专横跋扈。刘基所做的都是朱元璋所允许的，用御史台牵制中书省也是朱元璋的本意，但是，这些事干得

这样雷厉风行，干净利索，又使朱元璋疑惧和嫉妒。刘基卓越的才识，料事的准确，早成了他一块心病，在朱元璋看来，刘基与李善长同样不可信任。

洪武元年以来，旱情仍在继续。朱元璋把怨气发在御史台身上，说是在京御史、在外巡按御史、按察司冤枉下人造成的，遂将巡按御史何士弘等逮捕到京师，捆在马房里。接着又命大臣上书言事，看在哪些事情上得罪了上天。

出于对皇帝的忠诚，刘基上书言三事：第一，阵亡士卒妻子安置在寡妇营集中居住，有好几万人，既不能改嫁，又不能与家人团聚，造成阴气郁结；第二，死亡工匠的尸骸暴露，未得安葬；第三，张士诚降将降吏都沦为军户。这些都有损于和气，有伤于天意。朱元璋迅速作出处理：寡妇听从改嫁，不愿改嫁者，送还乡里依亲；死亡工匠官府代为葬埋，所有服役人员一律释放回家；张士诚投降头目免于充军。

孰料十天半月过去了，干旱依然肆虐，把人的心绪都烤得焦躁起来。朱元璋几乎有些狂暴，他把刘基叫到面前责问："上天示警，殃及百姓。你狂瞽胡言，当负什么责任？"刘基眼见难以在朝中立身。正在此时，他的老妻病故的讣告传来，便正好借故抽身。朱元璋遂下一道圣旨："着刘基还乡料理妻丧。御史、按察司官俱令自驾船只，发去汴梁安置。"这些因刘基而连累贬谪的官员直到北方平定急需用人，才重新起用。

朱元璋以汉高祖自命，把刘基比作张良。其实，刘基这个人在性格方面倒是更接近诸葛亮。所以他在离开朱元璋的时候依然是满怀忠诚，把那些没有来得及说起的话作最后交代。他告诉朱元璋，有两件事请皇上留意：第一，凤阳虽是陛下龙兴之处，却非建都之地；第二，王保保未可轻视。这两件事确是初创的明王朝面临的两个重要问题。洪武元年（1368）五月他去汴梁视察，其重要目的就是要考察能否在这北宋旧都再造皇城。考察结果，认为不适于建都。经过反复比较，又觉得凤阳合适。这里前临淮河、长江，交通方便，地势险要。他的这个想法曾向刘基表露过，刘基婉转表示反对。刘基主要考虑淮河灾祸频繁，地瘠民贫，很难作国家根本重地。另外，还有一个无法启口的理由，就是凤阳一方面是龙兴之地，同时也是勋臣武将的故乡和集中之区，把国家的政治军事中心放在这样的地方，不论是对朝廷还是对这些勋臣都没有好处。朱元璋没有听从劝告，在洪武二年（1369）九月开始了凤阳宫殿大规模修建。很快，他明白了人为地生硬制造一个都城的困难。

到洪武九年（1376），已经粗具规模，还是不得不忍痛停顿下来，而只作为陪都，当时叫中都。王保保即扩廓帖木儿，一直是朱元璋的北方劲敌。元都攻陷，扩廓帖木儿驻兵太原，阻止朱元璋西进。朱元璋决意乘势追击，一举消灭他。洪武元年十一月，徐达自北平南下，占领保定，分兵汤和、冯胜攻山西，与扩廓帖木儿会战于泽州，命杨璟前往增援。扩廓帖木儿采取围城打援战术，大败杨璟于韩店，是为朱元璋北伐以来第一次失利。朱元璋闻讯十分震惊，不禁想起刘基的临别赠言，从心里佩服他的先见之明。看来，这个时候打发刘基还乡为时过早，于是急派使臣持诏到青田将刘基召还。为了安慰刘基，追封了他的祖、父二代为永嘉郡公，祖母、母亲为永嘉郡夫人，并给了他很厚的赏赐。

再说刘基。他在洪武元年八月被放归，十一月召还。这时，中书省的斗争进一步复杂化。杨宪与凌说、高见贤、夏煜几个江南派官员都在朱元璋面前进谗言，说李善长无宰相才。朱元璋告诉他们："善长虽无相才，可是与我同里，自起兵以来，伴我涉历艰险，勤劳簿书，功劳也很大。我既为君，他自当做相。这就叫相同旧勋。以后你们不要再说了。"实际上，他已在考虑撤换善长的问题。只是善长在朱元璋面前一向恭维小心，没有把柄。洪武二年（1369）十月的一天，他把刘基召到便殿，以试探的口吻指责善长，意思要撤掉善长的丞相之职。他知道刘基与善长的矛盾，想从刘基口中了解善长的隐私。刘基认为，善长才干有限，心地狭窄，但眼下宰相一职又非他莫属，因此便诚恳地说："善长是开国元老，又能调和诸将，这是他人所不及的。"明白肯定了善长作为丞相的两个基本素质。朱元璋说："他这个人多次说你的坏话害你，你反倒为他说好话。就从个人品质，他也比不上你。我还是想让你当此重任。"朱元璋这句话是很厉害的，一方面挑开他们的矛盾；一方面抛出一诱饵，看你动心不动心，看你是不是故作矫饰，假作忠厚。刘基听到朱元璋这话，急忙跪倒，说："皇上要做的，就好比换大厦的梁柱，必得大木方可。如果把小木条绑在一起顶替，大厦就会立即倾覆。"朱元璋觉得这是一片真情，也只得罢了，易相一事便暂时不提。

然而，善长长期以来在文武大员中所形成的势力是朱元璋不可容忍的。洪武三年（1370），朱元璋要易相的念头又萌动了，他考虑了三个人选，一个是杨宪，一个是汪广洋，一个是胡惟庸。这几个人的共同特点是最早跟了朱元璋，资格老，通经史，有才辩，做事干练敏捷，柔顺驯服，很得朱元璋欢心。他去征求刘基的意见。先问杨宪如何。刘基说："杨宪有相才，无相器。宰相必须公平而有气度，心要像水一样清澈，做事要以义理来权衡，不能掺杂个人好恶恩怨。杨宪恰恰不是这样。"又问汪广洋。刘基说："这个人的褊狭浅薄比杨宪还厉害。""胡惟庸怎么样？"刘基回答："好比驾车的辕牛，恐怕他蹦跳脱辕要把车弄翻的。"朱元璋沉吟一阵，对刘基的用意真有些怀疑，但颜面上仍露出和气与诚恳，说道："那么我的宰相，实在是非先生莫属了。"刘基也实实在在地相告："臣下还略有些自知。我这个人疾恶太甚，又不耐繁剧的行政事务。勉强去做，对国家无益，也一定辜负圣恩。天下何患无才，主上圣明，只要细心寻求，一定会物色到合适的人。只是眼下这几位未必恰当。"朱元璋感到了刘基的诚意，但却不能听从他的劝告。他撤换李善长的决心已定。

易相的风声越来越紧。种种议论断断续续传到善长的耳朵里，使善长羞愤交加，抑郁成疾。这时候，中书省的实际负责人已是杨宪，善长真怕遭遇在他手里，善长的亲信胡惟庸怂恿说："杨宪为相，我等谁人不得为大官矣。"正在这个关键处，杨宪在排挤汪广洋的部署中，一着不慎，满盘皆输，李善长趁势从背后一击，把杨宪送到了阎罗国。汪广洋坐收渔人之利，打马回京。杀了杨宪，善长出了一口长气，但坐了八年的这把金交椅也非让出不可了。

洪武四年（1371）正月初二，新年伊始，就罢了李善长的官。诏曰：

天下已定，有功尽封，大将收戈解甲于武备之库，息马家庭，从善乐游，功名两全，古何过哉！中书左丞相李善长，事朕十八年，寅至戌归，勤劳多矣，汉之萧何、曹参无以尚也。其年既高，驱驰侍立，朕心不忍，业许致政。今以中书右丞汪广洋为中书右丞相，参知政事胡惟庸为中书左丞，总理军国重事焉。

这一年李善长五十八岁，说是高龄宰相，实在很勉强。这个诏书任命汪广洋当右丞相，实际上也就免除了徐达的右丞相之职。汪广洋不被任命为第一左丞相而被任命为右相，官位就低了，加上他资历浅，势力小，朱元璋稍舒了一口气。胡惟庸对刘基的怨恨是显而易见的。就在洪武四年的正月，刘基紧步善长的后尘，第二次离开京城。

明代锦衣卫木印

善长作为开国元勋，安置在凤阳定远老家，赐予田地一千五百亩，佃户一千五百家，仪仗户二十家，守坟户一百五十家，算是对他出力一场的一种报答。凤阳是当时的另一政治军事重心，善长的一举一动都在朱元璋的掌握中。刘基的老家浙江青田，偏处崇山峻岭，就不能不使朱元璋悬心。刘基深深了解这种处境，他以猜忌被放逐，自然要处处小心。洪武四年二月，他一回到家，就派长子刘琏赶到京城上表谢恩。八月，四川明升政权平定，他赶紧再派刘琏送去《平西蜀颂》，他蛰居深山，断绝与官府的一切往来，唯以饮酒下棋为事，从不对人讲起自己的功劳和朝廷的情况。青田县令几次拜访都被挡了驾。一天，一个山野模样的人求见，刘基只好让儿子把他引入茅舍，还准备了饭菜，这人才向刘基说："在下是青田知县，冒昧造访。"刘基遂称："县民刘基拜上。郡侯知道刘某是从不打扰官府的。如果您没有什么见教，就请快快回衙去吧。"这年八月，朱元璋派使臣送来一封亲笔书信："皇帝手书，付于诚意伯刘基：故元以宽而失。朕收平中国，非猛不可。然歹人恶严法，喜宽容，谤骂国家，煽惑是非，莫能治。即今天象叠见，且天鸣已及八载，日中黑子又见三年，今秋天鸣震动，日中黑子或二，或三，或一，日日有之。更不知灾祸自何年月日至。卿山中或有深知历日者，知休咎者，与之共论封来。洪武四年八月十三日午时书。"这确实给刘基出了个难题，让人与山中"知历数者、知休咎者""共论封来"，看你"共论"还是不"共论"，看你与哪些人来往。使者本身自然也负有探查监视的使命。刘基对天象做了回答，并借天象示警再次劝谏："霜雪之后，必有阳春，今国威已立，宜少济以宽大。"为了国家社稷，刘基决定甘冒斧钺之诛。何况，依法行事和尊重大臣的人格是刘基多次劝谏的内容，离开这个基本思路的话，可能更引起朱元璋的疑心。大概刘基此次是以上天的名义说话，也因为使者复命对刘基多有美言，刘基平安地度过了这次审查。况且，汪广洋这个人毕竟宽厚，既然刘基已不在朝位，也犯不着在皇帝面前说他的坏话，非要置人于死地。

　　不久，汪广洋也自身难保。他的手下胡惟庸是个野心勃勃的人，背后又有强大的淮西集团，而汪广洋因被人看作懦弱无能而少人扶持。再则，他感到皇帝对中书省事务不放手，对丞相戒心很重，也不适于大刀阔斧、雷厉风行地干事。所以汪广洋也就学着汉朝曹参的办法，有事没事就喝酒，写字，吟诗。省内的事任凭胡惟庸去处理。对皇帝也不提什么建议，推荐什么人才。起初，朱元璋同他处得相安无事。久而久之，觉得此人尸位素餐，便心生不满。洪武六年（1373）正月，把他贬为广东参政。七月，提拔胡惟庸做了中书右丞相。不久，又将汪广洋调升为左御史大夫。洪武十年（1377），升胡惟庸为左丞相，又让汪广洋做了右丞相。汪广洋作为胡惟庸的副手更抱定缄口恭默、浮沉守位的宗旨，中书省大权完全操纵在胡惟庸的手中。胡惟庸争权夺利，忘乎所以，与朱元璋的矛盾渐渐激化，他的下场也就可想而知了。

　　胡惟庸，定远人。在和州投奔朱元璋，是渡江前的淮西旧人。占领集庆，由元帅府宣使转宁国县主簿，升知县，迁吉安府通判，擢湖广按察司佥事。这时，他利用同乡关系，攀上了李善长，遂于吴元年（1367）被推荐为太常寺少卿，进太常寺卿。洪武三年（1370）入中书省任参知政事，为李善长心腹。洪武四年（1371）正月，李善长罢相，汪广洋提升右丞相，胡惟庸接替汪广洋右丞职务，成为中书省二号人物。洪武六年（1373），汪广洋左迁广东参政，胡惟庸递补右丞相，很快升任左丞相，坐上了中书省第一把交椅。

　　胡惟庸的才干和效率省去了朱元璋不少精力，朱元璋想到的事情，吩咐下去，很快办妥，因而博得朱元璋相当的倚重与宠信。但胡惟庸是有相才无相器，又足以坏人大事的那种人。他热衷权势，"宁可少活十年，休得一日无权"是他坚守的信条。他曲意奉上，千方百计讨得皇帝的恩宠。从洪武六年到十年，五年之间独任首相，大小政务，朱元璋都交他去处理。他在很大程度上掌握着生杀黜陟之权。许多想求官升官的、落职后想复职的朝野文武，都奔走他的门下，各种金帛、名马、玩好的贿赂不计其数。胡惟庸又是一个心胸狭隘的人，小小恩怨都记在心上。他有两个死对头，一为刘基，一为徐达。

洪武七年（1374），刘基在家听说胡惟庸被任命为首相，感到十分忧虑，他预言国家百姓难逃一场灾难，忧愤地说道："使我言不验，苍生之福也。"这话辗转传到胡惟庸耳朵里。五年前他与刘基的那场旧公案又在心中翻腾。他在寻找时机报复。恰在这时，又有一件事激怒了他。原来，在青田县南一百七十里处有一个叫淡洋的地方，形势险要，又与瑞安县交界，常常是私盐贩子躲避赋役的人们的藏身之所，方国珍当初就以此为根据地，构成地方治安的一个隐患。早在洪武三年（1370），刘基的长子刘琏去京城看望父亲的时候，就奏请在这里设立巡检司，盘查来往行人。经朱元璋亲自批准，第二年正式设立。洪武六年（1373），这里发生周党山所领导的山民暴动。地方官害怕获罪，隐瞒不报，刘基就派刘琏去京城。刘基的儿子刘琏、刘璟和宋濂的儿子宋燧等人同太子朱标等自幼一起长大，很受朱元璋的喜爱，与朱元璋有一种家人父子的关系，因此可以随时面见皇帝。也许是因为刘基与胡惟庸的芥蒂，刘琏竟至越过了胡惟庸，直接向皇帝做了汇报。这就使胡惟庸更为疑心，更为光火，便决计借这个题目进行报复。他唆使地方官上了一个奏章，说刘基看准了淡洋这个地方有王气，一心想得到它作为墓地。百姓不愿意给，他就请求设立巡检司，驱逐了百姓。胡惟庸也真够聪明，择的这个题目果真说到了朱元璋的心痛处。刘基就是这样一个学贯天人智慧而神秘的人物。他既能以种种神妙的术数辅佐我朱元璋，那为什么不可以为自己的子孙着想？不管所奏的事真也罢，假也罢，总得设法收拾了这个老头子。于是下诏降罪，先剥夺了刘基的俸禄，且看他下一步如何应对。

刘基对这种飞来之灾不曾料到，杀头灭门之祸就在眼前。考虑再三，他带上儿子刘琏赶往京师。没有一句辩白，一句埋怨，只是向皇帝谢罪，只是说因为罪臣冒犯，惹皇上生气，实在是罪该万死。这样一来，反倒使朱皇帝无从下手了。他原本设想刘基一旦申冤辩诬，就治他个洁己诬人，已是国非之罪，现在却无处借口。后来朱元璋在洪武八年（1375）给刘基的《赐归老青田诏书》中说过这样一段话："朕闻古人有云：君子绝交，恶言不出；忠臣去国，不洁其名。……卿善为忠者，所以不辩而趋朝。一则释他人之余论，况亲君之心甚切。此可谓不洁其名者钦？恶言不出者钦！"正是这种"皇帝圣明，罪臣当诛"的忠悃和以退为守的策略，唤起了朱元璋爱虚荣做明君的一半心理，而把那耍威风，滥杀人的一半搁起。

刘基渡过险关，但皇帝的猜忌没有解除，胡惟庸势炎熏灼，迫害随时可至。他留京无益，回乡不敢，只有掩门独坐，形影相吊。但生性刚毅和倔强，又使他充满自信，对自己堂堂正正的一生始终不悔。他哪里知道，朱元璋正在通过他的政敌的手置他于死地。刘基这时候已是六十四岁高龄，他头发半白，耳聋眼花，脚下迟重，左手麻痹痉挛，老态龙钟。经过此次事变更加百病缠身。

即使这样，胡惟庸仍不放过他。他故意对刘基表示亲近，时常去床前探问。大概朱元璋看出了胡惟庸的心迹，就使胡惟庸携带医生前往治疗。吃了这个御医的药，刘基觉得腹中慢慢涨大，心下疑惑，就把情况告诉了朱元璋，说："皇上，臣如今肚内一块硬结，恐凉着不好。"朱元璋却是心不在焉。三个月后，朱元璋特地派人去探问，回说没有好转的希望，心下一块石头才落了地。遂颁一道诏书，命他回家安养去吧。刘基于洪武八年（1375）三月抵家，四月十六日就因慢性药物中毒而死亡，享年六十五岁。临死之前，他嘱咐把尸骨焚化，不要安葬，这显然是要解除朱元璋猜忌，保全他的家庭。同时把自己珍藏的《观象》《玩古》等天文书交给长子刘琏，说："我死后，赶紧送给皇上，万勿泄露。"又将遗表交给次子刘璟，说："为政宽猛如循环。当今之务，在修德省刑，祈天永命。诸形胜要害之地，宜与京师声势联络。我欲为表上之，惟庸在，无益也。惟庸败后，上必思我。有所问，以此密奏之。"这位伯温先生对朱皇上，对大明王朝献出了他的全部智慧和忠心。尽管朱元璋对刘基曾经是死而后安，但听到刘琏报告刘基至死不渝的忠诚，也不免有些动容。为了安慰刘基的在天之灵，也是为了熨平自己的心理创伤，他希望刘琏能留在京城做官，刘琏请求为父亲守三年孝，朱元璋允准了。到洪武十年（1377）七月，朱元璋命刘琏做考功监丞，很快擢为监察御史，第二年四月升为江西参政。洪武十二年（1379）六月，被胡惟庸党羽逼迫而死，年仅三十二岁。

搞掉了刘基，胡惟庸更加肆无忌惮。有叫不怕死的御史韩宜可上章弹劾胡惟庸和他的同党御史大夫陈宁、中丞涂节"险恶用忠，奸佞似直，恃功怙宠，内怀反侧，擢置台端，擅作威福。请斩其首以谢天下"。朱元璋怒，以排陷大臣的罪名逮进锦衣卫监狱。朝臣们更加不敢言。他们有的找到徐达，希望他能在皇帝面前反映些真实情况。徐达知道胡惟庸正在打他的主意，本不想惹事，但静观皇帝的意思，看来对胡惟庸也未必就是那么宠信不疑。于是在与皇帝的一次寻常谈论中顺便提起提防大臣专擅的问题。朱元璋未置可

否。可是这话很快传到胡惟庸那里。胡惟庸知道朱元璋对这班勋臣武将怀有戒心，利用这个缝隙，徐达这棵大树也不是不能搬倒的。关键是抓住把柄，搞到证据。他买通了徐达的看门老仆福寿，让他提供情报，或干脆乘机干掉他。福寿表面答应，暗中却向徐达通报了消息。徐达处处提防，静待时局变化。

对胡惟庸的专擅，朱元璋早有所警觉。他不仅要观察胡惟庸，还要观察他的党羽，观察满朝文武。他自认为任凭胡惟庸兴风作浪，也不会逃出他的掌握之中。洪武十年（1377）六月，他"令天下臣民凡言事者实封直达朕前"。就是说，可以绕过中书省，直接向皇帝上书。有一个儒士提出异议，认为考之历朝典故，还是由中书省上达为好，受到朱元璋斥责。洪武四年（1371），朱元璋取的明朝第一个状元吴伯宗，由于不依附于胡惟庸被贬到凤阳屯种，靠着上书直达御前之命，密奏胡惟庸专恣不法，提出他独任首相，终是国家之患。朱元璋于是把他从凤阳召回。洪武十年（1377）九月，升胡惟庸为中书左丞相，同时任命御史大夫汪广洋为右丞相，以图牵制。洪武十一年（1378）三月，他又明确告诫："胡元之世，中书专政，凡事必先关报，然后奏闻，其君又多昏蔽，致民情不通，以至大乱，深可为戒。"因命礼部规定奏章格式，禁止天下奏呈关白（以副本通报）中书省。显然，这是在向胡惟庸等人敲起警钟。

洪武十一年的"钱苏事件"更是朱元璋有意放出的一个信号。洪武九

明代五彩陶器

年（1376），皇帝因星变求直言，常熟儒士钱苏持一封密奏入京，丞相胡惟庸首先接见了他。这位钱学究见了胡丞相竟不下拜。旁边的人斥责他，钱苏说："我是来向天子上书的，岂有未拜天子先拜宰相的道理？"胡惟庸一笑置之，道："说得是。"朱元璋看过他的奏章，很赞赏他的才学，命令在中书省安排职务。钱苏再见胡惟庸，礼数很周到，胡惟庸却正眼不顾，打发他到南京后湖荒僻之地看守档案去了。洪武十一年五月，旧元幼主爱猷识理达腊病卒，翰林院所撰祭文朱元璋都不满意，便出榜悬构。钱苏应诏撰进，内有云："朕之得，复我中国之故有；汝之失，弃其沙漠之本元。"使朱元璋拍案叫绝，立即召见。问他一向在哪里供职。答云："在后湖架阁库校对簿书。"朱元璋想，这不是连实习监生都不愿意去的地方吗？于是说："是不是丞相对你不大满意啊！那这样吧，我直接安排你个职位。"钱苏表示，近来身体有病，恐怕不能为皇上效力。朱元璋说："那也好，你就回家去养病吧。不过，这一路也要为朕做些事情。在经过沿途所在州县时，你可以直入大堂，南向而坐，向所在官员传朕的旨意'皇帝敕尔，善辟田里。养老恤孤，无忌军旅。简在帝心，钦哉勿替'。"钱苏拜谢出宫，一路风光地回到家乡，出了郁闷心中几年的窝囊气。据说，句容县令很好地招待了钱苏却没有向皇帝汇报，丹阳县令一方面给予礼敬，一方面密报此事，以防有诈。朱元璋想来没有给钱苏符验是个疏忽，便命补给信符。同时，表扬了丹阳县令的小心积密，而训斥了句容县不予奏报。

洪武十二年（1379），种种迹象表明朱元璋在中书省问题上将有重大行动。这年六月，他将吉安侯陆仲亨、江夏侯周德兴、宜春侯黄彬从集中练兵地临清逮回南京。其中陆仲亨与胡惟庸关系密切。七月，将李文忠从平息吐蕃叛乱的西北前线调回京城，提督大都督府。八月，颁布一项优待官吏的条令："自今内外官致仕（退休）还乡者，复其家（免除全家徭役），终身无所与。其居乡里，唯与宗族序尊卑如家人礼，其与外祖及妻家，亦叙尊卑。如筵宴，则设别席，不许坐于无官者之下。如与同致仕官会，则序爵（官位），爵同序齿（年岁）。其与异姓无官者相见，不必答礼。庶民则以官礼谒见，敢有凌侮者，论如律，著为令。"读书士人一日为官终身为尊，这样的优待是古来所没有的。这显然是拉拢和收买的政策。十一月，借褒奖征西功劳的名义，又晋封了一批将领的爵位，使前方将士情绪稳定而鼓舞。就在这时，一件小事引发了朱元璋与惟庸的冲突。原来，惟庸的儿子是个恶少。

这一天他喝得醉醺醺的，在街中打马飞奔，前面突然受阻，马人立而起，将这位胡衙内掀了下来。恰巧前面有一辆车驶过，胡衙内就做了轮下鬼。胡惟庸闻讯，不由分说将车夫打死。消息传到朱元璋那里，使他对胡家专横跋扈欺压百姓有了深刻的认识，这就更激起朱元璋的怒火，除掉胡惟庸的决心已经不可动摇。洪武十二年（1379）九月，又发生了占城国使臣入贡事件。占城国使臣阳须文旦向明王朝进表章并象马等贡品，中书省没有按时奏报，宦官将见到占城使臣的消息报给朱元璋，朱元璋大怒，责问道："朕居中国，抚四夷，以礼待之。今占城来贡方物，尔等泛然若罔闻。为宰相辅天子，出纳帝命，怀柔四夷，就应当如此吗？"胡惟庸、汪广洋叩头谢罪，而言语之间又把责任推给了礼部。胡惟庸、汪广洋及礼部堂官都下了狱。

两丞相同时下狱，朝中气氛非常紧张。御史们这时一拥而上，攻击胡惟庸擅权植党，祸乱朝廷。御史中丞涂节为自保计，在洪武十二年十二月，提出了胡惟庸毒死刘基的事，并且说："这件事当时的御史大夫汪广洋应该知情。"朱元璋对这事很敏感，于是提问汪广洋，汪广洋说没有此事。朱元璋正要借这个机会洗清自己，便定了汪广洋一个朋党包庇之罪，将汪广洋贬谪海南。汪广洋离京以后，朱元璋又改变心意，派遣使臣宣布敕旨将他处死。杀汪广洋的时候，他的一个随行小妾陈氏走投无路，也自刎殉夫而死。朱元璋问起这个小妾的身世，却原来是官奴婢罪犯陈知县之女。朱元璋闻言大怒，说道："没官妇女只赏给功臣之家，文臣何以得给？他们把朝廷法度置于何地？"乃令刑部等衙门推问，胡惟庸及六部衙门官员都牵连坐罪。御史中丞涂节在狱中被诱逼揭发胡惟庸。洪武十三年（1380）正月初二，涂节突然决定死中求生，编织了一个胡惟庸结党造反的口供。这恰是朱元璋所需要的。于是按名逮捕，辗转审问，指供诱供。举朝上下，人人自危。凡是一个人被咬出来，他的家属、仆从、亲属一概下狱刑讯。为防止意外，久拖不决，正月初六日即将左丞相胡惟庸、御史大夫陈宁、御史中丞涂节等一大批官员及其族党处决，家中祖坟撒骨扬尘。涂节原指望以迎合旨意保住脑袋，岂知把自己编进死网，如何还能脱得了身？所以当举朝文武同仇敌忾，齐声喊打的时候，皇上也就顺势把他送进鬼门关。

朱元璋有了胡惟庸这根打人的棒子，凡是他认为暂时可以不杀的，均可以给予浩荡圣恩；凡是认为有必要重新处置的，都可以加以胡党罪名，让你死有余辜。这个案子从洪武十二年（1379）起，陆续搞了十几年。前后杀了几万人。案情内容也在不断扩张，不断延伸。它大体经过了洪武十三年（1380），洪武十九年（1386），洪武二十三年（1390）几个阶段。洪武二十六年（1393）蓝玉案也可以看作是胡案的延伸。

到洪武十四年（1381）已杀了一万五千多人。中书省及有关官吏几乎无不牵连，各地有仇怨的人，往往互相告发是胡党，而一经告

明代剔红婴戏漆盘

发，便立即抄没家产，收监刑讯。江南不少富豪也再次被罗织进来。一些横行不法、为害地方的豪强遭到了报复，也有一部分夹着尾巴做人的富家大户被推入陷阱。如以孝义闻名的浙江浦江郑氏六兄弟也被攀为胡党。这件事惊动了朱元璋。他把郑氏兄弟从狱中放出来，亲自召见慰问，对身边大臣说："像郑氏兄弟这样的忠义之家，怎么可能跟着别人造反作乱呢？"接着任命郑湜为福建布政参司参议。作为忠义的榜样，郑氏被朱元璋特赦释放了，然而，其他富豪凡被牵连的，无一幸免。

遭遇这次灾难的著名人物还有朱元璋的文学顾问宋濂。洪武十年（1377）正月，宋濂六十八岁，以老年致仕，朱元璋赏赐予他一部《御制文集》，还有许多漂亮丝绸，说道："三十二年后，把这绮帛做百岁衣吧！"宋濂感动得老泪纵横。宋濂回乡后，不置田产，不谈朝政，唯以纂述授徒为乐。每年九月，他便长途跋涉去南京为朱元璋祝寿。洪武十二年（1379）九月，宋濂在南京陪朱元璋登文楼，一个步下踉跄，摔倒在地。朱元璋看他实在是太老了，就命他明年不要再来了。洪武十三年（1380）万寿节，因为胡惟庸的案子搞得满朝紧张，朱元璋就想起往年与宋濂一起谈天叙旧、饮酒赋诗的快活来。他把去年同宋濂说过的"不必再来"的话给忘掉了。遂命人潜往金华暗访。事有凑巧，来人正见宋濂与乡间朋友饮酒赋诗这个情形一奏上去，朱元璋立时感到受了宋濂几十年的欺骗，恨不能立即剥了他的皮。于是

问刑部宋氏叔侄与胡党有没有关系。刑部心领神会，洪武十三年十二月，宋慎圃名列胡党，被逮捕处死，宋慎的叔叔中书舍人宋濂也将连坐被杀。紧接着，派人抄了宋濂的家，将宋濂连同他的妻小仆妇一绳拴到南京。命令将宋濂立即处死。马皇后和太子朱标听到消息都赶紧说情。马皇后说："民间为孩子请一个先生，还始终不忘恭敬，宋先生教太子诸王，怎忍心杀他。况且宋先生致仕家居，哪里知道朝廷里边的事？"朱元璋自然不肯听。这天，马皇后陪朱元璋吃饭，不用酒，也不吃肉，朱元璋问是怎么回事，皇后说："妾为宋先生做福事。"朱元璋听了也有些动情，便放下筷子，起身离席，看在老妻的份儿上，朱元璋饶了这个七十一岁的老头，把他流放到四川茂州。洪武十四年（1381）五月二十日，宋濂枷锁锒铛到夔州，忧病成疾。他走进一座寺庙里用颤抖的手打一个绳结，了却了自己的残生。

但是朱元璋在胡惟庸的案子中，是文武有别的。在审问的胡党口供中，凡是牵及中书省及各部院衙门的，都被朱元璋一概杀戮，而凡是涉及武将谋反的，他不管信与不信，却一概宽宥了。就像陆仲亨、费聚这样的"首犯""要犯"都赦免了。当朝大臣为了表示同叛逆的不共戴天、同仇敌忾，纷纷上书处死陆仲亨等人。朱元璋说："当年陆仲亨十七岁，父母兄弟都死了，怕被乱兵掠去，揣着一升麦子藏在乱草中间。我率队伍经过，喊他"跟我来吧"，便跟了我。而后南征北战，拜将封侯。这些都是最早跟了我的手足心腹。我不忍治他们的罪，就不要再追究了。"很明显，这个时候，朱元璋不想牵连功臣宿将。果然，攀咬武人的口供越来越少了，武将们紧张的心绪渐渐平定下来。朱元璋此时所要解决的首要问题是中书省和中书丞相的问题。

洪武十二年（1379）九月，胡惟庸、汪广洋等下狱，十二月初二杀死汪广洋。洪武十三年（1380）正月初二，御史中丞涂节告胡惟庸谋反，正月初六处死胡惟庸等。第二天，正月初七日，他就向群臣宣布：革去中书省，改大都督府为前、后、左、右、中五军都督府。从此废止了代皇帝行使权力的丞相制度，提高了吏、户、礼、兵、刑、工六部的地位，它由对中书省和丞相负责，改为直接对皇帝负责。作为最高军事机关的大都督府，一分为五，使权力分散，避免了军权在武人手中过于集中，便利了皇帝的控制。加上都察院（由御史台改）的监督，就构成中央府、部、院三个互相制约持衡又分别对皇帝负责的权力支柱。其他，通政司负责接受传递内外章奏。大理寺负责复审刑狱，它与刑部、都察院共同担当起司法审判的责任，称为"三法司"。在中央存在中书省的时候，地方上早已取消了行中书省。洪武九年（1376）六月，下令将行中书省改为承宣布政使司，废止了行省内平章政事、左右丞等官职，将行省参政改为布政使，市政使下设左右参政等官职。承宣布政使司只负责一个省区的行政事务，原来的提刑按察使司成为与它平行的刑法监察机构。都指挥使司则依然掌管一个省区内的卫所部队。它们合起来习惯称都、布、按"三司"，构成地方上三权鼎立，互相牵制的基本思路。它进一步加强了皇帝的中央集权。因此，胡惟庸案正成了朱元璋加强皇权、废除相权的契机。

朱元璋并没有就此罢手，他认为仍有必要将案子推进下去，以完成他需要解决的一些问题。当时王朝初建，被推翻的旧元王朝的漠北势力还相当强盛。日本倭寇时时在沿海骚扰，搅乱了国家和百姓的安宁。"南倭北虏"从明朝一开国就已经成为威胁国家安全的两大问题。谋反、通倭、通虏联在一起，无疑是罪恶滔天，人人可得而诛之。于是，洪武十九年（1386），胡惟庸通倭的罪状公布出来，并由朱元璋写进了人手一册、个个必读的《大诰》说，洪武十年（1377），明州卫指挥林贤奉命护送日本贡使归廷用进京。朕厚赏归廷用，令林贤将归廷用送出东海。林贤在京期间即与胡惟庸结成死党。待归廷用回国后，让林贤以打倭寇的名义袭击日本朝贡船只，由胡惟庸转奏朝廷，把林贤贬往日本。林贤在日本活动了三年，而后由胡惟庸派人秘密召回。遂后，即有日本贡使如瑶藏主率领四百名武装倭人前来进贡，他们把兵仗刀剑藏在贡品大蜡烛当中，伺机行事。只是进京之后见胡惟庸已然伏法，没有敢于动作。洪武十九年（1386）十月，朕命三法司问出林贤谋反及胡惟庸通倭情由，遂将林贤灭了九族，妻妾妇女收为官奴婢。这个口供显然是从明州（宁波）卫指挥林贤那里逼出来的。胡惟庸通倭案已经使胡惟庸罪不容诛，而后又铸成胡惟庸通虏案，则整个胡党更是大逆不道、死有余辜了。

不过，由《明实录》提供的消息可以看出，胡惟庸通倭通虏罪状的公布，显然有消灭李善长势力的深意所在。

李善长于洪武四年（1371）被打发回了老家，觉得权势与尊荣还没有开始，就这样草草结束，心下实在不甘。这年二月朱元璋回凤阳扫墓，善长便抓住这个时机，鞍前马后，恭敬伺候，使朱元璋颇为动情，想想善长

明代南京皇城午门

当年的忠诚勤恳，好像对这位老朋友欠了点什么。这时正在大规模营建中都，大批江南富户又陆续迁发到这里，原来的主持无法招架，调度无方，朱元璋把督建凤阳的任务交给了善长。善长竭尽全力经营，以邀取朱元璋的恩宠与欢心。朱元璋果然高兴起来，多次派遣使者带着礼物前往慰问。洪武七年（1374），提升善长的弟弟李存义作太仆寺丞，负责全国马政。洪武九年（1376），又将大女儿临安公主下嫁给善长的儿子李祺，并在京城为善长大治府第。这是朱元璋第一次招驸马，善长是朱元璋的第一个亲家翁，结婚礼仪自然是华贵而隆重，满朝文武羡慕得不得了。善长是抱着重被起用的欢欣和希望来迎接这一切的。哪想进京之后久久不见动静，便不免有些怏怏不乐。汪广洋等人不放过机会，弹劾善长父子礼数不周，善长受到削减俸禄的处分。朱元璋对善长是纵而复抑，可以给你些尊荣，但老先生的权势欲是不能满足的。给了削俸的处分之后，又补偿给亲家翁一个"总中书省、大都督府、御史台，议军国大事"的荣誉头衔，至于实际工作，不过是临时管一管土木工程或者其他事务。洪武七年（1374）十月，善长奉钦差往北平查点树木，返回南京走到瓜州时，圣旨宣召："着李善长回凤阳住。"善长抱怨说："我与上位做事都平定了，倒叫我老人家两头来往走。"洪武八年（1375）三月，钦取善长回京，善长见到胡惟庸，发牢骚说："上位如今罚我这等老人，不把我做人。"洪武八年，又差善长到陕西汉中清理茶政。善长也老大不高兴，说："许大年纪，叫我运茶，想只是罚我。"后来又对胡惟庸说起："许大年纪，叫我远过栈道去，想天下定了，不用我了。"洪武十一年（1378），善长因为救仪仗户的事苦求朱元璋，朱元璋动怒，竟至派人把善长捉到都察院衙门。胡丞相奉旨将善长发落归家。爷儿三个在前厅痛哭。善长发狠道："我做着一个太师，要拿便拿。"几天后胡丞相来看望太师，说："不是我来发落你，上位怎肯饶你？"这些确实反映了朱元璋对善长既安抚又震慑的手段和善长抑郁怨愤的心曲。善长同朱元璋的矛盾是显而易见的。

李善长与胡惟庸有着长期密切的关系。胡惟庸是李善长一手提拔起来的，善长罢相惟庸当权期间，二人相从过密。李善长与胡惟庸是老乡，李善长的侄子李存义之子李佑是胡惟庸的侄婿，乡谊亲情更使他们成为通家世好。洪武十三年（1380），胡惟庸案爆发，李善长也被卷了进去。但是，朱元璋把他们和陆仲亨等人一起赦免了。朱元璋说："朕初起兵时，李善长来谒军门，曰：'天有日矣'。是时，朕年二十七，善长年四十一，所言多合吾意，遂令掌书记，赞计划。功成，爵以上公，以女与其子，为我肱股心膂之臣。"这理由仍然是保护淮西旧勋。若细细推演一下，其中仍然包括着朱元璋对此案的计划与层次。李善长虽然没有实权，但德高望重，位居当朝太师，勋臣之首，又有"总中书省、都督府、御史台、议军国重事"的隆重头衔，地位显然在胡惟庸之上。朱元璋不愿意喧宾夺主，把胡惟庸案搞成李善长案，从而妨碍他解决中书省问题这个中心环节。

抓胡党陆陆续续、时紧时松地搞了许多年，杀了不少人。李善长的势力更显得突兀。李善长之遭忌，还在于他在淮西武人集团中有着影响与根基。他是以文人长者和军师身分活动于朱元璋部队中，又以善于协调诸将著名，所以他列开国勋臣之首，地位在徐达、常遇春之上，大家都无异议。这既是朱元璋罢除他的相位的重要原因，又是朱元璋决心彻底铲除他的潜在势力与影响的原因。

胡案初起，善长相当紧张，而后很长时间，善长屏足掩耳，紧缩蜷伏，惴惴不可终日。随着时光的流逝，该处置的似乎都处置了。紧张的气氛似乎

缓和一些，善长也长舒了一口气。洪武十八年（1385），李善长之弟、胡惟庸的亲家翁李存义被指为胡党，流放崇明。善长感到惊骇，但看看皇帝的态度似乎并无大异，便也就索性横下一条心，一切听天由命了，洪武二十三年（1390），善长七十七岁，已是风烛残年。但还要尽情享受，还要为子孙置办产业。他打算再造府第，并从信国公汤和那里借三百个士卒。汤和怕受连累，赶紧告诉了朱元璋。朱元璋暗骂老儿不知好歹。四月，京城中有一批人因罪发遣边疆。其中有善长的两个姐姐和一个叫丁斌的亲信，善长在朱元璋面前为他们说情，朱元璋听说这个丁斌与胡惟庸家有很深的关系，丁斌的义姐又由惟庸做媒，嫁给了善长的弟弟李存贤之子。便想，李善长确定是自投罗网。于是，急命逮捕丁斌、善长之弟李存义、存义之长男李伸与李存贤父子。御史们为抢功，也表示自己与善长毫无瓜葛，弹章像雪片一样飞向朱元璋面前。这时，正赶上天上星相异常，搞占卜的人很懂得凑趣，说大臣不忠，在降此灾。

善长的家被查抄，七十七岁的老翁连带妻女弟侄仆妇七十余人口锒铛入狱。捶楚之下，何求不有。善长参胡惟庸谋反便铸成铁案。《明实录》摘取诸人供词，对善长谋反做了这样的归纳："胡惟庸准备谋反的时候，曾让亲家翁李存义去说服他哥哥李善长。善长很吃惊，骂道：'你说什么昏话，这是灭九族的勾当？'后来又让善长的老部下杨文裕去游说，答应事成之后，封他作淮西王。善长虽未答应，却有心动，而后再派李存义去，善长叹一口气说：'我老了，不中用了，任你们闹去吧。'善长的家奴也告发说，看见胡惟庸亲自到善长家来，两人东西对坐，显得很诡秘，说些什么听不清楚，但见窗影中惟庸一边说，善长一边点头。"

据《昭示奸党录》公布，李四（存义）妻范氏招云：洪武五年（1372）十一月，男李佑回家说"今日早，我父亲和太师、延安（二侯）、吉安（候）四人在胡丞相家板房里吃酒，商量要反。"范氏道："可是真个？你吓杀我。"李四回说："我早起和汪丞相、太师哥在胡丞相家板房里吃酒，商量谋反，我也随了他。"范氏骂李四："你发疯，你怎么随他！"李四说："我哥哥随了，我怎么不从他？"

太师妻樊氏招云：洪武七年（1374），胡丞相到太师家拜节。丞相说："天下的事都在我手里掌着，如今要作歹，你爷儿从不从？"太师说："看丞相几时下手，我每爷儿也从。"洪武九年（1376）十月，丞相约太师：

"二十日下手，你着两个儿子、四官人、六官人爷儿各自领人。"

照这样说，胡惟庸自从洪武五年（1372）任左丞相已商量要反，蹉跎至于洪武八年（1375）之后才正式动手。自古至今未见这样的政变事例。并且李善长自始就参与了这场预谋的，又何来到洪武十二年（1379）仍然犹豫不决？善长仆人来兴还有这样的招词：洪武九年二月，胡丞相问梳头待诏许贵："我要使你和太师老官人说些话，你敢说吗？"许贵说："我敢说。"丞相说："我要和太师商量大逆的勾当。"这个胡丞相可真成了丧心病狂的糊涂虫，干大逆的勾当竟至派梳头匠去传话。明末清初的钱谦益写《太祖实录辨证》时录下了其中不少关于李善长仆妇族党的供词，对此稍加思索，即可断定李善长一案的虚假性。

李善长终究被砍了头。临刑那天，善长用颤抖的手捧着洪武三年（1370）大封功臣时皇帝颁赐的诰命铁券，仰天哭诉道："铁券啊，你写得清楚：'除谋逆不宥（不赦免），其余若犯死罪，免尔二死，子免一死！'免死，怎么免死！谋逆，何谓谋逆！欲加之罪，何患无词！"善长同他的全家妻小仆妇七十余口迈着沉重的脚步向刑场走去。"这就是孜孜以求的功名富贵吗？这就是我为一家大小挣得的产业吗？"善长脸上掠过一丝苦笑。到这时候他才有些醒悟，但一切都太晚了。看在父女的情分，朱元璋赦免了临安公主、驸马李祺和他们的两个孩子，将他们囚禁起来。也有的记载说驸马李祺早于洪武二十二年死在家乡定远，否则也难免一死。

李善长的冤情在当时朝野几乎人人心中明白，一年之后，大才子解缙对工部郎中王国用说："眼看着一件买名的事，可惜没有人敢做。"国用问："什么事？"解缙说："李善长。"国用摇摇头说："犯不上去送死。"解缙说："不见雨过天晴吗？"国用沉思一阵，觉得有理，便说："你敢写，我就敢呈。"解缙说："但愿韩国公在天之灵保佑。"于是奋笔疾书，一挥而就。国用看罢，连声叫绝，就冒着极大的风险呈递到朱元璋面前。朱元璋一看是为李善长鸣冤，心下猛地一震，这人怎么如此大胆！勉强读完，就扔在地上，正要喊人捉拿王国用，不觉又止住了，他把奏章重新捡起，细细看到：

善长与陛下同心，出万死以取天下，勋臣第一，生封公，死封王，男尚公主，亲戚拜官，人臣之分极矣。假使说欲自图不轨，还犹可说。今说他欲

佐胡惟庸，则令人难解。人之常情爱自己儿子必过于爱兄弟之子，安享万全的富贵必不侥幸取万一的富贵。善长与惟庸，不过是侄婿之亲，而与陛下，则是子女之亲。假使善长辅佐惟庸成功，也不过是勋臣第一而已，太师、国公、封王而已，娶公主做岳翁而已，宁能有加于今日？况且，善长岂不知天下不可侥幸而得？当元朝末年，欲为此者何限十百，哪个不是身为粉灰、宗祀绝灭？能保住脑袋的又有几人？这都为善长所亲见，何苦到垂暮之年又干这种傻事？大凡做这种事情的，必有深仇激变，大不得已，死里求生，以求脱祸于万一。今善长之子备陛下骨肉之亲，没有丝毫嫌猜，何苦而为此？臣恐天下会说："功如善长且如此，遂至人心解体。今善长已死，言之无益，但愿陛下鉴戒于将来。"

真是讲得顺情入理，无可挑剔。朱元璋似乎觉得对不住这位老友，但转念一想，开国君主哪个容得同起的弟兄比肩而立？他又笑这个王国用，你想拿自己的脑袋换取天下的同情，而把污水泼在我身上。此事既已了结，目的亦已达到，我何必苦苦追寻，不把纳谏容物的美名留给自己呢？这样，王国用才免去一死，朱元璋对此不追究也不批驳，实际上是向全国承认李善长的冤情。

处置了胡惟庸、汪广洋、李善长，有一个人的形象应该是越发光彩与高大，这就是刘基，刘伯温。中书省内的风波，许多重要环节与刘基有关，刘基很早就预言了胡惟庸的奸佞误国，胡案的爆发也是从追查刘基被害事件开始的。不论从争取舆论还是安抚自己，朱元璋都有必要把这位神机妙算、疾恶如仇的大军师抬出来。

洪武二十年（1387），朱元璋正式如家人父子一样接见刘基次子刘璟（字仲璟），同时接见章溢的儿子章允载，胡深的儿子胡伯机，叶琛的儿子叶永道。要他们每年冬天到京城朝见，有时还留他们过春节。朱元璋表彰他们的父亲是"好秀才"，并多次谈起胡惟庸的事情。洪武二十一年（1388）十二月二十五日，朱元璋说："刘伯温他在这里时，满朝都是党，只是他一个不从。"洪武二十三年（1390）正月初四于奉天殿左暖房接见时说："恁老子都是君子人。章溢是个善善良良一个老儿，回家去好好的死了（章溢于洪武二年五月病死在家乡龙泉）。刘伯温他父子两人都被那歹臣们害了。我只道他得病，原来吃蛊了。这胡仲渊（深）他乡里都信服他，与我带将许人来。"这年夏天，胡惟庸案再起峰波，杀了李善长，又牵进近万人。朱元璋便决定恢复刘家的爵位。洪武二十三年十二月二十二日，朱元璋接见刘璟，说道："我到婺州时，得了处州。他那里东边有方国珍，南边有陈友谅，西边有张家。刘伯温那时挺身而出随着我。他的天文，别人看不着，他只把秀才的理来断，到强如他那等。鄱阳湖里到处厮杀，他都有功，后来胡家结党，他吃了胡理的蛊。只见一日来和我说：'上位，臣如今肚内一块硬结，担谅着不好。'我找人送他回家，家里死了。后来宣得他儿子来问，说道：'胀起来紧紧的，后来泻得鳖鳖的'却死了。这正是着了蛊。他大儿子在江西也被他杀了。如今把尔袭了老子爵。与全五百石俸。"刘璟表示，哥哥有儿子在，应由他袭封诚意伯。朱元璋更是高兴，说道："他终是秀才人家孩儿，知理熟，大功爵让与哥的儿子。好呵！"于是，由刘荐袭爵。朱元璋又对刘璟说："你如今休去。我也与你个小职名儿，与朝廷办些事，你只着报喜的家人捎着书子去。"刘璟便做了驾前随侍的阁门使。刘家一门的荣耀正是用来映衬李善长等人的暗淡。

李善长一案是在胡惟庸通倭通虏罪状的背景展开的，因而所涉及的既有文臣，也有武将。朱元璋已决心解决一些拥兵武将的问题。洪武二十三年，清查胡惟庸、李善长党羽，同时被处死的武人贵族有吉安侯陆聚、南雄侯赵庸、荥阳侯郑遇春、宜春侯黄彬。已死而追论胡党除爵的还有淮安侯华云龙、宣德侯金朝兴、济宁侯顾时、靖海侯吴祯、永城侯薛显、临江侯陈德、巩昌侯敦兴、六安侯王志、汝南侯梅思祖、永喜侯朱亮祖、营阳侯杨璟、南安侯俞通源、申国公邓镇（邓愈子）以及将大毛骧、李伯、耿忠、于显、于琥、丁玉（丁玉以胡惟庸姻亲于洪武十三年诛）等。其中陆仲亨、唐胜宗、吴祯、陈德、顾时、华云龙、郑遇春、郭兴、费聚都是至正十三年（1353）朱元璋南略定远时所带领的二十四员骨干中的一员，也都是朱元璋濠州同乡。其他绝大部分是他渡江以前的旧人。

飞鸟尽，良弓藏；狡兔死，走狗烹。这是君臣从创业到守成的历史进程中关系演进的一种趋势，在专制封建王朝，皇帝不能和任何人分享权力，这是一个原则。而在现实政局政中，皇帝身边的各种势力总希望利用一切机会分享皇权，这又是历史事实。后妃、太监都是皇帝家族成员，皇帝的宠幸是他们干政的本钱。解决这个问题主要取决于皇帝个人的素质。而功臣武将的问题就复杂的多。他们是王朝的主石。兔死狗烹也要讲究操作纵矛盾，不能下一道旨，通通废掉，通通杀死，当中谁死谁留，在整体上削弱到什么程

度，都颇费思索。所以历代开国皇帝对功臣宿将的处理办法千差万别。有的强硬狠毒，有的温情宽厚。朱元璋很赞赏宋太祖赵匡胤的杯酒释兵权，实际他也把许多功臣武将安排到凤阳老家。但问题是，这么多淮西勋旧聚集在一起，是否也构成了对王朝的威胁？这个九死一生的稼家汉子，最终还是罗织了罪名，兴起了大狱，来保住他已经拥有而时时为了觊觎的一切，来解决的皇权相权、皇权与功臣将的矛盾。洪武二十三年（1390）的李善长胡党案，是相权问题的解决，也是功臣宿将问题的展开。

屠戮功臣

明朝开国，勋臣武将们无不把王朝的胜利看作是自己的胜利。他们认为应理所当然地享受这个胜利带来的财富、荣耀和权力。现在皇帝给了他们尊严和荣华，给了他们特权，但很多人并不感到满足。以铁券免死来说，就是有条件的。

针对功臣武将们的骄纵跋扈，朱元璋多次地予以戒饬。洪武元年（1368）正月初十，臣僚们还没有从开国胜利的狂喜中沉静下来，朱元璋就严正提出了功臣武将们自我保全的问题，说："大抵开基创业之主，待功臣并非不想始终尽善，但像汉代韩信、彭越这样的人，自然无法保全，也实在令人婉惜。至于承平之后，旧臣多有获罪的，那是因为他们事主之心日骄，富贵之志日盛，以至于败，尔等应该引以为教训。"又对康茂才等人说："你们做武将的能有今天，不要忘记军士们为你们卖力拼杀。不要挟功骄纵，轻忽下人。今我以直言相告，常存警戒，非但在于尔身，尔等以朕意教训子孙，则可以与国同其长久。"这里有恐吓，有劝慰。

除教育以外，朱元璋求助于强制性法律。洪武五年（1372）六月，朱元璋发布了申戒公侯榜文。这个法律文件用铁铸成，故称"铁榜"。除序言之外共分九款。大略谓：

一、凡内外各指挥、千户、百户、镇抚并总旗、小旗等，不得私受公侯金帛、衣服、钱物。奉命征讨，受者、与者不在此限；二、凡公侯等官非奉特旨，不得私役官军；三、凡公侯之家强占官民山场、湖泊、茶园、芦荡及金、银、铜场、铁冶者，初犯、再犯免罪附过，三犯准免死一次；四、凡内外各卫军官非当出征之时，不得辄于公侯门首侍立听侯；五、凡公侯之家管庄人等，不得倚势在乡欺殴人民；六、凡功臣之家屯田佃户，管庄干办、火者、奴仆及其亲属人等，倚势凌民、侵夺田产财物者，并倚势欺殴人民，律处断；七、凡公侯之家，除赐定仪仗户及佃田人户外，敢有私托门下影蔽差徭者斩；八、凡公侯之家，倚势权豪、欺压良善、虚钱实契、侵夺人田地、房产、孳畜者，初犯免罪附过，再犯停俸一半，三犯全停，四犯与庶民同罪；九、凡公臣之家不得受诸人田土及不明财物。

从这个铁榜九款，可以看到当时公侯们倚势横行、干犯国法已经到了怎样严重的程度。

但是，勋臣武将们对这种法律榜文的约束与制裁不太放在心上。因为除去皇帝，几乎没有人敢于揭发他们的罪行，监督和牵制他们。对功臣问题的萦思魂牵，常常使朱元璋惊梦联翩。

一天，朱元璋做了一个梦：夜间，刘基手执皇上赐予的金瓜斧击门。卫士汇报上去，朱元璋知道，这是他的特许，有紧急情况可以持金瓜斧击门求见，于是命令放进来。朱元璋问道"出了什么事？"刘基说"没什么事。只是睡不着，特来找上位下棋。"朱元璋便与他对弈。突然，报太仓失火。朱元璋心里惦记里面所藏国家财帛、金银，要亲眼去看一看。刘基说："不如遣一内使乘皇上画舆前往，以安定人心，鼓舞救火士卒，免得在混乱中出什么意外。"朱元璋同意了。不大一会儿，车驾返回，但见车上满是血污，内使横尸车上。朱元璋大惊。问刘基："你怎么知道会出事而前来救朕？"刘基说"观乾象有变，特来奏闻。"问："何人为谋？"刘基说："明日早朝，穿红衣服的人就是。"第二天早朝时，在西班朝臣中果有一人身着红衣，遂命武士绑了。在他袖笼中搜出一个带哨的信鸽，已经闷死了，大约是想做联络信号用的。武士把此人推到朱元璋面前，朱元璋睁大眼睛，也辨认不出是哪一个，似乎是邵荣，又像是廖永忠，转眼又仿佛蓝玉。正打量间，此人挣脱武士，直奔朱元璋一剑刺来。朱元璋躲闪不及，胸部中剑，鲜血喷出。随即冷丁醒来，急着用手去摸摸胸口，手不听使唤，原来压在胸下有些麻木了。

那么，正当开国之初，封爵之始，对功臣可不可以采取断然措施？形势绝不允许。当时，大规模战事虽已经束，但政局不稳，特别是周边地区仍处在敌对势力的包围之中，各少数族也纷纷自立号令，割据自保。这决定了朱元璋对这些横行不法的公侯将帅只能是重举轻落，隐忍包容。

随着国内的逐步稳固，边疆的渐次平定，解决武将勋臣的问题提上日程。

于是，昔日共患难并为朱明王朝立下汗马功荣的新贵们大都成为朱元璋的刀下之鬼。第一个血祭朱元璋屠刀的，是德庆侯廖永忠。廖永忠是朱元璋麾下的第一位水师统帅。他足智多谋，英勇善战，在历次大战中屡立战功，为朱元璋所倚重。在设计谋杀韩林儿的阴谋中，朱元璋即让廖永忠执行了这一暗杀任务。这是朱元璋最大的政治隐私。

但是廖永忠毕竟是一介武夫，太缺乏政治头脑。他不明白，像瓜步沉舟这样的勾当，事关皇帝隐私，自己应该若无其事，最好让皇帝尽早忘记。永忠所想所做的，恰恰相反。他要以此邀宠，邀名，邀利。洪武三年（1370）大封功臣前夕，他就频频活动，想找一个在皇帝身边的文人探听消息，摸一摸皇帝的态度。他找到了在朱元璋面前得宠的杨宪。杨宪满口答应。杨宪大约是有意将廖永忠往火坑里推，几次在朱元璋面前提到永忠让他转达对皇帝的忠心。朱元璋似乎看透了杨宪心术不正，对永忠也暗骂他不知好歹。洪武三年十一月大封功臣时，朱元璋特意宣布："廖永忠战鄱阳时，奋勇忘躯，与敌舟相距，可谓奇男子。然而使所善儒生窥朕意向，以邀封爵"，因而应封公爵，而只封侯爵。杨宪在此前已被处决。现在朱元璋批评永忠，只说"所善儒生"而没有点出杨宪的名字，免得他同罪臣勾连，还是给永忠留了面子。但永忠在朱元璋心目中已经成了一个不可托以腹心的人物。

廖永忠弄巧成拙，深感自己的木讷与呆笨。想想皇上对自己的遮掩，更是追悔不已。他决心将功补过。平定西蜀之战，他不顾生死地拼命攻杀，谨慎小心地与汤和相处，严肃认真地安抚百姓，部是为了扭转在朱元璋心中的印象。

朱元璋虽然再次表彰了廖永忠平蜀的功劳，怎料功大孽也大！对于这个最了解自己的心曲和隐秘的人，朱元璋是越来越不放心了。洪武八年（1375）三月，德庆侯廖永忠突然被逮捕，罪名是偷偷穿用绣有龙凤纹的衣服，也未加审讯，就砍了脑袋。

处置了廖永忠，了断一桩心事，仍需要拿出点补偿，方可求得心理上的平衡。况且，这个时候，朱元璋还不想也不能对武将大开杀戒。割据未除，边疆未靖，他仍需要收买这些将帅之心。于是，处死了廖永忠，随即传令给予厚葬，又把他的儿子汤和的门婿廖权召了去，好言劝慰，要他安心当差。

第二年派他往西安练兵，洪武十三年（1380），令他承袭德庆侯。

朱亮祖，庐州府六安人。元末，拉起队伍，投顺元朝，做了义兵元帅。朱元璋占据集庆后亲自督师攻打宁国，生擒了朱亮祖，从此，朱亮祖就成了朱元璋手下一员猛将。深得朱元璋的倚重。在建国初期的封赏中，朱亮祖被封为永嘉侯。洪武十二年（1379），朱亮祖被派往广东，镇守其地。

元朝末年，广东是地方军阀何真的地面。何真投降以后，广东一直处在严密的军事监督管制之下，因此军卫在这里有特殊的势力，不但百姓怕兵，连地方官都得让他们三分。朱亮祖以侯爵勋贵坐镇广州，更加放纵军官兵士胡作非为。他自己也是横行不法，作威作福，盘剥百姓，欺压良善，搞得天怒人怨。如果像别的地方一样，官官相护，或曲媚柔顺，朱亮祖也就会像其他许多作恶的横暴权贵一样，逍遥法外。恰恰在广州府首县番禺出了宁折不弯、保护百姓的县公道同，方才把朱亮祖的罪恶揭露出来。

道同，北平布政司河间府人，蒙古族。洪武初，以孝母的品德被荐做了太常司赞礼郎，后出任番禺知县。道同赴任后访问民风民俗，百姓疾苦，以堂堂之气，扶正压邪，使军校们的气焰稍有收敛。

身为侯爵的朱亮祖自然不能容忍芝麻官对他的不尊，他要找借口给道同一点颜色看看。一次，在各级官员参拜朱亮祖时，朱亮祖以道同礼仪不同，当着众官之面，杖责道同。

此后，朱亮祖更是公然贪赃受贿，一些富民土豪就如苍蝇逐臭。有的送金银，有的送美女。朱亮祖是来者不拒，接下来就是有求必应。

道同知道单凭他这个小小县令无法制伏朱亮祖，于是，他冒着杀头的危险，把朱亮祖的罪状上奏了皇帝。

然而，朱亮祖恶人先告状，一封弹劾番禺县令的奏章也快马向南京传送。

朱元璋首先看到了朱亮祖的奏章。一个地方镇守大员，挟侯爵之威，而弹劾一个小小县令，这是没有先例的，因此，朱元璋不加深究，随手写了个"斩立决"的手谕，派使者执行。

几天后，道同的奏章才送达朱元璋手中。这个奏章把朱亮祖贪污受贿、暴戾蛮横、勾结豪强、扶植无赖、赏恶罚善、危害百姓的种种罪状写得确凿清晰，把自己如何摧抑土豪，如何受到朱亮祖凌辱打击以及百姓身处水深火热而控告无门的种种痛楚写得一字一泪。使朱元璋读罢也深受感动。他觉得

269

像道同这样的人，以那样低微的官职，处在广州城达官贵人的包围中，敢于挺拔特立，与侯爷颉颃，同邪恶抗争，实在是难能可贵。像这样对皇帝忠心、对百姓仁慈的官员真是少之又少。他知道上了朱亮祖的当。想来，诛杀道同的手谕发出不久，现在追回还来得及。于是，飞骑疾行，追回前命，急调道同入京进见。

但是，一切都晚了。使臣复命，道同已经被杀了。朱元璋就想到，这一定是朱亮祖又捣了鬼。他对朱亮祖的气愤与怨恨已经不可遏制。一道谕旨下去，立即锁拿朱亮祖、朱暹父子进京。朱暹这时任驻守广东的卫指挥使。

洪武十三年（1380）九月初三，朱亮祖、朱暹被带进午门。他们一见朱元璋手抓玉带紧紧下按，一脸怒气的凶相，早已吓黄了脸，他们一边以头撞地，口称"罪该万死"；一边哀求朱元璋怜悯和宽恕。这时，朱元璋把长久压抑在胸中对勋臣横行不法藐视朝廷的怒火一下子迸发出来，便不由分说，命令武士责打。武士看得出来，皇帝要的是催命棍，那阵阵竹杖落下，便是血肉横飞。朱元璋亲见朱亮祖父子气绝而亡，才被人簇拥着悻悻而去。

皇上做事不同于寻常百姓。他以雷霆之怒打死朱氏父子，随即便雨过天晴，冷静考虑如何处理后事。他命令以侯爵之礼安葬了朱亮祖，还为他亲自撰写了墓志铭，详述他一生功德。

当皇帝处死朱亮祖的消息传到广州，百姓们一个个激动不已，不少人喜中带泪，失声痛哭；不少人北向跪拜，口诵"皇帝万岁"。他们庆幸道同沉冤得雪，更加怀念这位民之父母。很多家庭供了道同的神像神主，出入焚香礼拜，有事在他面前求签问卜，据说还相当灵验。

洪武十七年（1384）三月，李文忠突然死亡，年仅四十六岁。

李文忠原名李保儿、李保保，在明代开国功臣中算得上是智勇双全的人物。他与朱元璋有着特殊的关系，他是朱元璋的外甥。在其母去世之后，随父李贞背井离乡，后来到滁州投奔舅父朱元璋，被朱元璋所收养，并改名为朱文忠。后来，又恢复李姓。李文忠在战争中机智勇敢，治军有方，屡建战功，多次受到朱元璋的嘉奖。洪武三年（1370），随从徐达北征沙漠，徐达为征北大将军，李文忠为左副将军。他所率领的人马所向披靡。从兴和、开平直抵应昌，俘获元顺帝之孙及后妃宫人和诸王将相数百人，部众五万余人。同年大封功臣时，李文忠加封曹国公，食禄三千石，并出任当时最高军事长官大都督府左都督。

与诸将不同的是，李文忠因熟通经史与诗赋，所以亲近儒士。那些读书人在一起，动辄议论朝政得失。这一风气无疑会对李文忠产生极大的影响。出于对朱氏王朝命运的关注，李文忠对朱元璋的某些行为有不同的看法，并直言不讳地指出来。文忠曾婉转劝说："人才难得。不像路边青草割了再生。请陛下多给人开一条自新之路。"朱元璋把脸沉下，说："朕知道了。"又一次，文忠劝谏："陛下鉴前代之失，不准宦官干政，又裁减宦官员缺，真是天纵之圣。但据臣看来，宫中冗员依然过多，又悖于'天子不近刑人'的古训，宜更加裁省。"朱元璋一听勃然大怒，问道："这话是谁教你的？"文忠回答："是臣愚昧，胡乱说的。"文忠战战兢兢地回到家中。不久，朱元璋派武士闯进李府，将文忠手下的儒士幕僚全部捉去杀了。文忠既懊恼，又心惊。他思前想后，忽然想起十几年前严州谋叛的一件阴谋，弄不好是东窗事发了。越想心里越害怕，洪武十六年（1383）十二月便奄奄病倒了。

洪武十七年（1384）春，文忠的病情进一步加重。朱元璋派太子前去探问，并派遣淮安侯华中督理医生诊断治疗。文忠的病是因惊惧忧郁而得，稍后朱元璋亲去探视，甥舅二人床前叙旧，顿使文忠释怀不少，一时病情颇有好转。孰料探望过后的第三天，这位叱咤战场三十年的大将竟然撒手去了。消息传出，举朝震惊。不知道得了什么病，不知道为什么在病情好转之时猝死。正在朝野迷惘之际，朱元璋突然将为文忠看病的医生及其家属一百余口通通处死，并将华中削爵，充军川西建昌卫。罪名是毒死了李文忠。李文忠到底是怎么死的？是不是被毒死的？如果是中毒而死，是不是受朱元璋的指使？这都成了历史谜团。

"徐达死了，徐达死了！"朱元璋兴奋地失了常态。

洪武十八年（1385）二月，开国第一功臣徐达病死，享年五十四岁。徐达，字天德，濠州钟离永丰乡人。二十岁以前，一直在家从事农耕。幼时曾与朱元璋放牧。当朱元璋在濠州招兵买马时，徐达便弃耕从军，紧紧追随朱元璋，征战天下，开创基业。他持重沉稳、严于律己，以身作则，朱元璋待其如心腹，并称赞说："戒女色，远财物，持身守志，光明磊落，唯徐达一人而已。"朱元璋经常晓谕诸将，要以徐达为榜样，加强自我约束，不得恣情放肆。

在明代开国功臣中，徐达为第一功臣。他在历次战斗中，常常是攻无不

克，战无不胜，出奇制胜，屡建奇功。朱元璋登基之时，封徐达为银青荣禄大夫、上柱国、录军国重事、中书右丞相、信国公兼太子少傅。在平定元大都之后，封魏国公，食禄五千石。徐达之名威震蒙元，荡激华夏。

徐达对朱元璋一向诚实忠恳，但他的家族的骄奢强横也确属事实。他家的奴仆庄佃横行乡里，几次遭到朱元璋的斥责。而徐达的夫人张氏尤其桀骜不驯。她好强使性，居功自傲，说话不知道深浅。徐达多次劝说训斥，她都只当耳旁风。有时进宫朝见皇后也倨傲不恭，疏于礼数。马皇后看在多年亲密相处，看在徐达的功高忠勤的分儿上，每次都原谅了她。可一次内廷宴会之上，张氏却对马皇后冷冷说道："都是穷过来的。如今我家可不如你家。"听到这样目无尊长不懂规矩的话，马皇后真想训斥她几句，但转念一想，不能失了身份，忘了皇家气度，于是笑说道："当年王、谢再世，说不定还要嫉妒你国公府呢！"一边对大家说："各位自便吧，不要拘束。我还有些事，先退一步。"马皇后回到寝宫，越想越生气，这个徐门张氏竟敢在大庭广众之下如此顶撞蔑视！他们这些功勋之家对待下级对待百姓还不知怎样呢！正在这时，朱元璋下朝回来，见到马皇后似有愠怒不悦之色，问发生了什么事，马皇后隐瞒不过，只得照实说了。朱元璋沉默不语。

第二天，朱元璋一边在内廷设宴，招待群臣，一边派武士到徐达家斩杀张氏。席间，朱元璋持杯走到徐达面前，说道："牝鸡司晨，家之不祥。现在卿家可以免除灭族之祸了。朕特来向你祝贺。"徐达摸不着头脑，赶紧跪下喝了朱元璋手中的酒，而心之怦怦，手之颤颤却不能自己。他想到张氏，甚至他的所有妻妾的血污。他又不由想起分得常遇春妻之肉的恐怖一幕。

眼下就要发生的是否也是如此，或者会更惨？徐达简直不敢想象。他勉强支持到宴会结束，奔到家一看，他的妻子张氏已被杀死了。

徐达草草安葬了张氏夫人，不久便恹恹成疾。但朱元璋为了掩饰自己的阴险狠毒，又一再装出对徐达无限关怀的姿态来，徐达病愈上朝，朱元璋告诉他："我见你宅第局促，不便居住，原来我做吴王时住的那处宅院闲着也是闲着，就赐给你吧。"徐达连忙说："龙潜之地，贱躯何敢？请皇上鉴臣愚诚，收回成命。"朱元璋也就不再勉强。

一天，宫内设宴，朱元璋令个个开怀畅饮。后来，他避席而去，让宦官代为劝酒。徐达也喝得酩酊大醉。朱元璋让人把他扶到内宫安寝，并留意他的细微反应。半夜，徐达一觉醒来，发现自己住在皇帝寝宫，打一个寒噤，忙披衣而起，对着御榻跪拜道："臣多贪了几杯，实在是罪该万死。"拜罢，推门而出，在夜露下侍立宫门旁边，只待天明。朱元璋听到汇报，心下方才安稳些。

徐达照旧是小心谨慎，处处表现出忠心耿耿。徐达对胡惟庸专横不法长时间缄默不言，静观待变。他终于发现了朱元璋态度的游移，信任的不专。因而便捉住时机，向朱元璋提醒大臣专决，危害朝廷的问题，从而加深了朱元璋与惟庸情感的裂缝，并使朱元璋感受到徐达对朝廷的一片忠心。胡惟庸案爆发，徐达的参劾提醒起到了与推波助澜的作用。胡惟庸案被揭露出来，一下黑云压城，确实与朱元璋感到受了满朝文武特别是满口忠君敬上的那些文臣的愚弄欺骗而怒潮宣泄有关。在这一场政治风波中，刘基与徐达是为数不多的正面角色。而刘基早已去世，更可看出徐达在官场的老辣与沉稳。通过胡案的打击，许多有影响的官员被杀，许多勋贵受到牵连。徐达的地位进一步提高了。

然而像徐达这样的功勋，越是鹤立鸡群，高于同侪同辈，便越有与皇帝比肩而立的嫌疑。朱元璋对徐达的提防越来越严密。晚年，徐达几乎整日在提心吊胆中生活。过度的紧张劳累，身体越来越坏，洪武十七年（1384）初，徐达觉得后背作痛，渐渐成癌。所谓"六腑不和则郁为痈"，徐达显然是气郁所积而成痈疽之症。历经北平名医诊治，都不见功效。这年闰十月，朱元璋把他召回南京调治，并亲到榻前看望。徐达自料难以痊愈，他要在临死前用他的忠诚写完自己历史的最后一页，并为他家族预留一条后路。当朱元璋来到榻前，徐达老泪纵横，紧紧握住朱元璋的双手，连声喊着"陛下，陛下"，朱元璋一时感悟，说道："卿的意思是要朕紧握山河？"徐达随即就榻上叩头。朱元璋说："好生将息，不要多礼了。"徐达又喘息说道："我一介武夫，听皇上话，也把几本书来读。现在想了两句念给皇上听：闻说君王銮驾来，一花未谢百花开。"朱元璋想一想说道："你是要朕广用英贤？"徐达面上掠过一丝微笑，说道："知臣莫如君。只是我难以为皇上奔走效力了。"朱元璋说："你不要灰心。今年太阴犯将，正是你一灾。星士讲，尚可禳解。我要亲自为你祈祷。让人用心为你诊治。"回宫后，他真的亲自写了向山川城隍之神的祈祷文，派人到各神位前焚化。文中写道："曩者天下有乱，朕命将偃兵息民，大将徐达之功居多。今疾弗瘳，朕特告神，愿全生数载，固宁万姓，朕他日与达同往，唯神鉴之。"这真使徐达感激涕

明代青玉镂雕梗叶葵花杯

零。对皇帝的一切疑惧、恩怨，一时化为乌有，心里立时豁亮了许多。加上御医的精心治疗，徐达的病情明显好转。洪武十八年（1385）元宵节，徐达竟能离开病榻，很有兴致地观看了院内的花灯与焰火。一天，朱元璋把一个御医召来，问道："像魏国公这种病忌什么口？"御医不敢隐瞒，说："忌食蒸鹅。"朱元璋说："那要好生护持。"御医第二天就把这话悄悄告诉了徐达。徐达一切都明白了。未过几天，朱元璋便派人送来御赐膳食。徐达心知朱元璋意欲何为，面对死亡的威胁，徐达临危不惧。君叫臣死，臣不得不死。从风风雨雨中走过来的徐达对死已有其特殊的感受。只有死，才能解除他内心的痛苦和不安。所以，他毅然决然地吃下了朱元璋赐的蒸鹅。鹅肉是发疾主食，食后不久，这位曾叱咤疆场的将军便命归黄泉。

洪武十八年（1385）二月二十日，探报徐达已死。待探子离去，朱元璋高兴地在屋内走来走去，一边自语道："徐达死了，徐达死了！"他竟没有发现旁边还有一个老宫女在煮药。这老宫女见此情状，又惊又怕。她没敢惊动皇上，而是悄无声息低头佯睡，并有意把那衣襟的一角接火而燃。当朱元璋发现了这个老婢，才自悔失言失态，让人窥见了心曲。见那婢女衣襟烧糊，便上前轻轻踢她，婢女依然不动。朱元璋笑道："老妮子，睡着了。"这个老宫女才捡了一条命。

朱元璋换上素服麻履，一路纸钱飞撒，失声痛哭，直奔徐府。沿途军民为徐将军之死感伤，为皇帝如此地厚待功臣而感动。听到皇帝驾临吊唁，徐

家大小出拜哭迎。徐达夫人跪在朱元璋面前哭得死去活来。朱元璋倒真的感动了，他将夫人扶起，安慰道："嫂夫人节哀，嫂夫人不必后虑，有朕在，一切为你主张。"

为了安慰自己，也为了安慰死者与生者，朱元璋决定给徐达以最大的哀荣。他追封徐达为武宁王，塑像功臣庙，并亲自为他撰写追封诰词，曰：

朕惟帝王之有天下，必有名世之臣，秉忠贞，奋武威，以辅成一代王业。今开国辅运推诚宣力武臣、特进光禄大夫、左柱国、太傅、魏国公、参军国事徐达，以智勇之贤，负柱石之任。襄因元季之乱，挺身归朕，朕实资尔智略，寄尔腹心，以统百万之师。攻无不取，战无不克，特追封中山王，谥武宁。其上三世皆封爵，妣皆封王夫人。

朱元璋心想，徐达老弟地下有知，当体谅我的苦衷，对合家富贵平安也应该含笑九泉了吧。

洪武朝有三次集中的封爵，然而到洪武二十三年（1390），共废死公侯三十二人，其中诛杀十一人，废死的已占公侯总数的一半以上了。

洪武二十五年（1392）四月，三十九岁的皇太子朱标突然死去。这年朱元璋已是六十五岁高龄，为避免皇室自身的争斗，稳定大局，五个月后，他立朱标的儿子，年仅十六岁的朱允炆为皇太孙，作为自己皇位继承人。这一老一小，维系着朱氏皇统。朱元璋想如果有朝一日他撒手去了，那功勋武将哪一个肯于在小皇帝面前真心匍匐？又保证谁一定忠于皇室而不起篡逆之心？他决定再兴大狱，将久经战场的资深望重的开国功勋再来一次总清理。

于是，发动了蓝玉案。通过这个冤案，功臣宿将屠戮殆尽。

蓝玉，安徽定远人，开国功臣常遇春的妻弟。生得高大威武，浓眉怒目，面颊红紫如枣，一脸络缌胡须，人称蓝大胡子。

他长期跟随常遇春南征北战，屡建奇功，深得常遇春的赏识。朱元璋因常遇春之故也对蓝玉宠爱有加。明王朝立国之初，蓝玉任大都督府佥事。洪武四年（1371），蓝玉在傅友德麾下讨伐明昇夏政权。洪武五年（1372），蓝玉为大将军徐达中路军先锋，击败王保保于野马川、土剌河。洪武十一年（1378），他与西平侯沐英征讨西番，斩获千令人，因功封永昌侯，岁禄两千五百石，子孙世袭。洪武十四年（1381），征讨元朝在云南的残余势力。

蓝玉因平定云南有功，又加年禄五百石，其女被册封为朱元璋第十一子蜀王朱椿之妃。洪武二十年（1387），朱元璋以宋国公冯胜为大将军，颍国公傅友德为左副将军，蓝玉为右副将军，率师二十万，征伐纳哈出。在征伐过程中，冯胜获罪，蓝玉代为大将军。他不负所望，终于降服纳哈出，使明王朝基本上控制了东北地区。洪武二十一年（1388），元顺帝之孙脱古思帖木儿不断侵扰塞上，蓝玉奉命率师十五万征讨，直至捕鱼儿海，俘获公子后妃百余人，官属三十多人，军士百姓八万五千余人，牛羊马驼十五万余只，取得了巨大的胜利。当捷报送达京师时，朱朱元璋异常兴奋，称颂蓝玉是汉朝的卫青、唐朝的李靖，并封蓝玉为凉国公。

伴着功勋的积累，是蓝玉贪欲的积累和强横的恣肆。他违禁贩卖私盐，谋取厚利。又广辟庄田，光收养的庄奴、义子就有几千，这些豪奴仗势欺人，为害乡里。为了扩大庄园，蓝玉还公然霸占东昌府农田。百姓们不断上告，御史下来查勘，反被蓝玉绑起来打了一顿板子，驱逐出境。这次北征大获全胜，蓝玉更加目空一切，为所欲为。他侵吞马匹驼牛，公开向降人索要妇人、女孩，还霸占了元太子之妃。消息透露之后，元妃羞愧自缢而死。大军回师，夜抵喜峰口，关吏鉴于夜禁的规矩，开门稍有迟缓，蓝玉便喝令兵士捣毁关门，长驱而入。这一切，朱元璋都暂时容忍了。但朱元璋又不能不给他一点警觉，一个忠告。他原本要封蓝玉为梁国公，临时改封为凉国公，并把他此次战役中所犯过失镌刻在封爵的铁券上。无奈蓝玉依然故我，根本不放在心上。这一天，朱元璋召集群僚，为蓝玉摆酒庆功。宴会开始，朱元璋致辞，说："蓝大将军犁庭扫穴，一战告捷，功垂永久，虽汉之卫青，唐之李靖不能过也！"他还提议为蓝大将军的凯旋满饮一杯。

对这样的荣耀，这样的恩宠，蓝玉本应该作出诚惶诚恐、感激涕零的样子，然而，他却不躬不揖、不跪不拜，也不把这胜仗说成是皇帝的荫蔽、圣上的成算，他举起酒杯，一饮而尽，而后，随口说道："蓝某扫灭这些小丑，如探囊取物，何足挂齿。"如此地傲慢与无礼，使朱元璋好一个不快。

明代御药房金罐

洪武二十三年（1390），蓝玉领兵前往大渡河平定当地少数部族的叛乱。第二年，他又与冯胜、李景隆等人被派往陕西训练军士，以加固边防。后因西征有功，命为太子太傅，但位列马胜、傅友德之下。蓝玉对此极不情愿，说，"我难道不堪太师吗？"为了杀一杀蓝玉的嚣张气焰，朱元璋便以勾通胡惟庸的罪名，将蓝玉的亲家、靖宁侯叶升处斩。在此前后，太子朱标病死，年幼孱弱的朱允炆被立为皇太孙，作为朱元璋的接班人。这一变故，促使朱元璋更加关注朝中的人事格局。针对蓝玉等人自伐其功、贪婪无厌，蔑视朝廷的行为，不能不使朱元璋感到万分的焦虑。为了进一步诛杀遗留下来的功臣，朱元璋又在制造着新的阴谋。

洪武二十五年（1392）四月二十五日，三十九岁的太子朱标病逝，朝廷政局、决策被迫调整，除掉蓝玉已是势在必行。于是重新祭起抓"胡党"的大势，八月二十五日，以勾通胡惟庸罪，将蓝玉的姻亲靖宁侯叶升处死，正式拉开了铲除蓝党的序幕。

洪武二十六年（1393）正月，蓝玉回到南京。朝廷的一举一动都令他紧张与关注。朱元璋为稳定大局，很快在二十五年九月十二日立朱标的儿子朱允炆为皇太孙，作为皇位继承人。同时任命皇太孙的辅佐官，从冯胜、傅友德为太子太师，蓝玉为太子太专。按照资历，这个安排未尝不可，也并没有什么深沉的含义，而蓝玉则觉得受了冷落，私下发牢骚说："为什么要我屈居冯、傅之下，难道我就不能做太师吗？"不难看出，蓝玉在这个时候所关心的不过是太师、太傅的差异，所争的不过区区太师的名分，所计较的不过是与冯、傅的地位高低。但此时却有人告他图谋不轨，聚众造反，夺取皇帝宝座了。

洪武二十六年（1393）二月初八日，早朝将罢，一切看起来很正常。突然，锦衣卫指挥蒋瓛出班参奏蓝玉谋反的种种罪状，蓝玉被当场逮捕。朱元璋下令立即组织审讯。这一切来得竟是如此快，如此急，如此莫名其妙，使蓝玉无法应付，但他很快就清醒了。包括对叶升、陆仲亨、唐胜宗，郑遇春、陆聚、费聚、黄彬，赵庸，乃至胡惟庸等人的谋反，一切都变得那么清清楚楚，明明白白。难怪王国用会为李善长辩冤！世人所传徐达、刘基、李文忠等被皇帝毒死的事，想来也并非虚妄。他这时对"狡兔死，走狗烹"的名言才有了切肤感受。"既然皇帝要置我以死地，我就是屈招了也决无生还的希望。"想到这里，他的心里反倒平静了许多。针对蒋瓛的诬陷，他据理

辩驳，毫不退让。吏部尚书詹徽喝令他招出同党，蓝玉对他怒目而视，略停片刻，大呼道："詹徽就是我的同党。"一言之下，武士们立即把詹徽从审判席上拉下，抓了起来，搞得一个个审问官张口结舌，不敢张狂。朱元璋也不再要蓝玉的口供，第三天，洪武二十六年二月初十日，就把他处死了。

当然，朱元璋不是平庸之辈。他要诛杀蓝玉就必须罗列一些莫须有的罪名，他知道赤裸裸的杀戮不仅无助于政局的稳定，反而会引起无法控制的动荡。为此，他编织了一套罪名：局外人勾通胡惟庸被诛，蓝玉生怕此事进一步牵连自己，便与其心腹将领密谋反叛，定于二月十五日朱元璋出正阳门外劝农时，以事先埋伏好的人马将其斩杀。但这一密谋被锦衣卫检校所获得，迅速密告了朱元璋，未等蓝玉起事，朱元璋先发制人，未通过正常的司法程序，便在三天之内将"要犯"蓝玉处决。

处决蓝玉并不意味着该事件的结束，恰恰相反，是朱元璋再兴大狱的开始。及时处决蓝玉，灭其口供，使朱元璋能够随心所欲地株连其他功臣。这是独裁者的惯用伎俩，朱元璋是这一伎俩的集大成者。为了清除他认为不可靠的官员，朱元璋借蓝玉谋反罪名，株连蔓引，将其一网打尽。被杀的主要武将有开国公常升、景川侯曹震、鹤庆侯张翼、舳舻侯朱青、普定侯陈桓、宣宁侯曹泰、东平侯韩勋、会宁侯张温、全宁侯孙恪、西凉侯濮璵、沈阳侯察罕、怀远侯曹兴、东莞伯何荣、徽先伯桑敬及都督黄略、马俊、王铭、许亮等十几人。文官则有吏部尚书詹徽、户部侍郎傅友文等人。诛杀的中下级军官更是不计其数。蓝玉之案与胡惟庸案为朱元璋一手炮制的洪武时期的两大惨案，两案共诛杀四万余人，史称"胡蓝之狱"。

蓝玉被杀以后，开国功臣剩下的令朱元璋不放心的还有宋国公冯胜和颍国公傅友德二人了。洪武二十七年（1394），傅友德被诛。次年，冯胜亦被杀。这样，随朱元璋起事的开国功臣被诛杀殆尽。

在朱元璋封的所有公侯勋爵中，洪武一朝没有病死，也没有被杀死的只有两个：长兴侯耿炳文与武定侯郭英。在洪武二十三年（1390）以后病死而得善终的有凤翔侯张龙，东川侯胡海，西平侯沐英、信国公汤和。张龙、胡海影响不大，无足称述。真正侥幸保下性命来的大将只有沐英、信国公汤和、耿炳文、郭英四个人。

严惩贪官

贪污腐化是封建社会官僚政治的正常现象，念书识字，做八股，参加科举，侥幸得了一官，便千方百计弄钱，买田地，蓄家奴，官做得越大，弄的钱也就愈多，升官发财，是封建社会知识分子的人生哲学，"万般皆下品，唯有读书高"这两句话是有其深刻的社会根源的。

另一面，官吏贪横，无止境的剥削，也就不能不迫使饥寒交迫的人民起而反抗，官逼民反，从进入封建社会以来，数以百次计的农民起义，官吏的贪污剥削是其原因之一。

为了缓和封建统治阶级和广大人民的矛盾，巩固统治基础。朱元璋对地方官贪污害民的，用极严厉的手段惩处，进行了长期的残酷的斗争。

对朝廷和地方的官僚奸贪舞弊，严重地损害了皇朝的利益的，朱元璋集中力量，全面地大规模地加以无情的打击，洪武十五年（1382）的空印案，洪武十八年（1385）的敦桓案，两案连坐被杀的达七八万人，其中主要是各级官员，追赃牵连到各地许多大地主，都弄得破家荡产，旧地主阶级的力量更进一步地被削弱了。

按照规定，每年各布政使司和府、州、县都得派计吏到户部，报告地方财政收支账目，为了核算钱粮、军需等款项，必须府报布政司，布政司报部，一层层上报，一直到户部审核数目完全符合，准许报销，才算手续完备结了案。钱谷数字如有分、毫、升、合对不拢，整个报销册便被驳回，重新填造。布政使司离京师远的有六七千里，近的也是千里上下，重造册子还不要紧，问题是重造的册子必须盖上原衙门的印信才算合法。因为要盖这颗印，来回的时时就得用上个把月以至好几个月。为了避免户部挑剔，减省来回奔走的麻烦，上计吏照习惯都带有事先预备好的盖过官印的空白文册，遇有部驳，随时填用。这种方法本来是公开的秘密，谁都认为是合情合理，方便省事的。不料到了洪武十五年（1382）朱元璋忽然发觉这秘密，大发雷霆，以为一定有严重弊病，非严办不可，就下令各地方衙门长官主印的一律处死，佐贰官杖一百充军边地。其实上计吏所带的空印文册盖的是骑缝印，

不能做别的用途，预备了也不一定用得着。全国各地方衙门的人都明白这道理，连户部官员也是照例默认的，成为上下一致同意的通行办法。但是案发后，正当胡惟庸党案闹得很紧张，朝廷上谁也不敢分辨，把地方上的长吏一杀而空。当时最有名的好官方克勤（建文朝大臣方孝孺的父亲）也死在这案内，上书人也被罚作苦工。

郭桓官户部侍郎。洪武十八年（1385）有人告发北平二司官吏和郭桓通同舞弊，从户部左右侍郎以下都处死刑。追赃粮七百万石，供词牵连到各布政使司官吏，被杀的又是几万人。追赃又牵连到全国各地的许多大地主，中产以上的地主破家的不计其数。宣布的罪状是：

> 户部官敦桓等收受浙西秋粮，合上仓四百五十万石。其郭桓等只收（交）六十万石上仓，钞八十万锭入库，以当时折算，可抵二百万石，余有一百九十万石未曾上仓。其桓等受要浙西等府钞五十万贯，致使府、州、县官黄文通等通同刁顽人吏边源等作弊，各分入己。
>
> 其应天等五府州，县数十万没官田地夏税秋粮，官吏张钦等通同作弊，并无一粒上仓，与同户部官郭桓等尽行分受。
>
> 其所盗仓粮，以军卫言之，三年所积卖空。前者榜上若欲尽写，恐民不信，但略写七百万耳。若将其余仓分并十二布政司通同盗卖见在仓粮，及接受浙西等府钞五十万张卖米一百九十万不上仓，通算诸色课程鱼盐等项，及通同承运库官范朝宗偷盗金银，广惠库官张裕妄支钞六百万张，除盗库见在金银宝钞不算外，其卖在仓税粮及未上仓该收税粮及鱼盐诸色等项，共折米算，所废（吞没）者二千四百余万石精粮，等等。

据一些同时人和地主子孙的记录，三吴一带、浙东西的故家巨室，不是"多以罪倾其宗"，便是"豪民巨族，刬削殆尽"。这些记载虽然有些夸大，但是反映了一部分旧地主阶级分子被消灭的情况，则是毋庸置疑的。这样严重的打击，当然会引起地主阶级和官僚的恐慌和不满，他们当然不敢申说买卖官粮这一严重犯法行为是合法的，应该的，只能指斥、攻击、告发处理这个案件的御史和法官，议论沸腾，情势严重。朱元璋也觉得这个矛盾如继续发展下去，对自己的统治十分不利，便一面以手诏公布郭桓等人的罪状，分析是非，一面把原审法官也杀了，作为对地主阶级和官僚们的让步，结束了这件大案。

除了空印案和郭桓案两次大屠杀以外，还有洪武四年（1371）录（甄别）天下官吏；洪武十三年（1380）连坐胡党；洪武十九年（1386）逮官吏积年为民害者；洪武二十三年（1390）罪妄言者，四次有计划的诛杀。

四十年中，朱元璋的著作，大诰、大诰续编、大诰三编、大诰武臣的统计，所列凌迟、枭示、种诛有几千案，弃市（杀头）以下有一万多案。三编所定的案件算是最宽大的了，如"进士监生三百六十四人，愈见奸贪，终不从命，三犯四犯而至杀身者三人，三犯而诽谤杀身者三人，姑容戴斩、绞、徒流罪在职者三十人，一犯戴死罪、徒流罪办事者三百二十八人"。戴死罪和徒流罪办事是朱元璋新创的办法，有御史戴死罪，带着脚镣坐堂审案的；有打了八十大棍仍回原衙门做官的。戴是判刑的意思。他创立这种办法的主要原因是把这些官都杀了就没有人替他办事了，又判刑，又让回去办事，封建法纪确立了，各种事务工作也不至于因为缺官而废弛。

凌迟是最野蛮、最残酷的刑法。枭示，也叫枭令。种诛就是族诛，一人犯罪，就按家按族的杀。此外有刷洗；有秤竿；有抽肠；有剥皮，还有黥刺、劓、剕、阉割、挑膝盖、锡蛇游种种名目的非刑。野蛮残暴的程度超过了历史上任何帝王。这种种酷刑，造成了朝官中的极度恐怖气氛，人人提心吊胆。据说在上朝时，朱元璋是否下决心大批杀人，很容易看出来。要是这天他撤玉带在肚皮底下，便是大风暴的信号，准有大批官员被杀，满朝官员都吓得脸无人色，个个发抖；要是这一天他的玉带高高贴在胸前，大概杀人就不会多。朝官按制度每天黎明就得上朝，天不亮起身梳洗穿戴。在几件大案发作以后，许多朝官在出门以前，就和妻子诀别，吩咐后事，要是居然活着回家，便阖家庆贺，算是又多活一天了。

用重刑惩治违法官僚，尽管杀死了多少万人，效果还是不大。洪武十八年（1385），朱元璋慨叹说："朕自即位以来，法古命官，布列华、'夷'。岂期擢用之时，并效忠贞，任用既久，俱系奸贪。朕乃明以宪章，而刑责有不可恕。以致内外官僚，守职维艰，善能终是者寡，身家诛戮者多。"郭桓案发后，他又说："其贪婪之徒，闻桓之奸，如水之趋下，半年间弊若蜂起，杀身亡家者人不计其数。出五刑以治之，挑筋、剁指、刖足、

281

第九章　严苛治国

髡发、文身，罪之甚者欤！"他没有也不可能懂得封建专制的寡头独裁政治，地主阶级专政的残酷统治，官僚政治和贪污舞弊是分不开的，封建统治是以剥削人民为基础的，不推翻封建统治、封建制度，单纯地用严刑重罚，流血手段来根绝贪污，是根本不可能有任何效果的。

诛杀以外，较轻的犯罪官员，罚做苦工。洪武九年（1376），单是官吏犯笞以下罪，谪发到凤阳屯田的便有一万多人。

朝官被杀有记载可查的，有中书省左司都事张昶、礼部侍郎朱同、张衡、户部尚书赵勉、吏部尚书余熂、工部尚书薛祥、秦逵、刑部尚书李质、开济、户部尚书茹太素、春官王本、祭酒许存仁、左都御史杨靖、大理寺卿李仕鲁、少卿陈汶辉、御史王朴、员外郎张来硕、参议李饮冰、纪善白信蹈等。外官有苏州知府魏观、济宁知府方克勤、番禺知县道同、训导叶伯巨、晋王府左相陶凯等。茹太素性情刚直，爱说老实话，几次为了说话不投机被廷杖、降官，甚至镣足治事。一天，在便殿赐宴，朱元璋写诗说："金杯同汝饮，白刃不相饶。"太素磕了头，续韵吟道："丹诚图报国，不避圣心焦。"朱元璋听了倒也很感动。不多时还是因事被杀。李仕鲁是朱熹学派的学究，劝朱元璋不要太尊崇和尚道士，想学韩文公辟佛，发扬朱学。朱元璋不理会，仕鲁着急，闹起迂脾气，当面交还朝笏，要告休回家。朱元璋大怒，当时叫武士把他杀死在阶下。陶凯是御用文人，一时诏令封册歌颂碑志多是他写的，做过礼部尚书，参加制定军礼和科举制度。只因为起了一个别号叫"耐久道人"，朱元璋恨他："自去爵禄之名，怪称曰耐久道人，是其自贱也。此无福之所催，如是不期年，罪犯不公。"又说他"忘君爵而美山野，忘君爵而书耐久"。借题目把他杀了。员外郎张来硕谏止取已许配的少女做宫人，说"于理未当"，被碎肉而死。参议李饮冰被割乳而死。

朱元璋对内外官僚的残酷诛杀和刑罚，引起官僚集团的反对，洪武七年（1374）便有人抗议，说是杀得太多了，太过分了，"才能之士，数年来幸存者百无一二"。九年（1376）叶伯巨以星变上书，论用刑太苛说：

臣观历代开国之君，未有不以仁德结民心，以任刑失民心者，国祚长短，悉由于此。议者曰宋、元中叶，专事姑息，赏罚无章，以致亡灭。主上痛惩其敝，故制不宥之刑，权神变之法，使人知惧而莫测其端也。臣又以为不然。开基之主，垂范百世，一动一静，必使子孙有所持守。况刑者国之司命，可不慎欤！夫笞、杖、徒、流、死，今之五刑也。用此五刑，既无假贷，一出乎大公至正可也。而用刑之际，多裁自圣衷，遂使治狱之吏，务趋求意志，深刻者多功，平反者得罪，欲求治狱之平，岂易得哉！近者特旨杂犯死罪，免死充军；又删定旧律诸则，减宥有差矣。然未闻有戒饬治狱者务从平恕之条，是以法司犹循故例，虽闻宽宥之名，未见宽宥之实。所谓实者，诚在主上，不在臣下也。故必有罪疑唯轻之意，而后好生之德洽于民心，此非可以浅浅期也。何以明其然也？古之为士者以登仕为荣，以罢职为辱，今之为士者以涸遁无闻为福，以受玷不录为幸，以屯田工役为必获之罪，以鞭笞捶楚为寻常之辱。其始也，朝廷取天下之士，网罗捃摭，务无余逸，有司敦追上道，如捕重囚，比到京师，而除官多以貌选，所学或非所用，所用或非其所学。洎乎居官，一有差跌，苟免诛戮，则必在屯田工役之科，率是为常，不少顾惜。此岂陛下所乐为哉！诚欲人之惧而不敢犯也。窃见数年以来，诛杀亦可谓不少矣，而犯者相踵，良由激劝不明，善恶无别，议贤议能之法既废，人不自励而为善者殆也。有人于此，廉如夷、齐，知如良、平，少戾于法，上将录长弃短而用之乎？将舍其所长苟其所短而置之法乎？苟取其长而舍其短，则中庸之才争自奋于廉知，倘苟其短而弃其长，则为善之人皆曰某廉若是，某知若是，朝廷不少贷之，吾属何所容其身乎？致使朝不谋夕，弃其廉耻，或自掊克，以备屯田工役之资者，率皆是也。若是，非用刑之烦者乎？汉尝徙大族于山陵矣，未闻实之以罪人也，今凤阳皇陵所在，龙兴之地，而率以罪人居之，怨嗟愁苦之声，充斥园邑，殆非所以恭承宗庙意也。

朱元璋看了气极，连声音都发抖了，连声说这小子敢如此放肆！快逮来，我要亲手射死他！隔了些日子，中书省官趁他高兴的时候，奏请把叶伯巨下刑部狱，不久死在狱中。朱元璋晚年所最喜欢的青年才子解缙，奉命说老实话，上万言书，也说：

臣闻令数改则民疑，刑太繁则民玩。国初至今将二十载，元几时不变之法，无一日无过之人。尝闻陛下震怒，锄根翦蔓，诛其奸逆矣，未闻褒一大

善，赏延于世，复及其乡，始终如一者也。陛下进人不择贤否，授职不量重轻，建"不为君用"之法，所谓取之尽锱铢；置"朋奸倚法"之条，所谓用之如泥沙。监生进士经明行修，而多屈于下僚；孝廉人才冥蹈瞀趋，而或布于朝省。椎埋窳悍之夫，阘茸下愚之辈，朝捐刀锯，暮拥冠裳；左弃筐箧，右绾组符。是故贤者羞为之等列，庸人悉习其风流，以贪婪苟免为得计，以廉洁受刑为饰辞。出于吏部者无贤否之分，入于刑部者无枉直之判。天下皆谓陛下任喜怒为生杀，而不知皆臣下之乏忠良也。夫罪人不孥，罚勿及嗣，连坐起于秦法，孥戮本于伪书，今之为善者妻子未必蒙荣，有过者里胥必陷其罪，况律以人伦为重，而有配给之条，听之于不义，则又何取夫节义哉！此风化之所由也。

话说得很露骨，分量很重，但是他把达一切都归咎于"臣下之乏忠良"，不是皇帝的本意，朱元璋读了很舒服，连说："才子！才子！"

在鞭笞、苦工、剥皮、挑筋以致抄家灭族的恐怖气氛中，凡是做官的，不论大官小官、近官远官，随时随地都会有不测之祸，人人在慌乱紧张，战战兢兢地过日子。有人实在受不了，只好辞官，回家做老百姓。可是这样一来，又刺着朱元璋的痛处了，说是这些人不肯帮朝廷做事："奸贪无辐小人，故行诽谤，皆说朝廷官难做。"大不敬，非杀不可。左也不是，右也不是，真弄得官僚们"知惧而莫测其端"了。

也有个别得罪的官僚、贵族以装疯幸免的，一个是御史袁凯。有一次朱元璋要杀许多人，叫袁凯把案卷送给皇太子复讯，皇太子主张从宽。袁凯回报，朱元璋问他："我要杀人，皇太子却要宽减，你看谁对？"袁凯不好说谁不对，只好回答："陛下要杀是守法，皇太子要赦免是慈心。"朱元璋大怒，认为袁凯两面讨好，耍滑头，要不得。袁凯吓得要死，怕被杀害，便假装疯癫。朱元璋说疯子是不怕痛的，叫人拿木钻刺他的皮肤，袁凯咬紧牙齿，忍住不喊痛。回家后，自己用铁链子锁了脖子，蓬头垢面，满嘴疯话。朱元璋还是不相信，派使者召他做官，袁凯瞪着眼对使者唱月儿高的曲子，趴在篱笆边吃狗屎，使者回报果然疯了，才不追究。这一回朱元璋却受了骗，原来袁凯知道皇帝要派人来侦查，预先叫人用炒面拌糖稀，捏成段，散在篱笆下，大口吃了，救了一条命，朱元璋哪里会知道。

另一个例子是外戚敦德成，敦宁妃的哥哥。一天他陪朱元璋在后苑喝酒，醉了趴在地上去冠磕头谢恩，露出稀稀的几根头发，朱元璋笑着说："醉疯汉，头发秃到这样，可不是酒喝多了？"德成说："这几根还嫌多呢，薙光了才痛快。"朱元璋拉长脸，一声不响。德成酒醒后，知道闯了大祸，索性装疯，剃光了头，穿了和尚衣，成天念佛。朱元璋信以为真，告诉宁妃说："原以为你哥哥说笑话，如今真个如此，真是疯汉。"不再在意。党案起后，德成居然漏网。

　　吴人严德珉由御史升左佥都御史，因病辞官，犯了朱元璋的忌讳，被黥面充军南丹（今广西），遇赦放还，到宣德时还很健朗。一天因事被御史所逮，跪在堂下，供说也曾在台勾当公事，颇晓三尺法度来。御史问是何官，回说洪武中台长严德珉便是老夫。御史大惊谢罪。第二天去拜访，却早已挑着铺盖走了。有一个教授和他喝酒，见他脸上刺字，头戴破帽，问老人家犯了什么罪过，德珉说了详情，并说先时国法极严，做官的多半保不住脑袋，说时还北面拱手，嘴里连说："圣恩！圣恩！"

　　民间流行着一个传说，说是朱元璋有一天出去私访，到一破寺，里边没有一个人，墙上画一布袋和尚，有诗一首："大千世界浩茫茫，收拾都将一袋藏，毕竟有收还有放，放宽些子又何妨！"墨迹还新鲜。立刻派人搜索作画题诗的人，已经不见了。这个传说当然是虚构的，却真实地反映了洪武朝官僚们对现实政治斗争的不满情绪。

　　朱元璋以猛治国，以严刑处理统治阶级的内部斗争，他深信自己是正确的。但是他却不许后人学他的榜样，洪武二十八年（1395）五月下令："朕自起兵至今四十余年，亲理天下庶务，人情善恶真伪，无不涉厉。其中好顽刁诈之徒，情犯深重，灼然无疑者，特令法外加刑，意在使人知所警惧，不敢轻易犯法。然此特权时措置，顿挫好顽，非守成之君所用长法。以后嗣君统理天下，只守律与大诰，并不许用黥刺剕劓阉割之刑。臣下敢有奏用此刑者，文武群臣即时劾奏，处以重刑。"

大兴文字狱

统治阶级内部矛盾的另一方面，是一部分旧地主阶级的文人对新兴皇朝臣属关系的斗争。他们的阶级立场很坚定，认为造反的穷苦农民怎能做皇帝，对地主进行统治，因而拒绝和新朝合作。

这些文人对由红巾军发迹的朱皇帝，怀有深刻的憎恨。典型的例子如贵溪儒士夏伯启叔侄，斩断手指，立誓不做官，被逮捕到京师。朱元璋问他们："昔世乱居何处？"回答说："红寇乱时，避居于福建、江西两界间。"朱元璋大怒："朕知伯启心怀愤怒，将以为朕取天下非其道也。"特谓伯启曰："尔伯启言红寇乱时，意有他愤。今去指不为朕用，宜枭令籍没其家，以绝狂愚夫仿效之风。"特派人把他们押回原籍处死。苏州人姚润、王谟也拒绝做新朝官，都被处死刑，全家籍没。

有的文人怕朱元璋的严刑重法，动辄挨打以致杀头，谢绝新朝的征召，实在推脱不了，勉强到了南京，还是拒绝做官。例如浙江山阴人杨维桢，号铁崖，诗名擅一时，号铁崖体。洪武二年（1369）被征，婉辞不去。洪武三年（1370）又被地方官敦促上路，赋老客妇谣明志，大意说快死的老太婆不能再嫁人了，皇帝如不见谅，只好跳海自杀。朱元璋因他名望很大，不好过分勉强。维桢在南京住了几个月：便请求回家。宋濂赠诗说："不受君王五色诏，白衣宣至白衣还。"江阴王逢自号席帽山人，张士诚据吴，其弟士德用逢计劝士诚北降于元以拒西吴。士诚亡，逢隐居乌泾。洪武十五年（1382）以文学被征，亏得他儿子在朝廷做官，向皇帝磕头哭求，才放回去。也有抗拒不了，被迫非做官不可的，如大名秦裕伯避乱居上海，两次被征不出，最后朱元璋写了亲笔信说："海滨民好斗，裕伯智谋之士而居此地，坚守不起，恐有后悔！"情势严重，秦裕伯只好入朝。

也有另一些文人曾经做过元朝或东吴的官，坚决不做新朝官吏的。例如回族诗人丁鹤年自以家世仕元，逃避征召，晚年学佛法，到永乐时才死。长乐陈亮自以为曾是元朝儒生，明初屡征不出，终身不仕。山阴张宪学诗于杨维桢，仕东吴为枢密院都事，东吴亡，宪改名换姓，寄食杭州报国寺以死。

庐陵张昱在杨完者镇浙江时，做过左右司员外郎行枢密院判官，张士诚要他做官，辞谢不肯。朱元璋要他出来，一看太老了，说："可闲矣。"放回去，自号为可闲老人。小心怕事，绝口不谈时政，有一首诗说明他的处境：

洪武初年自日边，诏许还家老贫贱。池馆尽付当时人，惟存笔砚伴闲身。刘伶斗内葡萄酒，西子湖头杨柳春。见人断轮只袖手，听人谈天只钳口。

总之，在明初，除了一部分大地主出身的文人，如刘基等人已经参加了新兴的统治集团以外，中小地主出身的文人可以分作两类：一类是依靠新朝保护，得到了新朝统治的好处，决心和新朝合作，有官便做，甚至想尽办法钻营，要升官发财，改换门庭，光宗耀祖的，这类人占极大多数，是朱元璋统治所依靠的主要力量，各级政府官员的主要来源；另一类便是对红巾军抱有深刻仇恨，对新朝当然也抱着抗拒态度，不肯合作的。这一类人人数虽不甚多，但对当时的社会和政治却有相当影响。

朱元璋对付这些不肯合作的封建文人，采用严峻的刑罚，特别制定一条法律："率土之滨，莫非王臣。寰中士大夫不为君用，是自外其教者，诛其身而没其家，不为之过。"寰中士大夫不为君用，办法是杀。

一部分士大夫不肯为朱元璋所用，朱元璋便用特殊法律、监狱、死刑、以致抄家灭族一套武器，强迫他们出来做官。一方面一部分人不肯合作；另一方面新朝又非强迫他们出来合作不可，这样便展开了统治阶级内部另一方面的长期流血斗争。

一部分封建文人不满意朱元璋的统治，朱元璋也痛恨这些人胆敢抗拒，用尽一切方法镇压，这种对立形势越来越显著了。在斗争的过程中，朱元璋特别注意文字细节和他自己出身经历的禁忌，吹毛求疵，造成了洪武时代的文字狱。

所谓禁忌，含义是非常广泛的。例如，朱元璋从小过穷苦的生活，当过和尚。和尚的特征是光头，剃掉头发，因此，不但"光""秃"这类字对他是犯忌讳的，就连"僧"这个字也很刺眼，推而广之，连和"僧"同音的"生"字，也不喜欢了。又如他早年是红巾军的小兵，红巾军在当时元朝政

府和地主、官僚的口头上、文字上，是被叫作"红贼""红寇"的，曾经在韩林儿部下打过仗的人，最恨人骂他是"贼"，是"寇"，推而广之，连和"贼"字形音相像的"则"字，看着也有气了。

对文字的许多禁忌，是朱元璋自卑心理的一面。相反的一面却表现为卖弄出身。历代开国帝王照例要拉扯古代同姓的有名人物做祖先，朱元璋的父亲、祖父都是佃农，外祖父是巫师，在封建社会里都是卑微的人物，没有什么可以夸耀的。据说，当他和文臣们商量修玉牒（家谱）的时候，原来打算拉宋朝著名的学者朱熹做祖先的。恰好一个徽州人姓朱的典史来朝见，他打算拉本家，就问："你是朱文公的后人吗？"这小官不明底细，怕撒谎闯祸，只好直说不是。他一想区区的典史小官尚且不肯冒认别人做祖宗，而且几代以来也从没听说和徽州朱家有过瓜葛，万一硬认，白给人做子孙倒也罢了，被识破落人笑话，如何使得？只好打消了这念头，不做名儒的后代，却向他的同乡皇帝汉高祖去看齐，索性强调自己是没有根基的，不是靠先人基业起家的，在口头上，文字上，一开口，一动笔，总要插进"朕本淮右布衣"，或者"江左布衣"以及"匹夫"，"起自田亩"，"出身寒微"一类的话，强烈的自卑感反而表现为自尊，自尊为同符汉高祖，不断地数说，卖弄他赤手空拳，没一寸土地却打出来天下，把红巾军大起义的功绩一股脑儿算在自己名下。这两种不同心理，看来是矛盾的，其实质却又是一致的。可是，尽管他自己这样经常卖弄，却又忌讳别人如此说，一说又以为是挖他的根基了，结果又会是一场血案。

地方三司官和知府、知县、卫所官员，逢年过节和皇帝生日以及皇家有喜庆时所上的表笺，照例由学校教官代作，虽然都是陈词滥调，因为说的都是颂扬话，朱元璋很喜欢阅读。他原来不是小心眼的人，也不会挑剔文字。从渡江以后，大量收用了地主阶级的文人，替他办了不少事。建国以后，朝仪、军卫、户籍、学校等制度规程又多出于文人之手，使他越发看重文人，以为治国非用文人不可。文人得势了，百战功高的淮西集团的公侯们不服气，以为武将流血打的天下，却让这班瘟书生来当家，多少次向皇帝诉说，都不理会。公侯们商量了个主意，一天又向朱元璋告文人的状，朱元璋还是老一套，世乱用武，世治宜文，马上可以得天下，不能治天下，总之治天下是非用文人不可的。有人就说："您说得对。不过文人也不能过于相信，否则是会上当的。一般的文人好挖苦毁谤，拿话讽刺人。例如张九四一辈子宠待文人，好宅第，高薪水，三日一小宴，五日一大宴，把文人捧上天。做了王爷后，要起一个官名，文人替他起名士诚。"朱元璋说："好啊，这名字不错。"那人说："不然。上大当了！孟子书上有：'士，诚小人也。'这句也可以破读成：'士诚，小人也。'骂张士诚是小人，他哪里懂得。给人叫了半辈子小人，到死，还不明白，真是可怜。"朱元璋听了这番话，查了孟子，果然有这句话。从此更加注意臣下所上表笺，只从坏处琢磨，果然许多地方都有和尚贼盗，都像是存心骂他的，越疑心就越像，有的成语，拐弯抹角一揣摩，好像也是损他的。武将和文官争权斗争的发展，使他在和一部分不合作的地主文人对立的基础上，更增加了对一般文人运用文字动机的怀疑，用他自己的政治尺度、文化水平来读各种体裁的文字，盛怒之下，叫把作这些文字的文人，一概拿来杀了。

文字狱的著名例子，如浙江府学教授林元亮替海门卫官作谢增俸表，中有"作则垂宪"一句话；北平府学训导赵伯宁为都司作贺万寿表，中有"垂子孙而作则"一语；福州府学训导林伯璟为按察使撰贺冬至表的"仪则天下"；桂林府学训导蒋质为布按二使作正旦贺表的"建中作则"；澧州学正孟清为本府作贺冬至表的"圣德作则"，朱元璋把所有的"则"都念成"贼"。常州府学训导蒋镇为本府作正旦贺表，内有"睿性生知"，"生"字被读作"僧"；怀庆府学训导吕睿为本府作谢赐马表，有"遥瞻帝扉"，"帝扉"被读成"帝非"；祥符县学教谕贾翥本县作正旦贺表的"取法象魏"，"取法"被读作"去发"；亳州训导林云为本州作谢东宫赐宴笺，有"式君父以班爵禄"一语，"式君父"被念成"失君父"，说是咒诅；尉氏县教谕许元为本府作万寿贺表，有"体乾法坤，藻饰太平"八字，就更严重了，"法坤"是"发髡"，"藻饰太平"是"早失太平"；德安府训导吴宪为本府作贺立太孙表，中有"天下有道，望拜青门"。两句，"有道"说是"有盗"，"青门"当然是和尚庙了。下令把作表笺的人一概处死。甚至陈州州学训导为本州作贺万寿表的"寿域千秋"，念不出花样来，还是被杀。

象山县教谕蒋景高以表笺误被逮赴京师斩于市。杭州府学教授徐一夔贺表有"光天之下，天生圣人，为世作则"。朱元璋读了大怒说："生者僧也，骂我当过和尚。光是薙发，说我是秃子。则音近贼，骂我做过贼。"

把礼部官吓得要死，求皇帝降一道表式，使臣民有所遵守。洪武二十九年（1396）特命翰林院学士刘三吾、左春坊右赞善王俊华撰庆贺谢恩表式，颁布天下诸司，以后凡遇庆贺谢恩，如式录进。照规定表式钞录，只填官衔姓名，文人的性命才算有了保障。

文字狱的时间从洪武十七年到二十九年（1384—1396），前后达十三年。唯一幸免的文人是翰林院编修张某，此人在翰林院时说话出了毛病，被贬作山西蒲州学正。照例作庆贺表，朱元璋记得他的名字，看表文里有"天下有道，万寿无疆"两句话，发怒说："这老儿还骂我是强盗呢！"差人逮来当面审讯，说"把你送法司，更有何话可说？"张某说："只有一句话，说了再死也不迟。陛下不是说过，表文不许杜撰，都要出自经典，有根有据的话吗？天下有道是孔子说的，万寿无疆出自诗经，说臣诽谤，不过如此。"朱元璋被顶住了，无话可说，想了半天，才说："这老儿还这般嘴强，放掉吧。"左右侍臣私下议论："几年来，才见宽容了这一个人！"

苏州知府魏观把知府衙门修在张士诚的宫殿遗址上，犯了忌讳，被人告发。朱元璋查看新房子的上梁文有"龙盘虎踞"四字，大怒，把魏观腰斩。佥事陈养浩作诗："城南有嫠妇，夜夜哭征夫。"朱元璋恨他动摇士气，取到湖广，投在水里淹死。翰林院编修高启作题宫女图诗："小犬隔花空吠影，夜深宫禁有谁来？"朱元璋以为是讽刺他的，记在心里。高启退休后住在苏州，魏观案发，朱元璋知道上梁文又是高启的手笔，旧恨新罪一并算，把高启腰斩。有一个和尚叫来复，讨好皇帝，作了一首谢恩诗，有"金盘苏合来殊域"和"自惭无德颂陶唐"两句，朱元璋大为生气，以为殊字分为歹朱，明明是骂我。又说"无德颂陶唐"，是说我无德，虽欲以陶唐颂我而不能，又把这乱巴结的和尚斩首。

地方官就本身职务，有所建议，一字之嫌，也会送命。卢熊做兖州知州，上奏本说州印"兖"字误类"衮"字，请求改正。朱元璋极不高兴，说："秀才无理，便道我'衮'哩！"原来又把"兖"字缠作"滚"字了。不久，卢熊便以党案被杀。

从个人的禁忌进一步便发展为广义的禁忌了。洪武三年（1370）禁止小民取名用天、国、君、臣、圣、神、尧、舜、禹、汤、文、武、周、秦、汉、晋等字。洪武二十六年（1393）出榜文禁止百姓取名太祖、圣孙、龙

孙、黄孙、王孙、太叔、太兄、太弟、太师、太傅、太保、大夫、待诏、博士、太医、太监、大官、郎中字样，并禁止民间久已习惯的称呼，如医生只许称医士、医人、医者，不许称太医、大夫、郎中。梳头人只许称梳篦人或称整容，不许称待诏，官员之家火者，只许称阉者，不许称太监，违者都处重刑。

其他地主文人被杀的，如处州教授苏伯衡以表笺论死；太常卿张羽坐事投江死；河南左布政使徐贲下狱死；苏州经历孙蕡曾为蓝玉题画，泰安州知州王蒙尝谒胡惟庸，在胡家看画，王行曾做过蓝玉家馆客，都以党案被杀；郭奎曾参朱文正军事，文正被杀，奎也论死；王彝坐魏观案死；同修元史的山东副使张孟兼、博野知县傅恕、福建佥事谢肃都坐事死；曾在何真幕府的赵介，死在被逮途中；曾在张士诚处做客、打算投奔扩廓帖木儿的戴良，戴罪自杀。不死的，如曾修元史的张宣，谪徙濠州；杨基罚做苦工；乌斯道谪役定远，顾德辉父子在张士诚亡后，并徙濠梁，都算是十分侥幸的了。

明初的著名诗人吴中四杰：高启，杨基、张羽，徐贲，都曾和张士诚来往，杨基、徐贲还作过张士诚的官，四人先后被杀、谪徙，看来不是巧合，而是有意识的打击。只有临海陈基是例外，陈基曾参张士诚军事，明初被召修元史，洪武三年（1370）卒。他在张士诚幕府时，所起草的书檄骂朱元璋的很多，他也是免不了的。

朱元璋用严刑重罚，杀了十几万人，杀的人主要的是国公、列侯、大将；宰相、部院大臣、诸司官吏，州县胥役；进士、监生、经生、儒士、文人、学者；僧，道；富人，地主等，总之，都是封建统治阶级内部的成员，他心目中的敌人。他用流血手段进行长期的内部清洗工作，贯彻了"以猛治国"的方针，巩固了朱家皇朝的统治。

朱元璋坚决反对社会上长期以来的政治上的地域、乡土之见。他认为做皇帝是做全国的皇帝，不是做某一地方的皇帝，选用的人才也应该是全国性的，淮西集团李善长，胡惟庸死抱住只有淮人才能掌权做大官的阶级，小集团偏见，是他和淮西集团内部矛盾焦点之一。正因为他有这样的看法，洪武三十年（1397）发生了南北榜的案件。事情是这样的：

这一年的会试，由翰林学士湖南茶陵人刘三吾和纪善白信蹈等主考，榜发，江西泰和人宋琮考了第一，全榜没有一个北方人，举人们纷纷议论，

不服气，难道北方人连一个够格的也没有，向皇帝告状说主考官刘三吾等都是南方人，偏袒南人。朱元璋大怒，命侍讲张信等检查考卷，北方人还是没有及格的，朱元璋大不高兴。又有人告发张信等受了刘三吾等人的嘱托，故意拿不合格的卷子评阅。朱元璋大怒，把白信蹈等杀了，刘三吾这年已经八十五岁了，以其太老，免死充军边境，会元宋琮也充了军。朱元璋亲自出题目重考，考取了六个一人，全是北方人，当时叫这次会试为南北榜，也叫春夏榜。

其实，当时的实际情况是，北方经过长期战争破坏，生产水平低于南方，就教育、文化的发展说，南方是高于北方的。考卷照旧例弥封，考官并不能知道考生是南人是北人。刘三吾等只凭考卷文字决定去取，尽管所取全是南人，倒不定存有南北之见。经过北方考生几次抗议，引起了朱元璋的密切注意，他为了争取笼络北方的地主知识分子，重考的结果，一榜及第的全是北人，南人一个也没有，他是从政治出发的，从大一统国家的前提出发的，而不是单纯从考卷的优劣出发的。白信蹈等考官的被杀，宋琮的充军是冤枉的。

统治阶级的内部矛盾，也表现在地域关系上，淮西集团和非淮西集团，南人和北人之间都有极其激烈的斗争。前者的矛盾随着淮西集团的消灭，解决了。但是南方人和北方人的矛盾却并未解决，后来国都迁到北方了，皇帝成为北人，朝廷上当权的也是北方人逐渐占优势，洪武以后两百多年间，随着朝廷上当权的是北方人还是南方人的不同情况，各自庇护本阶层本地区的利益，互相排挤，有若干次政治斗争，都和南方人和北方人的阶级内部利益矛盾有关。

第十章　天下第一家

妻妾成群

朱元璋的妻子马氏，原来是红巾军元帅郭子兴的养女，后来朱元璋做了镇抚、总管、元帅、丞相、吴国公、吴王，一直到了做皇帝，马氏妻以夫贵，从夫人成为皇后。但是，在朱元璋刚结婚时，情形相反，是夫以妻贵的，做了元帅养婿以后，军中才称他为朱公子。

马皇后的父亲马公的名字无人知道。马皇后的名字也是一样。在历史文献上记她嫁人后的称呼是马夫人，丈夫称帝后的名号是马皇后，死后被谥为孝慈高皇后。

两人结婚时的年龄，男的二十五岁，女的二十一岁，照那时候的习俗说，都已经过了结婚的年龄了。

马皇后虽然没有上过学，长得也不好看，由于是元帅的养女，对朱元璋的早期事业起了不少的作用。

郭子兴性情暴躁，忌才护短，不能容人；又好听闲话；做事迟疑少决断，朱元璋精细耐心，有魄力有担当，做事果决，说话有分量，翁婿两人性格、作风都不对头。子兴和同僚、部下都伤了和气，互相猜忌；朱元璋却处事周到，上上下下都夸他，人缘很好。也正因为朱元璋的人缘好，子兴越发不喜欢。又有人在他们中间拨弄是非，郭子兴对这干女婿更加不放心，成天挑错处，呼来喝去，没有好脸色。军情紧急的时候，子兴摆布不开，朱元璋就一刻也离不得身，比亲儿子还亲。到了情势好转，子兴的脸又拉长了，干女婿也就变成童养媳，成天得挨骂、受气。朱元璋身边几个能干亲信的将校和幕僚，一个接一个被调走，带的部队也另派了指挥官。朱元璋知道子兴犯了疑心病，越发小心谨慎，加意侍候，逆来顺受。马夫人出主意巴结小张夫人，把私房钱帛拿出来孝敬，求她在子兴面前替她丈夫分解、说好话。一天，子兴发怒禁闭朱元璋在空屋里，不许送茶饭进去，马夫人背着人偷刚出

朱元璋和皇后马氏的陵墓

炉的炊饼给他，揣在怀里，把胸口都烫红了。平时总准备些干粮腌肉，宁愿自己挨饿，也想法子让丈夫吃饱。渡江时领着将士家眷留守和州，长江交通线被元军切断，和州孤立，她鼓励将士，抚慰眷属，稳定后方。打下集庆以后，带着妇女们替战士缝战衣，做鞋子。陈友谅兵临城下，应天的官员居民有的人打算逃难，有的人忙着窖藏金宝，有的人在囤积粮食，她毫不惊慌，拿出宫中金玉布帛，犒劳有功将士。

在军中她见有文书就求人教认字，暗地里照样子描写。做了皇后，要女官每天教读书，记得许多历史上有名妇女的故事。朱元璋有写札记的习惯，每天随时随地，甚至在吃饭的时候，想起什么事该办的，什么事该怎样办，用小纸片记录下来，省得忘掉，到了晚上，马皇后替他细心整理，等查问时，立刻检出，省了朱元璋许多精力朱元璋尝时对臣下说皇后的贤德，提起当年的炊饼，比之为芜蒌豆粥，滹沱麦饭。又此之为唐太宗的长孙皇后。回宫后当家常话提起，她说："我怎能比长孙皇后。但是，常听说夫妇相保易，君臣相保难。陛下不忘和我贫贱时过的日子，也愿不忘和群臣过的艰难日子，常时这样想，有始有终，才是好事呢！"

朱元璋亲侄朱文正被猜忌得罪，幕僚多人被杀，部下随从行事头目五十多人割断脚筋，朱元璋当面审讯，要杀文正，她苦劝说："这孩儿纵然娇惯坏了，也该看在渡江以来，取太平、破陈也先、下集庆，有多少功劳的分儿上；也亏他坚守洪都，挡住陈友谅的兵锋；况且只有这一个亲骨肉，纵然做了些错事，也该看他年轻，饶他一次。"文正虽然免死囚禁，禁不住发牢骚，又被告发，她又劝说："文正只是性子刚直，说话不检点，造反是绝不会的。李文忠守严州，杨宪告发他有不法的行为，朱元璋要立时召回。"马皇后以为严州和敌人接境，轻易掉换守将，于军事不便。况且文忠向来小心谨慎，杨宪的话也不可轻信。学士宋濂的孙子宋慎被告发是胡党，宋濂连坐要处死刑。她又求情说："百姓家替子弟请先生，对待极恭敬，好来好去，何况是皇家的师傅？而且宋濂一向住在原籍，一定不知情。"朱元璋不许。到用餐时，发觉皇后不喝酒，也不吃肉，惊问是不舒适还是不对口味？回说是心里难过，替宋先生修福。朱元璋也伤感了，放下筷子。第二天特赦宋濂，免死安置茂州。吴兴财主沈万三（秀）多年来在海外做买卖，是全国第一富户，被迫捐献家财助修南城墙三分之一，城修好了，检校们还是不时寻事。又忍痛出钱犒劳军队，不料反而触犯忌讳，朱元璋大怒，以为平民要犒赏皇帝的军队，是何居心？这般乱民不杀，还杀谁？经马皇后劝解，沈万三才免死充军云南，家产籍没。诸王傅李希颜脾气古怪，教乡下孩子惯了，诸小王有顽皮不听话的，常用体罚惩治。一天，把一个小王的额角打了一下，小王哭着到父亲处告状，朱元璋一面用手抚摸孩子，变了脸要发作，她又劝解："师傅拿圣人的道理管教孩子，怎么可以生气呢？"朱元璋才释然，不把这事放在心上。

洪武十五年（1382）八月，马皇后病死，年五十一岁。病时怕连累医生得罪，不肯服药。朱元璋痛哭，不再立皇后。

多妻是封建统治阶级特权之一，朱元璋的妃嫔很多，生有二十六个儿子，十六个女儿。

妃嫔中有高丽人、蒙古人。来源有陈友谅的妃子，有从元宫接收来的，有从民间征选的。内中胡妃是濠州人，守寡在家，朱元璋要娶她，胡妃的母亲不肯。隔一些时间，知道胡家避兵在淮安，朱元璋写信给平章赵君用，叫把母女二人一起送来。龙凤元年，娶青军马元帅的义女孙妃。

诸妃中蒙古妃和高丽妃都生有子女，传说明成祖即蒙古妃所生。朱元璋子孙中有蒙古、高丽血统，是毫无疑问的。

重视对皇子的教育

朱元璋深恨自己年轻时没有机会上学，因此，他对诸子的教育特别重视。在宫中特建大本堂，储藏古今图籍，征聘四方名儒教育太子和诸王，轮班讲课，挑选才俊青年伴读。常时赐宴赋诗，谈古说今，讨论文字。师父中最著名的人物是宋濂，前后十几年，专负教育皇太子的责任。一言一动都以封建礼法讽劝，讲到有关政教和前代兴亡事迹，拱手剀切说明，指出某事该这样做，不该那样，皇太子也尽心受教，言必称"师父"。博士孔克仁奉命为诸王讲授经书，功臣子弟也奉诏入学。朱元璋特地对儒臣指出对皇子们的教育方针说："有一块精金，得找高手匠人打造，有一块美玉，也要有好玉匠才能成器。人家有好子弟，不求明师，岂不是爱子弟反不如爱金玉？好师父要做出好榜样，因材施教，培养出人才来。我的孩子们将来是要治国管事的，诸功臣子弟也要做官办事。教的方法，要紧的是正心，心一正万事都办得了，心不正，诸欲交攻，大大的要不得。你每要用实学教导，用不着学一般文士，光是记诵辞章，一无好处。"

学问要紧，德行尤其要紧。皇太子的教育，除了儒生经师而外，又选了一批有封建德行的端人正士，做太子宾客和太子谕德，任务是把"帝王之道，礼乐之教，和往古成败之迹，民间稼穑之事，朝夕讲话"。

到皇太子成年后，温文尔雅，俨然是个儒生。接着，第三步的教育是政事实习。洪武十年（1377）令自今政事，并启太子处分，然后奏闻。面谕太子："从古开基创业的君主，经历艰难，通达人情，明白世故，办事自然妥当。守成的君主，生长于富贵，锦衣肉食，如非平时学习练达，办事怎能不出毛病？我之所以要你每日和群臣见面，听断和批阅各衙门报告，学习办事，要记住几个原则：一是仁，能仁才不会失于疏暴；一是明，能明才不会惑于奸佞；一是勤，只有勤勤恳恳，才不会溺于安逸；一是断，有决断，便不至于文法。这四个字的运用，决于一心。我从做皇帝以来，从没偷过懒，一切事务，唯恐处理得有毫发不妥当，有负上天托付。天不亮就起床，到半夜才得休息，这是你天天看见的。你能够学我，照着办，才能保得住天下。"

为了元代前期不立太子，引起多次宫廷政变，朱元璋在吴王时代，便立长子标为世子，即皇帝位后立为太子。为了前代太子的东宫臣僚自成系统，和朝迁大臣容易闹意见，甚至宫廷对立，便以朝廷重臣兼任东宫臣僚。一心一意，用尽一切办法，要训练出理想的继承人，能干的第二代皇帝，维持和巩固大一统的政权。

洪武二十五年（1392）四月，太子标病死。九月，立太子嫡子朱允炆为皇太孙。对太孙的教育还是老办法，学问和德行并重，批阅章奏，平决政事，学习如何做皇帝。

诸子中除长子立为太子，第九子和第二十六子早死，其他二十三个儿子都封王建国。由于平时注意家庭教育，诸子成年以后都很能干，会办事。洪武二十六年（1393）以后，开国的元勋宿将都杀完了，北边对付蒙古的军事任务，就不能不交给第二子秦王第三子晋王第四子燕王指挥。其他封在边疆的几个小王也领兵跟随兄长巡逻斥候，校猎沙漠。在文学方面有成就的，如第五子周王好学能辞赋，著元宫词百章，又研究草类，选其可以救饥的四百多种，画为图谱，加以疏解，著成救荒本草一书，对植物学有所贡献。十七子宁王，撰通鉴博论、汉唐秘史、史断、文谱、诗谱等著作数十种，对音乐戏曲也很爱好。八子潭王、十子鲁王、十一子蜀王、十六子庆王都好学礼士，对文学有兴趣。十二子湘王文武全才，读书常到半夜；膂力过人，善弓马刀槊，驰马苦飞；在藩开景元阁，招纳文士，校雠图籍，行军时还带着大批图书阅读，到山水胜处，往往徘徊终日；喜欢道家那一套，自号紫虚子，风度襟怀，俨然是个名士。不争气的也有两个，一个是十三子代王，早年做了许多蠢事不必说了，到了头发花白的年纪，还带着几个肖子，窄衣秃帽，游行市中，袖锤斧杀伤人，尽干些犯法害理的勾当；末子伊王封在洛阳，喜欢使棒弄刀，成天挟弹露剑，怒马驰逐效外，人民逃避不及的亲自斫击。又喜欢把平民男女剥光衣服，看人家的窘样子，以为笑乐。

朱元璋对诸子期望大，管教严，从不姑息。二子秦王多过失，屡次训责，皇太子多方救解，才免废黜。死后亲自定谥为"愍"，谥册文说："哀痛者父子之情，追谥者天下之公。朕封建诸子，以尔年长，首封于秦，期永绥禄位，以屏藩帝室。夫何不良于德，竟殒厥身，其谥曰愍。"十子鲁王服金石药求长生，毒发伤目，朱元璋很不喜欢。死后追谥为"荒"。

庞大的皇族

皇族的禄饷一律由朝廷支给。洪武九年定诸王公主年俸：亲王米五万石，钞二万五千贯，锦四十匹，纻丝三百匹，纱罗各百匹，绢五百匹，冬夏布各千匹，绵二千两，盐二百引，茶千斤，马料草月支五十匹；公主已受封，赐庄田一所，每年收粮一千五百石，并给钞二千贯；郡王米六千石；郡主米千石，以下按比例递减。亲王嫡长子年及十岁，立为王世子，长孙立为世孙，世代承袭；诸子封郡王；郡王嫡长子承袭，诸子封镇国将军，孙封辅国将军，曾孙奉国将；帝女封公主，亲王女封郡主，郡王女封县主。公主婿号驸马，郡主县主婿号仪宾。凡皇族出生，由礼部命名，成人后由皇家主婚，一生的生活到死后的丧葬全由朝廷负担。到洪武二十八年（1395）时，皇族人口日益增加，原定的禄饷数量太大，如照数支出，朝廷财政负担不了，又改定为亲王年俸万石，郡王二千石，镇国将军千石；公主和驸马二千石；郡主和仪宾八百石，以下依次递减。尽管皇族的俸饷减了好几倍，但是皇族的滋生人口却增加了百千倍，一百多年后，皇族的人口达到五万多人，明世宗嘉靖二十九年（1550）皇族近十万人。嘉靖四十一年（1562）统计，全国每年供应京师粮四百万石，诸王府禄米则为八百五十三万石，比供应京师的多出一倍多。以洪武后期岁收粮米最多时的数字做基数，诸王府禄米竟占全国收入的四分之一以上。以山西为例，存留地方的粮食一百五十二万石，可是当地皇族的禄米就要二百一十二万石；河南地方存留只有八十四万三千石，当地皇族禄米却要一百九十二万石，即使把地方存留粮食全数都拿来养活皇族，也还缺少一半，只好打折扣和欠支。郡王以上的底数大，还可以过日子，郡王以下就不免啼饥号寒了。即使如此，朝廷财政还是无法应付，又就原数裁减，疏远的皇族就越发不能活了。这一大群皇族，法律规定既不能考科举，做官吏，又不许务农、经商、做工，只许白吃人民的粮食，做不劳而食的寄生虫。地位高的亲王郡王在地方上多数为非作恶，不但凌虐平民，也侵暴官事；疏远卑下的皇族有的穷极无聊，对老百姓欺骗敲诈，无恶不作，扰乱破坏社会秩序。而且，人数实在太多了，朝廷照顾不过来，礼部命名怕重复，用"金木水火土"做偏旁，随便配上一些怪字，作为赐名，叫人哭笑不得。皇族没钱贿赂礼部官吏的，不但一辈子没有名字，甚至到头发白了还不能婚嫁。一直到明朝末年，才感到这样不是办法，把政治和科举的封锁开放了，皇族可以参加考试，可以做官。但是，不久朱明政权就被推翻了。

思想和生活

朱元璋出身贫苦农民，做过游方和尚，到处要饭。从军以后有了权力、地位，做了韩林儿号令下的右副元帅直到丞相，红军起义的目的是为了推翻蒙汉封建地主的联合统治，但是所建立的官僚机构却是继承他们所反对的敌人，是封建制度的。朱元璋做了封建制度的官僚，又大量地收用了地主阶级的儒生，他的思想日益转变，从背叛地主阶级转变为维护地主阶级的利益。他在左右儒生们的影响下，努力学习文化，经常谈古论今，接受历史上的经验、教训，作为行军、处事的指南。自以为出身贫贱，怕被人轻视，便故作神奇，神道设教，吓唬老百姓，和道士和尚们串通，假造许多神迹。这本来也是过去封建帝王习以为常的伎俩，朱元璋不过变本加厉罢了。三十多年中，儒生、道士、和尚，三教九流都被充分利用，作为他抬高自己、巩固统治的工具。

明朝皇陵

先从儒家的作用说起。

从渡江到称帝，他和幕府中的儒生，如范常、陶安、夏煜、孙炎、杨宪、秦从龙、陈遇、孙克仁、范祖干、叶仪、吴沈、叶瓒玉、胡翰、汪仲山、李公常、戴良、刘基、宋濂诸人，朝夕讨论，讲述经史。经过十几年封建文化的学习，中年以后，朱元璋不但知道一些儒家的经义，能写通俗的口语文字，并且还能作诗，作有韵的文字，能够欣赏、批评文学作品的好坏了。

在称帝以前，一有工夫就和儒生们列坐赋诗，范常总是交头卷，朱元璋笑说："老范诗质朴，极像他的为人。"初下徽州时，朱升请题字，朱元璋亲写"梅花初月楼"匾额，和陶安论学术，亲制"国朝谋略无双士，翰苑文章第一家。"门贴子给他。出征陈友谅时，路过长沙王吴芮祠，见胡闰所题诗，大为爱好，即时召见。到洪武四年胡闰以府举秀才来见，朱元璋还记得清楚，说："这书生是那年题诗鄱阳庙墙上的。"授官都督府都事。鄱阳湖打了大胜伏，和厦煜等草檄赋诗。宋濂不会喝酒，勉强灌醉了，作楚词给他，又送以良马，作白马歌。

做了皇帝以后，更加喜欢弄笔墨，毛骐、陶安、安然死，亲写祭文。桂彦良出作晋王傅，撰文送行。宋讷读书时烤火不小心，烧了衣服伤胁，作文劝诫。张九韶告老还乡，又作文送行。

他会写通俗的口语文，主张文章应该写得明白清楚，通道术、达时务，也就是要达到政治上的要求。读了曾鲁的文章，很喜欢，说："读陶凯文后，已起人意。鲁又如此，文运其昌乎！"喜欢研究音韵，元末阴氏韵府手头常用，以旧韵出江左，命乐韶凤参考中原音韵订定，名洪武正韵。时常作诗。如菊花诗：

> 百花发时我不发，我若发时都吓杀！
> 要与西风战一场，遍身穿就黄金甲。

不若庵示僧：

杀尽江南百万兵，腰间宝剑血犹腥，山僧不识英雄汉，只凭哓哓问姓名。

征东至潇湘：

马渡沙头苜蓿香，片云片雨过潇湘，东风吹醒英雄梦，不是咸阳是洛阳。

又粗豪，又有些风韵，和他的性格是一致的。还会作赋，和儒臣欢宴大本堂，自作时雪赋。亲撰凤阳皇陵碑，口语直说，而又通篇用韵。又会作骈体文，徐达初封信国公，亲作诰文："从予超兵于濠上，先存捧日之心，来兹定鼎于江南，遂作擎天之柱。"又说："太公韬略，当宏一统之规，邓禹功名，特立猪侯之上。"居然是个四六作家了。

对历史特别爱好，汉书、宋史都是常读的书。吴元年十一月和侍臣讨论："汉高祖以追逐狡兔比武臣，发踪指示比文臣，譬谕虽切，语意毕竟太偏。我以为建基立业，犹之盖大房子，剪伐斫削，要用武臣，藻绘粉饰，就非文臣不可。用文而不用武，譬如连墙壁都未砌好，如何粉刷？用武而不用文，正如只有空间架，粗粗糙糙，不加粉刷彩画，很不像样。偏了都不对。治天下要文武相资，才不会坏事。"读宋史到宋太宗改封椿库为内藏库，批评宋太宗："做皇帝的以四海为家，用全国的财富，供全国之用。何必分公私？太宗算是宋朝的贤君，还这样小家子气，看不开！至如汉灵帝的西园，唐德宗的琼林大盈库，刮人民的钱作为私人的蓄积，更不值得责备了。"告拆张信以翰林的职务，引唐陆贽、崔群、李绛做榜样。教官吴从权不知民同事务，驳以宋胡瑗教学生，特别着重时事的例子。远在龙凤十一年六月，他便任命儒士滕毅、杨训文为起居注，命编集古无道之君如夏桀、商纣、秦始皇、隋炀帝所做之事以进曰："吾观此者，正欲知其丧乱之由，以为鉴戒耳。"他学习历史的目的是为了吸取古人成败的经验，作为自己行事的根据。

也研究经学，跟宋濂读《春秋左传》，陈南宾读《洪范九畴》。读《蔡氏书传》时，发现所说象纬运行和朱子书传不同，特地征召儒生订正。著有御注洪范，多用陈南宾说。

他是和尚出身的，做皇帝以后，自然要崇敬佛教。他诏微东南戒德名僧，在南京蒋山大开法会，亲自和群臣一起顶礼膜拜。僧徒中有应对称意的，颁赐金襕袈裟衣，召入禁中，赐坐讲论。吴印、华克勤等和尚都还俗做

了大官，朱元璋以为和尚和世俗绝缘，无所牵涉，寄予心腹，用作耳目，使其检校官民动静，随时告密，因之僧徒得意横行，朱元璋所不快意的文武大臣，多被中伤得罪。僧徒倚仗告发的功劳，请为佛教创立职官，改善世院为僧录司，设左右善世，左右阐教，左右讲经，觉义等官，高共品秩。道教也照样设置。他自己还著有集注金刚经一卷。

道士替朱元璋做工作的著名的有周颠和铁冠子。周颠的事迹据朱元璋所写的《周颠仙人传说》如下：

周颠十四岁时得了颠病，在南昌市上讨饭。三十多岁时，正当元朝末年，凡新官上任，一定去求见，说是"告太平"。朱元璋取南昌，周颠又疯疯癫癫来告太平，朱元璋被告得烦了，叫人灌以烧酒不醉，又叫人拿缸把他盖住，用芦薪围住放火烧，烧了三次，只出一点汗。叫到蒋山庙里去寄食，和尚来告状，周颠和小沙弥抢饭吃，闹脾气有半个月不吃东西了，朱元璋亲自去看，摆一桌筵席，请周颠大吃一顿。又给关在空屋里，一个月不给饭吃，他也不在乎。这故事传扬开了，诸军将士抢着做主人请他吃酒饭，他却随吃随吐，只有跟朱元璋吃饭时，才规规矩矩。大家都信服了，以为确是仙人。

周颠去看朱元璋，唱歌，"山东只好立一个省。"用手画地成图，指着对朱元璋说："你打破个桶（统），做一个桶。"

朱元璋西征九江，行前问周颠："此行可乎？"应声说："可！"又问，"友谅已称帝，消灭他怕不容易？"周颠仰首看天，稽首正容说："上面无他的。"到安庆舟师出发，碰上没有风，他又说："只管行，只管有风，无胆不行便无风。"果然一会儿起了大风，一气直驶到小孤山。

十多年后，朱元璋害了热病，几乎要死，赤脚僧觉显送了药来，说是天眼尊者和周颠仙人送的，服了当晚病就好了。

以上这些神迹都是朱元璋自己说出和写出的。说的全是鬼话，没一句人话。铁冠子姓张名中，好戴铁冠。平章邵荣参政赵继祖被杀，有人说就是他告发的。征陈友谅时也在军中，据说是他算定南昌解围和大捷的时日，用洞元法祭风，舟师直达鄱阳湖。和周颠同是朱元璋神道设教，抬高自己，愚弄臣民的工具。

朱元璋常读的道教经典是《道德经》，著有御注道德经二卷。他对《道德经》的看法，以为"斯经乃万物之至根，王者之上师，臣民之极宝，非金丹术也。"当作政治的理论经典。在所撰道德经序上说："自即位以来，罔知前代哲王之道，宵书遑遑，虑苍窍之切鉴，于是问道诸人，人皆我见，未达先贤。一日，试览群书，检间有道德经一册，见本经云，'民不畏死，奈何以死惧之。'当是时天下初定，民顽吏弊，虽朝有十人弃市（杀头），暮有百人而仍为之，如此者岂不应经之所云，朕乃罢极刑而囚役之。"由此可见，明初处罚得罪官吏到淮、泗一带屯田工役的办法和《道德经》的关系。

朱元璋利用僧道的秘密，当时即已被人指出。洪武二十一年（1388）解缙上万言书中有一段说：

陛下天资至高，合于道微，神道诞妄，臣知陛下洞瞩之矣。然不免所谓神道设教者，臣谓必不然也。一统之舆图已定矣，一时之人心已服矣，一切之奸雄已慑矣，天无变灾，民无患害，圣躬康宁，圣子圣孙，继继绳绳，所谓得真符者矣。何必兴师；以取宝为名，谕众以神仙为微压者哉！

"兴师以取宝为名"，指的是不断地发军向北打蒙古。朱元璋在元顺帝北走后，挂在心头的三件事之一是传国玉玺。取宝的宝就是历史上相传的秦始皇传国玺，由此可见洪武初年和蒙古的战争是以取传国玺为名的。"谕众以神仙为徵应"，指的就是朱元璋向臣民宣扬周颠、铁冠子的神迹。其实朱元璋又何尝不懂得，正因为他很懂得，他才用神仙徵应来进一步服人心，慑奸雄，定一统，证明他确是受命于天，任何人也违反、抗姬不了的。他在心经序上说得很清楚：

所以，相空有六。其六空之相，又非真相之空，乃妄想之相为之空相，是空相愚及世人，祸及今古，往往愈堕愈深，不知其几。前代帝王被所惑而几丧天下者：周之穆王、汉之武帝、唐之玄宗、萧梁武帝、元魏主焘、李后主、宋徽宗，此数帝废国怠政，惟萧梁武帝、宋徽宗以及杀身，皆由妄想飞升及入佛天之地。其佛天之地未尝渺茫，此等快乐，世尝有之，为人性贪而

不觉，而又取其乐。人世有之者何？且佛天之地，为国君及王侯者，若不作非为善，能保守此境，非佛天者何？如不能保守而伪为，用妄想之心，即入空虚之境，故有如是。

他是从实际斗争中成长的人，也是脚踏实地的人。他认为佛天之境就是现实的美好生活（当然是封建帝王的美好生活），能保守现实生活，就是到了佛天之境。离开现实，妄想飞升，用妄想之心，入空虚之境，不是几丧天下，就是杀身。在这一点上，他比过去的许多帝王，包括他所没有提到的唐太宗（他是服印度方士的长生药丧命的）在内都高明一些。他还会和宋濂说过："秦始皇、汉武帝好神仙，宠方士，妄想长生，末了一场空。他们假使能用这份心思来治国，国怎会不治？依我看来，人君能够清心寡欲，做到百姓安于田里，有饭吃，有衣穿，快快活活过日子，也就是神仙了。"有道士来献长生的法子，他不肯接受。又有人学宋朝大中祥符年间的办法献天书，证明"上位"确是真命天子，反而被杀。总之，他一面对臣民侈谈神仙；一面又不许别人对他谈神异，讲长生，献天书。他的头脑是很清醒的，"谕众以神仙为征应"，只是为了达到政治上欺骗人民的效果。虽然如此，从解缙揭露以后，他也就不大再利用佛道两教，也不再侈谈神异征应了。

经过洪武初年的长期侈谈神仙，宣扬征应，民间流传着许多神异故事，以为朱元璋是真命天子。传说中主要的一个是：天上有二十八宿，轮流下凡做人间君主。元天历元年，朱元璋生的那一年，天上的娄宿不见了，到洪武三十一年（1398）朱元璋死，娄宿复明。洪武帝是娄宿下凡的。当时不在市场流通的洪武钱，后世的乡下人却很重视，给孩子们佩在身上，以为可以辟邪。乡间豆棚瓜下，老祖父祖母们对孩子讲的故事，也多半说的是洪武爷放牛时的种种神话。

朱元璋生长于农村，经过穷苦日子，深知物力艰难，生活比较朴素，讲究节俭。不喜饮酒。有回族商人送给他番香阿剌吉，华言蔷薇露，说可以治心疾，也可以调粉为妇女容饰。朱元璋说："中国药物可以治病的很多，这玩意儿只是装饰品，把人打扮得好看些，养成侈靡的习惯，没有好处。"拒绝不受。龙凤十二年营建宫室，管工程的人打好图样，他把雕琢考究的部分都去掉了。完工以后，朴素无装饰，只画了许多触目惊心的历史故事和宋儒的大学衍义。有个官儿巴结他，说某处出产一种很好看的石头，可以铺地，被痛切教训了一顿。车舆服用诸物该用金饰的，用铜代替。司天监把元顺帝费尽心机做成的自动宫漏（计时器）进献，他说："不管政务，尚干这个，叫作以无益害有益。"陈友谅有一张镂金床，极为考究，江西行省送给皇帝，朱元璋说："这和孟昶的七宝溺器有何区别？"都叫打碎。他不但自己节俭，对人也是如此。有一天，看见一个内侍穿着新靴在雨中走路，另一舍人穿一套值五百贯的新衣，都着着实实骂了一顿。屏风上写着唐人李山甫上元怀古诗：

> 南朝天子爱风流，尽守江山不到头。
> 总为战争收拾得，却因歌舞破除休。
> 尧将道德终无敌，秦把金汤可自由？
> 试问繁华何处在，雨花烟草石城秋。

这首诗写得并不好，他却朝夕吟诵，引起自己的警惕。

生活朴素节俭的原则也应用在外交上。龙凤十二年派参政蔡哲到蜀报聘，临行前特别指示说："蜀使者来，多饰浮词，夸其大国，取人不信。你到后，千万不要学他们，有问题提出，只可说老实话。"也不讲祥瑞，洪武二年（1369），有献瑞麦一茎三穗和五穗的，群臣称贺，他说："我做皇帝，只要修德行，致太平，寒暑适时，就算国

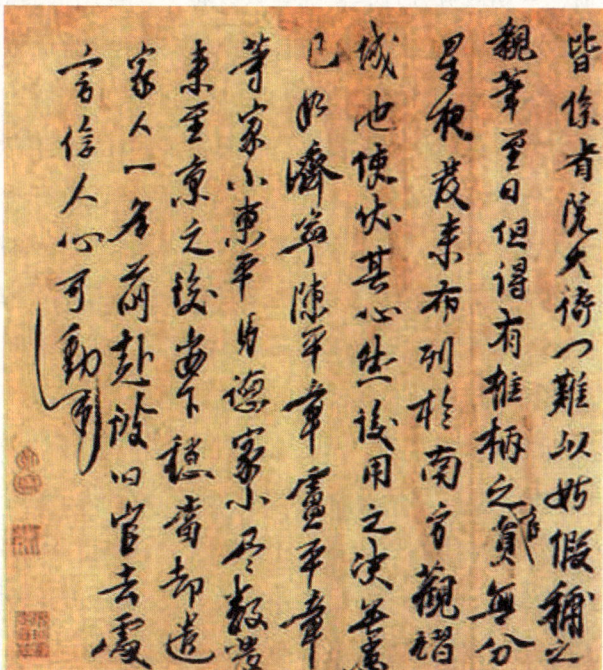

朱元璋书法

家之瑞，倒不在乎以物为瑞。记得汉武帝获一角兽，产九茎芝，好功生事，使海内空虚。后来宣帝时又有神爵甘露之瑞，却闹得山崩地裂，汉德于是乎衰。由此看来，祥瑞是靠不住的，灾异却是不可不当心的。"命令今后如有灾异，无论大小，地方官都要即时报告。

执法极严，令出必行，连亲属也不宽容。洪武末年驸马都尉欧阳伦出使，贩带私茶，虽然是亲女婿，也依法处死刑。

辛勤的一生

朱元璋用全部精力、时间，管理他所建创的朱家王朝。

全国大大小小的政务，都要亲自处理。交给别人办，当然可以节省精力、时间，但是第一，他不放心，不只怕别人不如他的尽心，也怕别人徇私舞弊；第二，更重要的这样做就慢慢会大权旁落，而他这个人不只是要大权独揽，连小权也要独揽的。以此，每天天不亮就起床办公，批阅公文，一直到深夜，没有休息，没有假期，也从不讲究调剂精神的文化娱乐。照习惯，一切政务处理，臣僚建议，报告，都用书面的文件——奏、疏，等等，他成天成月成年地看文件，有时也难免感觉厌倦。尤其是有些卖弄学问经济，冗长而又不中肯，说了一大堆而又不知所云的报告，看了半天还是莫名其妙，怎能使人不发火、恼怒？洪武九年（1376）刑部主事茹太素上万言书，他叫人读了六千三百七十字以后，还没有听到具体意见，说的全是空话，大发脾气，把太素叫来，打了一顿。第二天晚上，又叫人读一遍，读到一万六千五百字以后，才涉及本题，建议五件事情，其中有四件事情是可取的，可行的，朱元璋即刻命令主管部门施行。同时指出这五件事情有五百多字就可以讲清楚了，却啰啰唆唆地说了一万七千字，这是繁文之过；自己厌听繁文，打了人，承认这是过失；并表扬茹太素为忠臣。为了教育全国官民，他把这件事情的经过亲自写成文章公布，规定了建言格式，文章说：

洪武九年，朕见灾异万端，余无措手，于是特布告臣民，许言朕过。……是以近臣刑部主事茹太素以五事上言，共书一万七千字，朕命中书郎王敏立而诵之，至字六千三百七十，乃云才能之士，数年以来，幸存者百

无一二，不过应答办集。又云所任者多半迂儒俗吏。言及至斯，未都五事实迹，意共妄言，故召问之：尔为刑部之官，彼刑部官吏二百有余，尔可细分迂儒俗吏乎？使分之而又无知其人者，于是朴之。

次日深夜中，朕卧榻上，令人诵其言，直至一万六千五百字后，方有五事实迹，其五事之字止是五百有零。朕听至斯，知五事之中，四事可行。当日早朝，敕中书都府御史台著迹以行。吁，难哉！今朕厌听繁文而驳问忠臣，是朕之过。有臣如此，可谓忠矣。

因如是，故立上书陈言之法，以示天下。若官民有言者，许陈实事，不许繁文，若过式者问之。

经过这番整顿以后，奏章只陈实事，从此他读文件就省了不少精力、时间，工作效率提高了。到废中书省以后，六部府院直接对皇帝负责，政务越发繁忙，以洪武十七年（1384）九月间的收文为例，从十四日到二十一日，八天内，内外诸司奏札凡一千六百六十件，计三千三百九十一事。平均他每天要看或听两百多件报告，要处理四百多件事。

他早年过的是缺衣少食的穷苦日子，中年在军队里，在兵火喧天，白刃相接的戎马生活中度过，四十岁以后，把全副精力处理国事，过分紧张疲劳，五十岁以后，体力便支持不住了，害了心跳很快的病症，宋濂劝他清心寡欲。他又时发高热，好幻想，做怪梦，在梦中还看到了天上神仙宫阙。有时喜怒不常，暴怒到失去常态。特别使他感觉痛苦，影响精神体力的是家庭之间，父子之间的矛盾。

朱元璋的大儿子皇太子标，生性忠厚，长期接受儒家教育，被教养成儒生型的人物。老皇帝过了五十岁以后，精力有点不济了，就要皇太子帮着处理一般政务。一来是分劳；二来也趁此训练这下一代皇帝办事的能力，指望他儿子是汉文帝，不是汉惠帝。但是，父子俩出身不同，所受教育不同，生活实践不同，一个是从艰苦斗争中成长的，一个是在太平环境中成长的，思想作风也就自然不同。老皇帝主张以猛治国，运用法庭监狱特务和死刑震慑官民，使人知惧而莫测共端，皇太子却大讲其周公，孔子之道，讲仁政，讲慈爱，杀人越少越好；老皇帝要用全力消灭内部的敌对力量，巩固皇家统治，皇太子却要照顾将相过去的汗马功劳，照顾亲戚情谊，兄弟友爱，向父

亲说情争执，一个严酷，一个宽大；一个从现实政治斗争出发，一个从私人情感出发，父子俩的分歧日渐扩大，有时也不免发生冲突。明朝的野史家传说，宋濂得罪，皇太子为他的老师哭救，朱元璋发怒说："等你做皇帝赦他！"皇太子惶惧投水自杀，左右赴救得免。又说皇太子谏朱元璋："陛下杀人过滥，恐伤和气。"朱元璋不作声。第二天故意把一条棘杖放在地下，叫皇太子拿起，皇太子面有难色，朱元璋说，"你怕有刺不敢拿，我把这些刺都给去掉了，再交给你，岂不是好。我所杀的都是天下的坏人，内部整理清楚了，你才能当这个家。"皇太子说："上有尧舜之君，下有尧舜之民。"意思是说有什么样的皇帝，就有什么样的臣民，朱元璋大怒，拿起椅子就朝他掼，皇太子只好逃走。这两个故事虽然不一定是真实的，但是却反映了他们父子之间的矛盾。

朱元璋费尽心机，制造了多次大血案，把棘杖的刺都弄干净了，却又发生意外，皇太子于洪武二十五年（1392）病死。六十五岁的老皇帝受了这严重的打击，伤心之至，身体一天天弱下去，头发胡子全变白了。

皇太子死后，立朱允炆为皇太孙，才十六岁。

皇太孙的性格极像他的父亲，朱元璋担心他应付不了这个局面，诸将大臣将来会不服他的调度。只好再一次斩除荆棘，傅友德、冯胜这几个仅存的元勋宿将，也给杀光了。

朱元璋学习了元朝的历史教训，认定皇位继承是维持皇朝安全的根本制度，必须规定严格的法则，才不会引起家族间的纷争，造成宫廷政变。最好的办法是封建宗法制度下的嫡长承袭制。在立了皇太子以后，为了要使诸王安分，保护和维持大宗，洪武五年命群臣采汉唐以来藩王善恶事迹可为劝戒的，编作一书，名为昭鉴录，颁赐诸工，进行宗法教育。立皇太孙后，又编了一部书，叫作永鉴录。洪武二十八年（1395）又颁布皇明祖训条章，把一切皇帝、藩王和臣下所应遵守的，不该做的事，都详细列举。并定制后代有人要更改祖训的以奸臣论，杀无赦。希望用政治教育的方法，用制度、法律的约束，使藩王大臣都能忠心服从这未来的小皇帝，朱家皇朝的族长。

但是，朱元璋失败了，他的安排和苦心的教育并不能发生作用，权力的争夺引起兄弟之间和父子之间更深刻的矛盾。第二子秦王在藩多过失，"不良于德"，洪武二十四年（1391）召还京师。第三子晋王为人多智数，性骄，在国多不法，有人告发他有异谋，朱元璋大怒，皇太子力救，二人才得免罪。二王都靠不住，朱元璋才特派皇太子到关、陕巡视，带晋王回朝，痛加训诫以后，二王答应改过，才许回藩，太子死后，洪武二十八年（1395）秦王死，洪武三十一年（1398）晋王死，都死在朱元璋之前。皇太孙即皇帝位后不久，用种种方法削减藩王的权力，展开了皇朝和藩王之间的斗争，朱元璋第四子燕王朱棣就起兵南下，援引祖训，以靖难为名，建文四年（1402）占领南京自立为皇帝，是为明成祖。离老皇帝之死，还不到五年。

洪武三十一年（1398），朱元璋已经七十一岁了。五月间病倒，躺了三十天，离开他的皇朝，安静地死去了。葬在南京城外钟山山下，名曰孝陵，谥曰高皇帝，庙号太祖。

遗嘱里有一段话："朕膺天命三十一年，忧危积心，日勤不怠，务有益于民。奈起自寒微，无古人之博知，好善恶恶，不及远矣。""忧危积心，日勤不怠"这八个字写出了他辛勤的一生，也写出他在统治阶级内部激烈斗争中的心境。

朱元璋的相貌不很体面，曾经找了许多画工，画像十分逼真，越是逼真，他就越不满意。后来有一个聪明的画家，画的面貌轮廓有点像，却是一脸和气，看着很仁慈，这才传写了很多本子，分赐予诸王。这两种不同的画像，到现在都有传本。

和历史上所有的封建帝王比较，朱元璋是一个卓越的人物。他的功绩在于统一全国，结束了元末二十年战乱的局面，使人民能够过和平安定的生活；在于能够接受历史教训，对农民做了一些让步，大力鼓励农业生产，兴修水利，推广棉花和桑枣果木的种植，在北方地多人少地区，允许农民尽力开垦，即为己业，大大地

明朝时期乌纱帽

增加了自耕农的数量；在于解放奴隶，改变了元朝贵族官僚大量拥有奴隶的落后局面，增加了农业生产的劳动力；在于大力清丈田亩，制成图册，相应地减少了一些赋税负担不均的情况；在于保护商业，取消了书籍和田器的征税，繁荣了市场；在于规定了对外政策，吸取元朝对外战争失败的教训，总结为一面必须抗击外国侵犯，一面也不许可轻易犯人；在于严惩贪官污吏，改变了元朝后期的恶劣政治风气，在于改变元朝匠户制度，住坐、轮班的匠户有大部分时间可以自由生产，部分地解放了匠户的劳动力，推进了民间手工业的生产，在于不信符瑞，不求长生，讲究节俭，不搞一些像秦始皇、汉武帝、宋真宗搞过的糊涂事，在于限制僧道的数量，减少了不劳而食的寄生虫，也相应地增加农业、工业的劳动力，这些措施都是有利于农业生产的发展的，有利于社会的前进的，是为明朝前期的繁荣安定局面打了基础的，是应该肯定的。

但是，他的缺点也很多，首先他原来是农民革命的领袖，参加革命的目的是为了推翻蒙汉地主的联合统治，是反对地主阶级统治的，但是，由于旧社会的传统势力，由于接收、改编了大量的地主军队、地主军官，由于地主阶级的儒生的大量参加，由于不自觉地继承了元朝的统治机构，使他逐步变质，最后叛变了农民革命，攫取了农民革命胜利的果实，从反对地主阶级统治到自己成为地主阶级的头子，地主阶级利益的保护人，反过来镇压农民革命，这个严重的罪恶，是无论如何也不能替他开脱的。

其次，他的以猛治国的方针，过分地运用特务组织，制造了许多血案，野蛮残酷的刑罚，大量的屠杀，弄到"贤否不分，善恶不辨"的地步。许多卓著勋劳的大将和文人，毫无理由地被野蛮杀害；锦衣卫和廷杖两桩敝政，在明朝整个统治时期发生了极其恶劣的作用，都是他开的头，立的制度。

第三，政治上的措施是必需随社会时代的变化而改变的。朱元璋却定下皇明祖训，替他一二百年后的子孙统治定下了许多办法，并且不许改变，这就束缚了限制了此后政治上的任何革新，阻碍了时代的前进。

第四，他所规定的八股文制度，只许鹦鹉学舌，今人说古人的话，却不许知识分子有自己的思想、看法，严重地起了压制新思想、摧残科学、文化进步的有害作用。

第五，他自己虽然不信神仙、报应，却为了使臣民信服，大肆宣扬许多荒诞的神迹，欺骗、毒害人民，这种方法也是很恶劣的。

如上所说，朱元璋有许多功绩，也有许多缺点，就他的功绩和缺点比较起来看，还是功大于过的。他是对社会生产的发展，社会的前进起了推动作用的，是应该肯定的历史人物。在历代封建帝王中，他是一个比较突出卓越的人物。

此外，他还是一个优秀的军事家，他的军事指挥才能是从战争实践中锻炼出来的。比较突出的两次战役：一次是对陈友谅和张士诚的战争，他先打陈友谅，后打张士诚，从被动变成主动，避免了两线作战的军事危机，各个击破；一次是北伐战争，先取鲁豫，封锁关、陕，剪其枝叶，然后直取大都，不战而下。在军事史写下了辉煌的一页。

他在军事上的成功，也可以总结成几条经验：第一，是他有比较严格的军事纪律；第二，是有盛产粮食的根据地；第三，是采用屯田政策，保证军食供应；第四，对敌人的调查研究，情报工作做得很好，知己知彼，所以能够百战百胜，能够巩固、扩大胜利。这也就是他的同时代的群雄都先后失败了，他之所以成功的原因。

明朝职官表

部门	官职	品级	备注
三公	太师、太傅、太保	正一品	
三孤	少师、少傅、少保	从一品	
内阁	大学士	正五品	洪武十三年（1380），废中书省，十五年(1382)设大学士。仁宗以后，其职位渐尊崇。世宗时定为四殿（中极殿、建极殿、文华殿、武英殿、二阁（文渊阁、东阁）在学士之制。
六部	尚书（各设一人） 左、右侍郎（各设一人） 各司郎中（各设一人） 各司员外郎（各设一人） 主事（各设一人）	正二品 正三品 正五品 从五品 正六品	明代六部为：吏、户、礼、兵、刑、工。明代六部，除户、兵两部各设十三司外，其他四部均各设四司。共四十二司。明迁都北京后，另设南京六部。
都察院	左、右都御史 左、右副都御史 左、右佥都御史 十三道监察御史	正二品 正三品 正四品 正七品	都察院员额共一百一十人，各道监察御史，巡抚本道，史称"巡按"。都察院为明代所创设，与前代御史台之制不甚相同。

朱元璋重臣表

刘基	明初浙江清田人，字伯温。元元统进士。历官高安丞、江浙儒学副提举等。后弃官归家，隐居著书。至正二十年(1360)朱元璋召至应天(今江苏南京)，与议攻取大计。受朱元璋称赞，比之为汉张良。洪武元年(1368)兼太史率更令，奏立军卫法。授御史中丞。洪武三年(1370)，授弘文馆学士，封诚意伯。次年以老请归。洪武八年(1375)，以为胡惟庸所谮，忧愤卒。博通经史，尤精象纬之学。著有《春秋明经》《郁离子》等。
李善长	明初凤阳定远(今属安徽)人，字百室。元末投朱元璋，掌书记。历官参谋、元帅府都事、江南行中书省参议、参知政事。军政要务，议决十之八九。朱元璋征战于外，命留守应天。将吏慑帖，居民安业。朱元璋称吴王，擢右相国。立盐、茶、铁诸江，多革除积弊。朱元璋称帝，与诸儒臣制定礼制、官制，监修国史。洪武三年封韩国公，居六公之首。洪武二十三年(1390)追论与胡惟庸"通谋"罪赐死，其家族均被杀。曾监修《元史》，并编纂《祖训录》《大明集礼》。
徐达	明凤阳临淮(今安徽凤阳东北)人，字天德。元至正十二年(1352)投郭子兴起义军。次年，率二十四人从朱元璋取定远。鄱阳湖大战，身先士卒，败陈友谅前锋，晋左相国。至正二十七年(1367)统军征吴，破平江，擒张士诚，封信国公。复拜征虏大将军，同副将常遇春率步骑二十五万北伐。平山东，破潼关，克元大都(今北京)，转战山西、陕西。洪武三年授中书右丞相，改封魏国公。长年在外征守，有"谋勇绝伦"之誉，为开国第一功臣。病卒，追封中山王，谥武宁。
常遇春	明凤阳怀远(今属安徽)人，字伯仁，臂长善射，勇力绝人。至正十五年(1355)投朱元璋。至正二十三年(1363)大败陈友谅于康郎山。次年进平章政事，率军包围武昌，逼降陈理。从攻张士诚，以骑兵出其后。论功封鄂国公。吴元年兴师北伐，为副将，兼太子少保，相继取山东、河南、河北诸郡县。洪武元年(1368)攻克元大都(今北京)。洪武二年(1369)率师北征，攻克开平。师还病卒，追封开平王，谥忠武。一生为将未曾败北，自言能将十万横行天下，军中有"常十万"之称。
汤和	元末明初濠州(今安徽凤阳)人，字鼎臣，与朱元璋同乡。元至正十二年(1352)投郭子兴，从朱元璋取滁阳，定集庆(今江苏南京)，由千户晋为统军元帅。吴元年设御史台，任左御史大夫兼太子谕德。继以征南、征西将军，平定方国珍、明升、陈友谅等。洪武三年论功封中山侯。洪武十一年(1378)封信国公。洪武十八年(1385)以老请归，次年，奉命在沿海筑城、设防，以御倭寇。后每岁一朝京师。卒后追封东西瓯王。

明朝世袭表

(1368—1644 年，共 276 年)

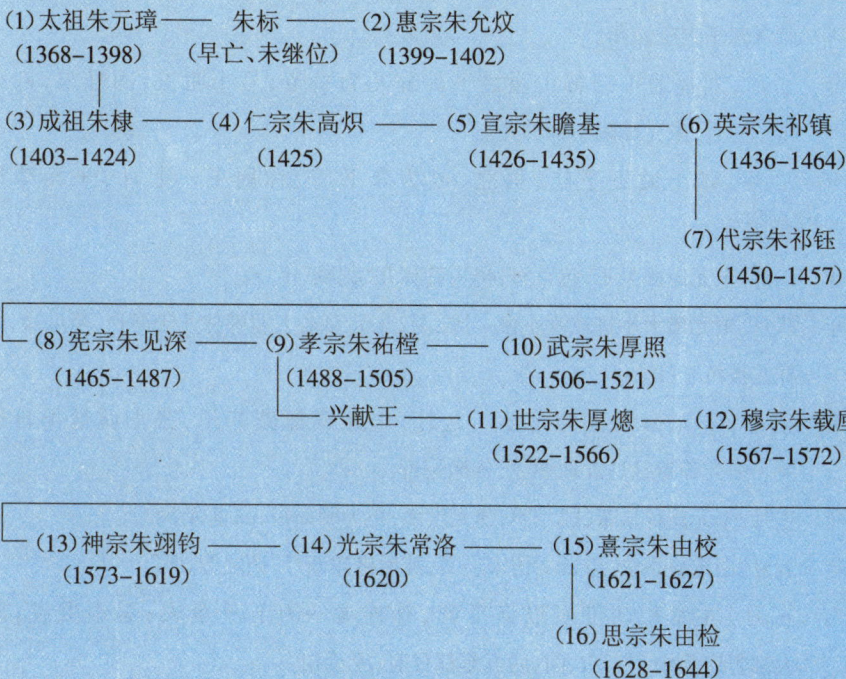

(1)太祖朱元璋 —— 朱标 —— (2)惠宗朱允炆
(1368–1398)　(早亡、未继位)　(1399–1402)

(3)成祖朱棣 —— (4)仁宗朱高炽 —— (5)宣宗朱瞻基 —— (6)英宗朱祁镇
(1403–1424)　　(1425)　　　　(1426–1435)　　(1436–1464)

(7)代宗朱祁钰
(1450–1457)

(8)宪宗朱见深 —— (9)孝宗朱祐樘 —— (10)武宗朱厚照
(1465–1487)　　(1488–1505)　　(1506–1521)

兴献王 —— (11)世宗朱厚熜 —— (12)穆宗朱载垕
(1522–1566)　　(1567–1572)

(13)神宗朱翊钧 —— (14)光宗朱常洛 —— (15)熹宗朱由校
(1573–1619)　　(1620)　　　　(1621–1627)

(16)思宗朱由检
(1628–1644)

朱元璋子嗣表

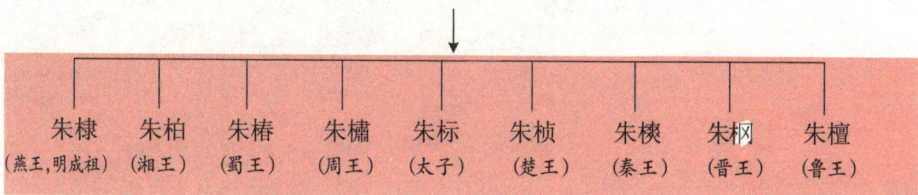

↓

朱棣	朱柏	朱椿	朱橚	朱标	朱桢	朱樉	朱棡	朱檀
(燕王,明成祖)	(湘王)	(蜀王)	(周王)	(太子)	(楚王)	(秦王)	(晋王)	(鲁王)

朱元璋大事年表

1328 年　九月，朱元璋诞生于濠州(今安徽凤阳)。

1352 年　二月，定远民郭子兴等起义，据濠州，自称节制元帅。闰三月，朱元璋从郭子兴于濠州。

1355 年　二月，刘福通等迎韩山童之子韩林儿为皇帝，号小明王，国号宋，都亳州。五月，朱元璋附于韩林儿。

1356 年　二月，张士诚下平江，据之，改为隆平府，称周王。七月，朱元璋称吴国公。

1364 年　正月，朱元璋称吴王，置百官，仍用韩林儿"龙凤"年号。

1366 年　八月，朱元璋大举进攻张士诚。十二月，朱元璋命人迎韩林儿于滁州，至瓜步，韩林儿被沉于江。

1367 年　正月，朱元璋始称吴元年。九月，朱元璋部破苏州，张士诚被俘自缢死。朱元璋遣徐达北取中原，传檄远近。

1368 年　正月，朱元璋称皇帝，国号明，建元洪武，是为明太祖、高皇帝。

1370 年　五月，诏定科举法，应试文仿宋经义，其后格建渐严，谓之"八股"。

1380 年　正月，左丞相胡惟庸以谋反死，株连者一万五千余人；罢中书省；改大都督府为中、左、右、前、后五军都督府；废丞相。

1382 年　置锦衣卫。

1385 年　户部侍郎郭桓以赃死，事连各省官史数万人，多冤枉者。

1398 年　闰五月，朱元璋卒。